职业院校双元制教学用书
汽车机电工职业培训教材

学习领域11——

联网系统的检查与修理

主　编　沈振峰
副主编　吴顺利　赵超越

電子工業出版社
Publishing House of Electronics Industry
北京 · BEIJING

内容简介

本书围绕德国文部省新一轮“汽车机电一体化教学大纲”要求，基于工作过程的“学习领域”课程取代了传统的分科课程。这是一种以个体在企业里的工作过程为主线，以学生在实际工作过程中制定计划、采取行动并能最终对行动结果进行评价的能力培养为目标，在教学过程中实现实践教学与理论教学的一体化，并把技能与知识及价值观的教育紧密结合在一起的课程方案。主要内容包括：网络基础知识，汽车数据传输系统典型协议，CAN协议，大众车系CAN—BUS总线系统，LIN系统总线，VAN系统总线，MOST系统总线等知识，以及4个车间任务。

本书是车载网络系统的入门级教材，为高专、高职、中职等汽车维修专业教材，也可供汽车驾驶员、汽车维修技术人员和汽车运输部门的技术人员参考。

图书在版编目（CIP）数据

联网系统的检查与修理 / 沈振峰主编. —北京: 电子工业出版社，2012.6

职业院校双元制教学用书. 汽车机电工职业培训教材. 学习领域11

ISBN 978-7-121-14028-0

Ⅰ. ①联… Ⅱ. ①沈… Ⅲ. ①汽车－计算机网络－检修－中等专业学校－教材 Ⅳ. ①U472.41

中国版本图书馆CIP数据核字（2011）第132423号

策划编辑：杨宏利 yhl@phei.com.cn

责任编辑：郝黎明 文字编辑：裴 杰

印 刷：
北京京师印务有限公司
装 订：

出版发行：电子工业出版社

北京市海淀区万寿路173信箱 邮编100036

开 本：787×1092 1/16 印张：13.25 字数：339.2千字

印 次：2012年6月第1次印刷

印 数：3000册 定价：27.00元

凡所购买电子工业出版社图书有缺损问题，请向购买书店调换。若书店售缺，请与本社发行部联系，联系及邮购电话：（010）88254888。

质量投诉请发邮件至zlts@phei.com.cn，盗版侵权举报请发邮件至dbqq@phei.com.cn。

服务热线：（010）88258888。

丛书编委会

序

世界上闻名遐迩、独具特色的德国“双元制”职业教育模式，被誉为德国经济腾飞的秘密武器。这一模式的最大特征，是学校和企业合作办学、知识学习与职业实践紧密结合。多年以来，“双元制”成为世界各国争相学习和借鉴的样板。

中国改革开放伊始，就与德国开展了职业教育合作。时至今日，已成功走过 30 年。还是在 1990 年，中国建设行业的职业院校，就在教育部和职业技术教育中心研究所的大力支持和指导下，与汉斯·赛德尔基金会等德国有关机构合作，开始在建设行业进行职业教育改革实验。在我国，城市交通和出租车、汽车租赁行业曾由建设部主管。1996 年，全国公交公司系统所属技工学校，在赛会职业教育专家弗乐尔（Albrecht Flor）先生的具体指导下，开展了汽车维修专业的教学改革试点。

任何一类教育的人才培养方案，其核心都是课程。课程是职业教育作为一种类型教育的最本质体现。要提高教学质量，职业教育的教学改革必须首先进行课程改革。20 世纪 80 年代末、90 年代初，随着科学技术的飞速发展，生产工艺的改进，德国于 1996 年在职业教育领域着手进行工作过程导向的“学习领域”的课程改革。这是一种以个体在企业里的工作过程为主线，以学生在实际工作过程中制定计划、采取行动并能最终对行动结果进行评价的能力培养为目标，在教学过程中实现实践教学与理论教学的一体化，并把技能与知识及价值观的教育紧密结合在一起的课程方案。基于工作过程的“学习领域”课程取代了传统的分科课程，创立了真正体现职业教育特有的职业属性的课程模式。2003 年 5 月 16 日，按照这一改革思想，德国各州文教部长联席会议颁布了新一轮基于学习领域设计的“汽车机电一体化工教学大纲（草案）”。2004 年，几乎与德国同步，中国建设教育协会就在赛会长期专家弗乐尔（Albrecht Flor）、施罗德（Carlito Schroeder）和短期专家戴因伯克（August Deinböck）、克勒贝尔（Sven-Olaav Kleber）和布伦贝格（Josef Bremberger）的指导下，组织全国 8 所汽车类职业院校，与德国同类职业学校合作，开展“汽车机电一体化工”专业的改革试点。试点院校借鉴德国经验，强化校企合作办学，每所试点院校都与 10 家以上的企业建立了紧密的合作关系，一些院校的合作企业甚至达到 30 多家。

5 年教改实验的成果表明，学生在专业教学、实践教学和企业顶岗培训的过程中，既掌握了相关专业技能和专业知识，又在社会能力和方法能力的培养上卓有成效，综合素质大大提高。2007—2009 年，10 所试点院校近 1000 名毕业生，不仅参加了我国劳动部门的职业资格考试，而且也参加了德国工商行会海外部上海代表处（AHK in Shanghai）组织的考试，80% 以上的考生取得了我国劳动部门的职业资格证书以及德国行业协会认可的职业资格证书，走上了工作岗位，受到企业界的普遍欢迎。

学习领域课程方案所指的工作过程，是一个能覆盖职业资格、工作任务和职业活动的系统。它以工作过程作为职业教育课程开发的主线，突显了职业教育的职业性、实践性与开放性的特点。这是因为：其一，工作过程是一个清晰的结构，任何一个具体的工作过程，都有着明晰的步骤、环节、程序，具有可操作的“抓手”；其二，工作过程是一个动态的结构，同一个职业的不同时段或同一个时段的不同职业，其工作过程是不同的。特别是，工作过程不仅是具体的，形而下的；而且又是抽象的，形而上的。因为，任何一个人，在完成任何一个具体的工作任务之中，尽管具体的工作过程大相径庭，但其思维过程的完整性却是一致的。由此，从变化的具体的工作过程之中寻求相对不变的“思维的工作过程”，由具体获得一般，实现能力的内化，进而应对新的具体的工作过程，实现能力的迁移。这就从逻辑的、方法论的角度，解决了一个关于职业教育课程结构相对的“静”与职业变化绝对的“动”两者之间的矛盾。由此，我们可以推论：一个职业之所以成为一个职业，是因为其具有特殊的工作过程。这一逻辑推理的结果表明，以工作过程作为课程内容序化的依据，突破了职业教育课程开发的瓶颈。

显见，在中德职业教育合作 30 年的进程中，只有善于把握“双元制”职业教育模式中所蕴涵的“魂”，并将其本土化，才能取得成效，才是合作的应有之义。这套中德合作编写的“汽车机电工职业培训”教材，是在中德双方专家的共同指导下，对那些辛勤工作在职业教育改革一线教师编制的工作页及其教学实践经验予以总结、加工和概括的结果。我们相信，这套教材对提高汽车行业一线技能型人才的技能和专业水平，对汽车行业的职业教育改革，将会起到积极的推动作用。

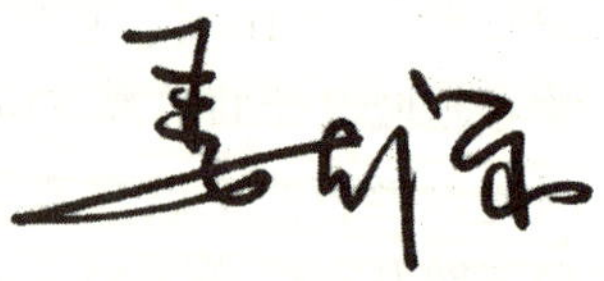

前　言

现代汽车工业飞速发展，特别是中国汽车市场的变化，整车的质量和科技应用水平在不断地提高中，带给汽车行业巨大的产业机遇的同时也带来了新的挑战。针对整个汽车行业新的要求，作为汽车行业中重要的汽车维修领域也要跟上时代的步伐，对于行业中不可或缺的人员的培养也有了新的要求，以适应行业的不断发展。目前，在全世界范围内，德国的“双元制”职业教育培养模式成为全世界学习和借鉴的榜样。

1）课程的性质

本教材的编制目标是仿照德国“双元制”职业教育培养模式，结合我国职业学校的教学特点，关注我国汽车维修行业发展的人才需求，以训练学生的职业技能为基本要求，以培养学生的汽车修理技能为最终目的，将生产实践与理论教学结合起来，基于工作过程的学习领域代替分科课程，让学生认识真实的工作岗位中可能遇到的一些问题，并在学习过程中能够自主地了解岗位的具体工作和工作步骤，掌握相应的理论知识并根据相应知识对相关工作步骤产生预期判断和决定。

在实施过程中一般按照以下六个环节进行。

导向：由教师提出一个或几个工作任务，确定课题的学习方向。

信息：从相应的理论知识使学生了解阅读资料的重要性，并由信息中提取与工作相关的理论知识作为学生的预期判断决定的依据。

计划：由学生根据工作任务和相应信息对工作步骤和程序做出预期判断和决定，并最终制定针对该工作任务的实施方案。

实施：学生在工作任务的实施方案中已经确立的基础上，按照自己拟定的实施方案，依照工作步骤和工作程序完成工作任务。注意：在实施工作任务前教师应当对学生的工作任务进行检查、分析，找出不足，进行修改，做出实施工作计划的许可授权。

检验：由学生对自己的工作结果进行检查。确定其达到工作任务要求。再由教师进行检查，并对整个工作过程及其中的问题进行评定。

展示：学生在整个工作任务中的收获及经验反思。

在《汽车机电一体化工教学大纲》中关于领域 11 讲述的主要内容是《联网系统的检查与修理》；这是“汽车机电专业”的一门主干专业课，主要是关于不同类型的车载网络系统的原理知识、检修知识和各项工作任务。使学生通过对相关知识的掌握和了解一些基础知识，并最终实现独立完成工作计划的制定和实施。从人才培养过程的基础出发，以能力训练提高为本位，培养学生进行汽车维修工作的职业技能和职业意识。

2）本课程的主要任务

《联网系统的检查与修理》主要讲授车载网络系统及系统维修的基本理论和基础知识，使学生掌握针对车载网络系统及系统维修的各项车间工作任务，以及维修工作人员必须具备的专业技能，掌握检测设备的使用方法，加深对维修工作的了解和职业的认识，独立完成制定工作计划，实施工作任务，从人才培养目标的实际出发，结合“双元制”教学实际，以能力为本位，培养从事汽车机电一体化的维修技术工作的职业意识和职业技能。

3）课程教学基本要求

以车间工作任务导入，掌握所涉及工作任务的知识点，学会独立完成工作计划的制定，按照制定的工作计划完成车间工作任务的实施，并能进行自我检查和向他人进行成果展示。

建议课时安排：

序号	教学内容	课时分配		
		理论学时	实践学时	合　计
1	工作任务1：网络系统基础知识的学习	2		
2	工作任务2：汽车数据传输系统的典型协议	4		
3	工作任务3：CAN协议	8		
4	工作任务4：CAN数据总线原理	10	4	
5	工作任务5：大众车系CAN数据总线的组成与结构	10	4	
6	工作任务6：CAN数据总线波形的检测	2	6	
7	工作任务7：双绞线的维修	2		
8	工作任务8：终端电阻的测量	2		
9	工作任务9：VAN数据总线的学习	4		
10	工作任务10：MOST数据总线光缆的维修	4		
11	工作任务11：MOST总线系统的诊断	2		
12	工作任务12：多路传输系统及网络知识	2		
13	工作任务13：LIN数据总线	2		
14	工作任务14：汽车无源光学星形网络系统	2		
15	工作任务15：车载蓝牙技术的学习	2		
16~18	联网系统的检查与修理		26	
总计		60	40	100

由于作者本人经验、能力等诸方面因素的限制、在教材编写过程中难免会出现一些不足之处，敬请谅解，欢迎指正。

编　者

目 录

工作任务1

网络系统基础知识的学习

接车单 委托书号：

首次登记 是□否□ 取送车服务 需要□ 不需要□
预约客户 是□否□ 代用车服务 需要□ 不需要□

客户姓名×××××车牌号×××××行驶里程××××× km
是否检查备胎是□否□需要清洁车辆 是□否□
随车物品贵重物品
取送车地址××××××××××××××××××××××××

客户描述：

左前门的中控锁和左前门的电动玻璃升降器可以正常工作，其他车窗的电动玻璃升降器都不工作；但是如果按动其他门窗上控制该车窗的开关，各个门窗开关均能正常工作。将车门关闭后，将车钥匙插入左前门的锁孔内，进行开锁和闭锁操作，也只有左前门的门锁能开闭；如果将钥匙在开锁或闭锁位置保持，也只有左前门的电动玻璃升降器可以上下工作。

服务项目：

注：车上贵重物品请客户自行保管 客户签名××××××××服务顾问签名×××××××
日期

本人完全了解并同意上述车辆信息
交车时付款维修工料按实际发生计算
第一联交车间流转
第二联交客户保管

导向

客户委托

维修人员确认了车辆的故障现象后，通过阅读维修资料了解到该车辆搭载了 CAN—BUS 数据总线系统。此前，维修人员对该总线系统并无过多的了解，希望你通过下面的学习，掌握关于车载网络系统的相关知识，了解车载总线系统。

1．任务描述

要求通过工作任务的学习，了解和掌握车载网络系统的应用背景和起源。并对车载网络系统的基础知识和术语有一定的了解。

2．基础知识

现代汽车在驾乘及其使用的层面上，其发展是越来越趋向于舒适、简便、快捷。对驾驶者在功能方面的要求也应尽可能地进行满足，车辆上也因此越来越多地添加各种功能的电器系统，这些功能的实现是基于电子控制单元（Electronic Control Units）即 ECU 来实现的，基于可靠性考虑，汽车 ECU 经历了一个从多到少，又从少到多的过程，如图 1-1 所示。

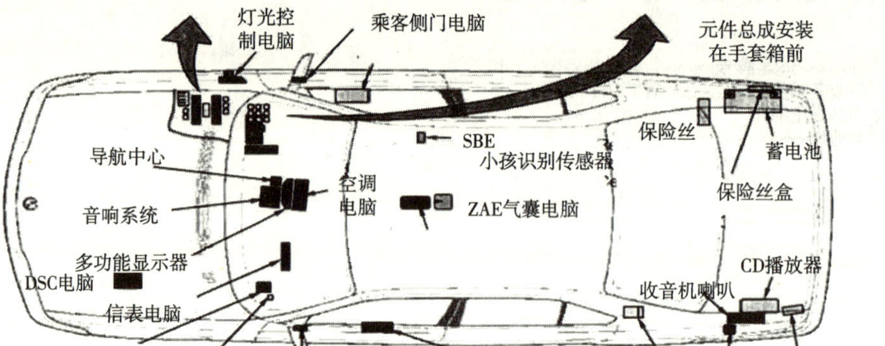

图1-1　现代车辆上可能存在的各种ECU

对于 ECU 来说，传感器（Sensor）和执行器（Final Controlling Element）是电子控制系统控制的核心。ECU 需要大量精准的传感器信号作为基准，同时还需要执行器不打折扣的精确执行。而对于现代汽车的 ECU 需要与多个传感器和执行器之间进行数据交换。而各个不同 ECU 之间需要同一种传感器的数据信号，单纯的重复安装传感器。从成本上和数据的一致性上来考虑，各个 ECU 之间对于传感器和执行器数据资源的共享成为一种最合理的选择，并且能够做到最大限度地节约车辆导线的使用量。总的来讲，现代车辆搭载数据总线系统之后可以有以下优势。

（1）简化车身布线——节约资源

采用常规的布线方式，即电线一端与开关相接，另一端与用电设备相通，将导致车上电线数目急剧增加。一辆采用传统布线方法的高档汽车，其导线长度可达 2000m，电气节点达 1500 个，电线的重量可以达到 40~60kg。比如客车上的车速信号，在没有总线的情况，车速信号要接到电涡流缓速器、空气悬架、门控制及电喷发动机。有了总线后只要接到一处，其他电器均可通过总线共享。

（2）数据共享——减少数据处理单元，节约资源

比如，对于具有 CAN 总线接口的电喷发动机，其他电控系统可共享其提供的转速、水温、油压等信号。一方面可省去额外的水温、油压传感器；另一方面可以将这些数据显示在仪表上，便于驾驶员检查发动机运行情况，从而便于发动机的保养维护。

（3）硬件方案的软件化实现——节约资源

比如，发动机前点火（客车上应用）时必须满足下列条件：

① 后仓门关闭。

② 空挡信号。

再比如，后点火时必须满足下列条件：

① 空挡。

② 钥匙门处于 ON 挡。

另外还需点火保护装置，以往是靠一系列继电器来实现这些功能，既不可靠又增大成本。而用软件实现，既可靠又没有过多资金投入，可以极大地压缩成本。

（4）良好的扩充性——减少重复设计，节约人力资源

CAN 节点几乎可以在不改动原有线束的情况下增加新的组件。同时配置参数十分方便，可以通过 CAN 总线分析软件进行设置。如各种开关输入可以根据厂家需求设置控制极性（正负控）。

（5）以微处理机和半导体功率模块取代以继电器为主体的常规逻辑电路降低功耗——节能

由于继电器工作是需要单独耗电的，使用总线系统后，车上安装的大量继电器和保险都没有了，减少了车辆这部分的能耗。

（6）安全性高——降低功耗，减少温升，降低自燃概率

模块内采用智能电子开关取代继电器，实现驱动无触点化，减少电磁干扰，延长使用寿命。

模块内采用自恢复保险丝，取代熔断丝，具有过载保护和自动恢复的功能。

可进行故障诊断、报警和记录。既保证了整车电气的可靠性，又增强了可维护性。如灯丝烧断后会提醒司机更换。

开关向主控模块发送信号，通过开关的电流很低（mA 级），大大延长了开关的使用寿命。

（7）高可靠性——行车车况的指示，更真实可靠，便于车辆安全行驶

CAN 总线与车上其他控制模块（ECM）（TCM）进行数据共享通信，车上安装数字化仪表时，将这些数据反映到驾驶员的面前，这些数据大部分取自车上其他的控制模块，数据真实可靠。

例如，车上的转速表信号，原来都要有专门的转速传感器，现在通过 CAN 总线的数据通信，可以直接接收到发动机 ECM 中的转速信号，这个数据十分精确。

（8）基于计算机技术的总线节点具有强大的故障诊断能力和自动恢复能力

CAN 总线可以检测到用电器的工作异常，同时在明显的地方进行提醒。诊断功能可以让驾驶员十分方便地知道车上用电器的工作情况。同时模块内都有自恢复保险，可以在检测到电器工作异常会影响车辆的使用时，断开电路，并在故障排除后自动恢复，减少了更换保险。

@ 信 息

1. 按照网络拓扑结构对总线系统进行分类

所谓拓扑学（TOPOLOGY）是一种研究与大小、距离无关的几何图形特性的方法。网络拓扑是由网络节点设备和通信介质构成的网络结构图。在选择拓扑结构时，主要考虑的因素有：安装的相对难易程度、重新配置的难易程度、维护的相对难易程度，以及通信介质发生故障时，受到影响的设备的情况。

网络中的计算机等设备要实现互联，就需要以一定的结构方式进行连接，这种连接方式就叫做“拓扑结构”，通俗地讲就是这些网络设备是如何连接在一起的。目前常见的网络拓扑结构主要有以下四大类。

（1）星形结构（图 1-2）

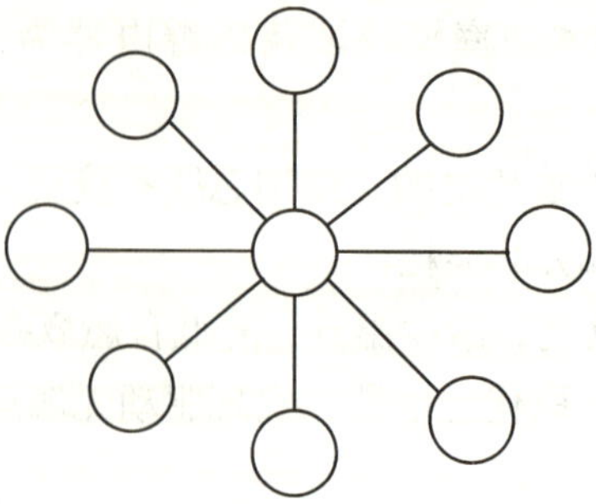

图1-2　星形拓扑结构示意图

这种结构是目前在局域网中应用得最为普遍的一种，在企业网络中几乎都是采用这一方式。星形网络几乎是 Ethernet（以太网）网络专用，它是因网络中的各工作站节点设备通过一个网络集中设备（如集线器或者交换机）连接在一起，各节点呈星状分布而得名。这类网络目前用的最多的传输介质是双绞线，这种结构便于集中控制，因为端用户之间的通信必须经过中心站。由于这一特点，也带来了易于维护和安全等优点。端用户设备因为故障而停机时也不会影响其他端用户间的通信，但这种结构非常不利的一点是，中心系统必须具有极高的可靠性，因为中心系统一旦损坏，整个系统便趋于瘫痪。对此中心系统通常采用双机热备份，以提高系统的可靠性。

这种拓扑结构网络的基本特点主要有如下几点：

① 容易实现：它所采用的传输介质一般都是采用通用的双绞线，这种传输介质相对来说比较便宜。

② 节点扩展、移动方便：节点扩展时只需要从集线器或交换机等集中设备中拉一条线即可，而要移动一个节点只需要把相应节点设备移到新节点即可，而不会像环形网络那样需要整体变更。

③ 维护容易：一个节点出现故障不会影响其他节点的连接，可任意断开故障节点。

④ 采用广播信息传送方式：任何一个节点发送信息在整个网中的节点都可以收到，形成数据平台。

⑤ 网络传输数据快：目前最新的 1000Mbps 到 10Gbps 以太网接入速度是一般的网络很难达到的。

其实它的主要特点远不止这些，但因为后面我们还要具体讲各类网络接入设备，而网络的特点主要是受这些设备的特点来制约的，所以，其他一些方面的特点，我们在后面讲到相应网络设备时再补充。

（2）环型结构（图 1-3）

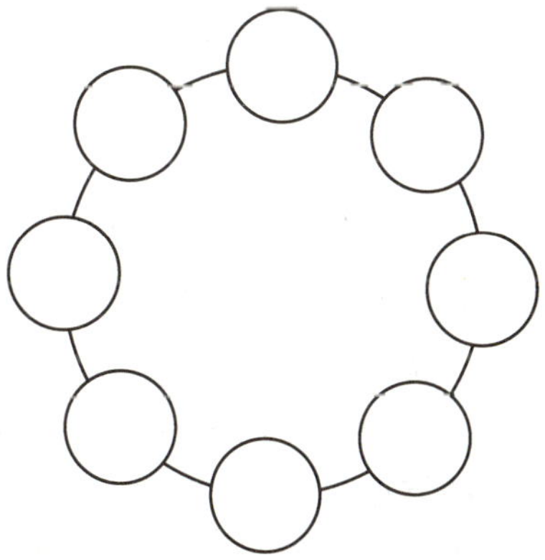

环型结构

图1-3 环型拓扑结构示意图

这种结构的网络形式主要应用于令牌网中，在这种网络结构中各设备是直接通过电缆来串接的，最后形成一个闭环，整个网络发送的信息就是在这个环中传递，通常把这类网络称之为“令牌环网”。实际上大多数情况下这种拓扑结构的网络不会是所有计算机真的要连接成物理上的环形，一般情况下，环的两端是通过一个阻抗匹配器来实现环的封闭的，因为在实际组网过程中因地理位置的限制，不方便真的做到环的两端物理连接。

这种拓扑结构的网络主要有如下几个特点：

① 这种网络结构一般仅适用于 IEEE 802.5 的令牌网（Token ring network），在这种网络中，“令牌”是在环形连接中依次传递。所用的传输介质一般是同轴电缆。

② 这种网络实现也非常简单，投资最小。可以从其网络结构示意图中看出，组成这个网络除了各工作站就是传输介质，没有节点集中设备，如集线器和交换机。但也正因为这样，这种网络所能实现的功能最为简单，仅能当做一般的文件服务模式。

③ 传输速度较快。在令牌网中允许有 16Mbps 的传输速度，它比普通的 10Mbps 以太网要快许多。当然随着以太网的广泛应用和以太网技术的发展，以太网的速度也得到了极大提高，目前普遍都能提供 100Mbps 的网速，远比 16Mbps 要高。

④ 维护困难。从其网络结构可以看到，整个网络各节点间是直接串联，这样任何一个节点出了故障都会造成整个网络的中断、瘫痪，维护起来非常不便。另一方面因为同轴电缆所采用的是插针式的接触方式，所以非常容易造成接触不良，网络中断，而且这样查找起来非常困难，这一点相信维护过这种网络的人都会深有体会。

⑤ 扩展性能差。也是因为它的环形结构，决定了它的扩展性能远不如星形结构的好，如果要新添加或移动节点，就必须中断整个网络，在环的两端作好连接器才能连接。

（3）总线型结构（图 1-4）

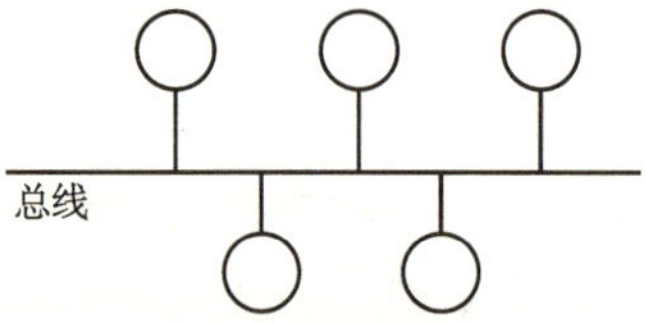

总线结构

图1-4　总线型拓扑结构示意图

这种网络拓扑结构中所有设备都直接与总线相连，它所采用的介质一般也是同轴电缆（包括粗缆和细缆），不过现在也有采用光缆作为总线型传输介质的，后面我们将要讲的 ATM 网、Cable Modem 所采用的网络等都属于总线型网络结构。

这种结构具有以下几个方面的特点：

① 组网费用低。从示意图可以看出这样的结构根本不需要另外的互联设备，是直接通过一条总线进行连接，所以组网费用较低。

② 这种网络因为各节点是共用总线带宽的，所以在传输速度上会随着接入网络的用户的增多而下降。

③ 网络用户扩展较灵活。需要扩展用户时只需要添加一个接线器即可，但所能连接的用户数量有限。

④ 维护较容易。单个节点失效不影响整个网络的正常通信。但是如果总线一断，则整个网络或者相应主干网段就断了。

⑤ 这种网络拓扑结构的缺点是一次仅能一个端用户发送数据，其他端用户必须等待到获得发送权。媒体访问获取机制较复杂。

尽管有上述一些缺点，但由于布线要求简单，扩充容易，端用户失效、增删不影响全网工作，所以是网络技术中使用最普遍的一种。

（4）混合型拓扑结构

这种网络拓扑结构是由前面所讲的星形结构和总线型结构的网络结合在一起的网络结构，这样的拓扑结构更能满足较大网络的拓展，解决星形网络在传输距离上的局限，而同时又解决了总线型网络在连接用户数量的限制。这种网络拓扑结构同时兼顾了星形网与总线型网络的优点，在缺点方面得到了一定的弥补。

那么，什么是数据总线呢？打个比方，一个工厂要把自己的产品 A 运送到目的地 M 的 A 仓库，又要把产品 B 送到目的地 M 的 B 仓库，还要把产品 C 送到目的地 M 的 C 仓库。工厂可以为每一种产品专门修一条公路，因为有 3 种产品，所以需要 3 条公路。可以肯定的是不会有企业会这样做，他只需要修一条通目的地 M 的公路，到达目的地 M 才转向不同的目的地。这样，一条路就搭载了各种不同的产品。同样的道理，数据总线搭载了不同的信息，这些信息由不同的部件发出，到达另一些不同的部件。

数据总线为各电控单元间提供进行数据交换的平台，即信息高速公路。数据总线可以在一条数据线上发布信号并可以被多个控制单元接收共享，从而实现最大限度地充分利用系统资源，避免不同传感器数据的差异性，提高系统的综合效率。数据总线可以是一根导线，也可以是两根导线，甚至可以通过其他的形式存在。

正如公路运输需要交通规则来维持正常的运作，数据总线也需要规范信息的流动。所有网络的共同问题就是要避免在同一个时间传递数笔数据，否则就会出现数据之间相互干扰的问题。如图 1-5 所示。

图1-5　通信干扰和正常的通信方式

目前最常见的有两种通信传输方式，即串行数据和并行数据。

串行通信传输方式基本的规则是分时。在这种规则下，数据总线在每一时刻只能被两个部件占用，在两个部件之间传送信息。由于电信息传播的速度极快，数据总线完全可以满足许多部件进行分时信息传递的需要。数据的传输在一条信号线路上按位进行的传输方式，如图 1-6 所示。

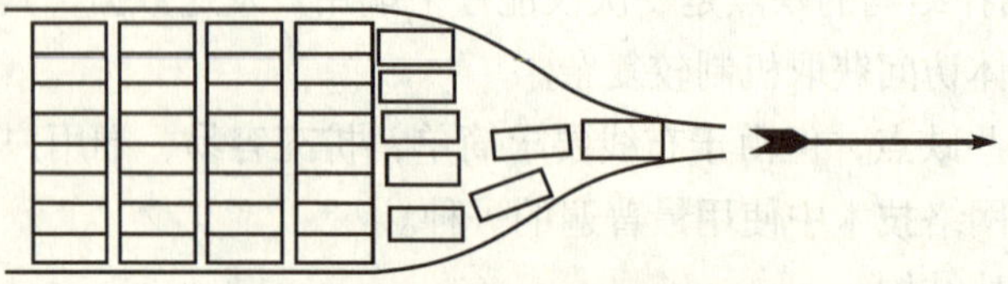

图1-6　串行通信传输方式示意图

并行通信传输是在传输中有多个数据同时在设备之间进行的传输。通俗地讲，并行传输的通路犹如一条多车道的宽阔大道，数据就如同车辆，可以多数据同时传输，而串行传输则是仅能允许一辆汽车通过的桥，只能一辆一辆按顺序行进，否则就会出现塞车。如图 1-7 所示。

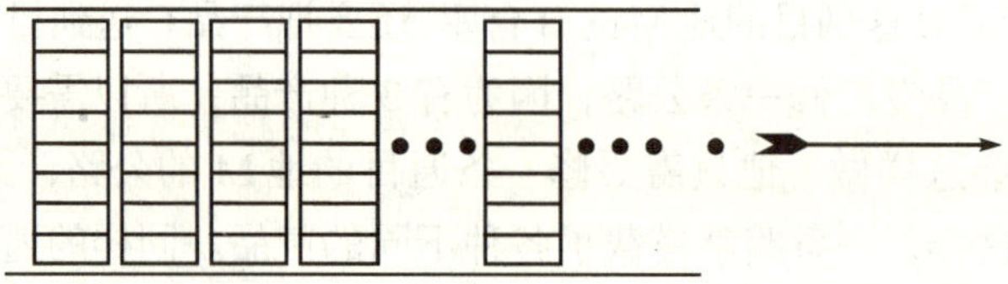

图1-7　并行通信传输方式示意图

串行传输的速度比并行传输的速度要慢得多，但费用低，并行传输适用距离短，而串行传输适用远距离传输并行数据传输技术向来是提高数据传输率的重要手段，但是，进一步发展却遇到了障碍。首先，由于并行传送方式的前提是用同一时序传播信号，用同一时序接收信号，而过分提升时钟频率将难以让数据传送的时序与时钟合拍，布线长度稍有差异，数据就会以与时钟不同的时序送达。另外，提升时钟频率还容易引起信号线间的相互干扰，导致传输错误。因此，并行方式难以实现高速化。从制造成本的角度来说，增加位宽无疑会导致控制单元上的布线数目随之增加，成本随之攀升。因此串行数据总线开始成为高速数据总线的首选。例如 PC 上的 USB。USB，是英文 Universal Serial Bus（通用串行总线）的缩写，而其中文简称为“通串线”，是一个外部总线标准，用于规范电脑与外部设备的连接和通信，是应用在 PC 领域的接口技术。USB 接口支持设备的即插即用和热插拔功能。USB 是在 1994 年底由英特尔、康柏、IBM、Microsoft 等多家公司联合提出的。

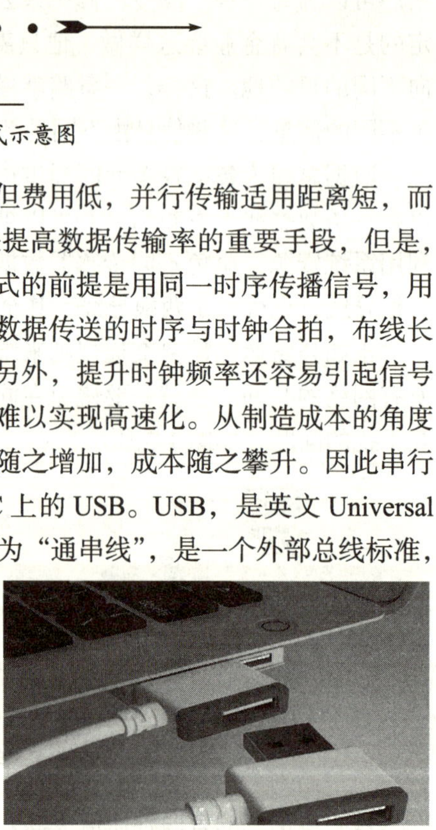

图1-8　PC的USB接口

USB 用一个 4 针（USB 3.0 标准为 9 针），如图 1-8 所示。

通常汽车上的数据传输也是采用这种在同一通道或线路上的数据传输方式，在传输数据时，各种数据在数据传输时采用了这种分时多路传输。将很短的时间分成若干段，每一个时间段定时并按照设定次序发送固定对象间的信息。这种在同一通道或线路上进行多路信息的方式又被称为多路次序传输，如图 1-9 所示。

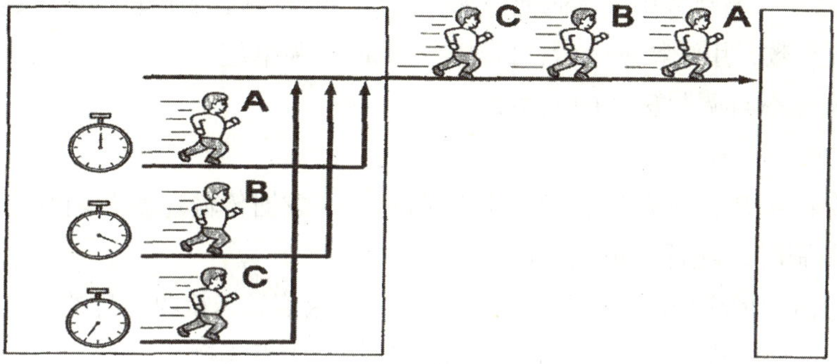

图1-9　分时通信模式示意图

由于数据传输的速度极快，就如同在同时发送。多路传输可以通过一根数据总线执行多个指令，因此可以增加许多的功能装置。从图中可以看出常规线路比传统线路简单，但多路传输在控制单元之间所用的电线也比常规传输所用的导线少得多。

串行传输的速度比并行传输要慢得多，但费用低，通常传输距离较远的数字通信系统多采用串行传输。而并行传输的速度高，但设备费用也高，适用于近距离传输。

通信的目的就是为了交换信息，通信系统就是实现把信息从一个地方传送到另一个地方的系统。信息是对数据的解释，数据是信息的载体，信号是数据的表示形式。数据通信专指信号发送端和接收端中数据的形式是数字的，以计算机系统为主体构成的网络通信系统就是数据通信系统。

衡量一个数据通信系统好坏的主要技术指标有误码率和传输速率。

（1）误码率

误码率的定义是二进制码元（每个数字就是一个码元）被错传的概率。这是衡量一个通信系统传输可靠性的指标。当所传输的数字序列趋于无限长时，误码率等于被传错的二进制码元数与所传码元总数之比，即

（2）传输速率

传输速率包括数据传输速率和调制速率两种。分别用比特率和波特率来表示。

① 数据传输速率。数据传输速率是指单位时间内传送二进制代码的位数。单位是比特 / 秒或位 / 秒；用比特率表示，记为 bit/s。计算公式为

$$S=1/T\ (\log 2N)$$

式中　S——数据传输速率；

T——电脉冲信号（码元）的宽度或周期；

N——电脉冲信号所有可能的状态数，是 2 的整幂数。

log2*N* 是每个电脉冲信号所表示的二进制数据的位数。若电信号所有可能的状态数 *N*=2，即只有“0”和“1”两种状态，则每个电信号只传送 1 位二进制数据，那么 *S*=1/*T*。

② 调制速率。调制速率又称码元速率，是信号经调制后的传输速率，表示单位时间内传输的码元个数，用波特率表示，以波特（baud）为单位。

数据传输速率与调制速率的关系是

S=/3log2*N*

从上述介绍可知，只有当 *N*=2 二进制调制时，数据传输速率和调制速率才是相等的。在多元调制时，两者是不相等的。

信道是通信中传输信息的通道，它由相应的发送信息与接收信息的设备，以及与之相连接的传输介质组成，其连接方式有点对点连接和多点连接。

① 点对点连接。点对点连接时，通信双方处于信道两端。如图 1-10 所示。

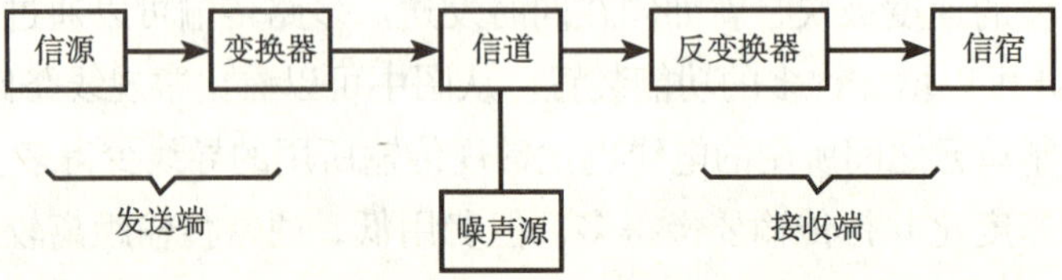

图1-10　点对点通信方式示意图

② 单工、半双工和全双工通信。根据数据信息在信道上的传输方向，数据通信可分为单工通信、半双工通信和全双工通信。

单工通信的信息流只能沿一个方向传输，即发送站和接收站是固定的，无法进行反向的通信。遥控、遥测，就是单工通信方式。如图 1-11 所示。

半双工通信的信息流可以在两个站之间双向传输，但双向传输不能同时而只能交替进行，即在同一时间内，通信双方只能在一个方向上传输信息。如步话机的通信方式。如图 1-12 所示。

图1-11　单工通信的汽车遥控器

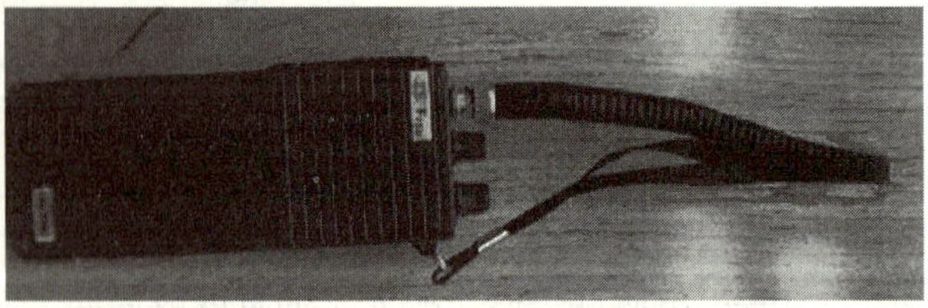

图1-12　半双工通信的步话机

全双工通信允许在同一时刻两个方向同时进行数据传输。单工通信方式多用于无线广播、有线广播或电视广播，在数据通信系统中很少采用。全双工和半双工相比，全双工的效率高，但结构复杂，成本也较高。常用的电话机就属于全双工通信方式。如图 1-13 所示。

图1-13 全双工通信的电话机

③ 同步传输与异步传输。同步是数字数据传输过程中要解决的一个重要问题。因为数据是按位传输的，如果发送端发送的速率和接收端接收的速率不一致，那么接收端收到的将是不正确的信息。同步就是指接收端要按照发送端所发送的每个码元的重复频率和起止时间来接收数据。常用的传输方法有同步传输方式和异步传输方式。

同步传输方式各字符没有起始位和停止位，采用按位同步的同步技术。位同步就是使接收端接收的每一位数据信息都要和发送端准确地保持同步，实现位同步的方法有外同步法和自同步法。外同步法是在发送数据前，发送端先向接收端发一连串同步的时钟，接收端按照这一时钟频率调整接收时序，把接收时钟重复频率锁定在接收的同步频率上，然后按照同步频率接收数据。自同步法是从数据信号波形自身提取同步信号的方法，时钟信号与传输信息可以同时传输到接收端，如数字信号采用曼彻斯特编码和差分曼彻斯特编码，由于这两种编码都是自同步编码，编码本身都带有同步信号，因此接收方可以从接收到的信号分离出同步时钟。

异步传输方式又称起止同步传输方式或群同步传输方式，它是在位同步基础上的同步，它要求发送端与接收端必须保持一个群内的同步，为厂识别字符或进行字符同步，在每个发送的字符前后各加入一位或多位信息，以表示一个字符的开始和结束。每个字符都按照一个独立的整体进行发送，在传输过程中，每个字符可以以不同速率发送，各字符的发送时间间隔也是任意的，因此称为异步。

2. 汽车网络的分类

汽车网络技术从 20 世纪 80 年代出现以来，已形成了多种网络标准。目前存在的多种汽车网络标准，其侧重的功能有所不同。20 世纪 90 年代中期，美国汽车工程师协会（SAE）按照汽车上网络系统的性能由低到高将其划分为 A 级、B 级、C 级网络，D 级以上没有规定。

A 级网络主要应用于要求价格低，数据传输速度、实时性、可靠性要求较低的情况，如车身系统的车门窗和后备厢等系统；A 级网络也作为一些传感器级和执行器级的底层局部连接网络。根据这些网络协议目前发展和使用的状况，A 类网络主要协议是 TTP/A（Time Triggered Protocol/C1ass A 和 LIN（local interconnect network）。

B级网络用于对数据传输速度要求较高的系统，包括一些车身控制系统、仪表盘和一些低档的实时控制系统及故障诊断系统（ODB）等。目前B类网络有CAN（ISO 11898

—3）、SAEJ 1850，VAN（vehicle area network）。C级网络主要用于可靠性和实时性要求较高的系统，如高档的发动机和动力传动系统的实时控制系统，一些线控系统等。目前，C类网络中的主流协议包括高速CAN（ISO11898—2）、正在发展中的TTP/C、F1exRay等协议。最近几年，随着汽车电子技术的高速发展，世界各大汽车公司、电子元器件及各科研机构根据电子技术和汽车应用的发展推出了许多新的车用通信协议，到目前为止有40多种，难以将基于这些新协议的网络都归类到SAE定义的3类网络中去。综合考虑功能和位传输速率等因素，现有的汽车通信网络大致可划分为5类，沿袭SAE分类，又新划分D、E级网络。D级网络主要面向多媒体、导航系统等，网络协议的位传输速率在250kbit/s~400 kbit/s之间。目前，该网络的主流协议为DDB（Domestic Digital Bus）或MOST（Media Oriented Systems Transport）。E级网络主要是面向乘员的安全系统，主要应用于车辆被动安全领域。在E类网络的应用场合中可能存在2条或多条总线。该网络的主要协议为Byteflight。在今天的汽车上，作为一种典型应用，车体和舒适性模块都连接到CAN总线上，并借助于LIN总线进行外围设备控制。而汽车高速控制系统，通常会使用高速CAN总线连接在一起。远程信息处理和多媒体连接需要高速互连，视频传输又需要同步数据流格式，这些都可由DDB（Domestic Digital Bus）或MOST（Media Oriented Systems Transport）协议来实现。无线通信则采用蓝牙技术（B1uetooth）加以实现。

从 1980 年起，汽车内开始装用网络。1983 年，丰田公司在世纪牌汽车上最早采用了应用电缆的车门控制系统，实现了多个节点的连接通信。此系统采用了集中控制方法，车身 ECU 对各个车门的门锁、电动玻璃窗进行控制，这就是早期在汽车上所采用的光缆系统。特别是在北欧，CAN 早已得到非常普遍的应用，1992 年起，Mercedes-Benz（奔驰）开始在他们的高级客车中使用 CAN 技术。首先使用电子控制器通过 CAN 对发动机进行管理；第二步使用控制器接收人们的操作信号。这就使用了 2 个物理上独立的 CAN 总线系统，它们通过网关连接。其他的客车厂商也纷纷赶来斯图加特学习，在他们的客车上也使用 2 套 CAN 总线系统。现在，继 Volvo、Saab、Volkswagen、BMW 之后，Renault 和 Fiat 也开始在他们的汽车上使用 CAN 总线。

今后，当对汽车引入智能交通系统（ITS）时，由于要与车外交换数据，所以在信息系统中将采用更大容量的网络，例如DDB/Optical（Domestic Digital Bus/Optical），MOST（Media Oriented System Transport），IEEE 1394等。汽车电子系统变得越来越复杂。计算机处理器控制从防抱死刹车系统（ABS）和燃油喷射单元直至前沿的娱乐系统等多种汽车功能。

汽车网络通常可划分为车体和传动系统控制网络及远程信息和多媒体子网。中心控制器（在欧洲称为“汽车 PC”）是汽车系统的核心单元。中心控制器使用户能够操作不同的电子系统和控制单元。为了能够与这些电子控制单元进行通信，中心控制器必须通过网关控制器来访问所有类型的总线，该网关控制器在汽车中不同电、光总线之间起到了路由器的作用。下一代汽车网络如图 1-14 所示。

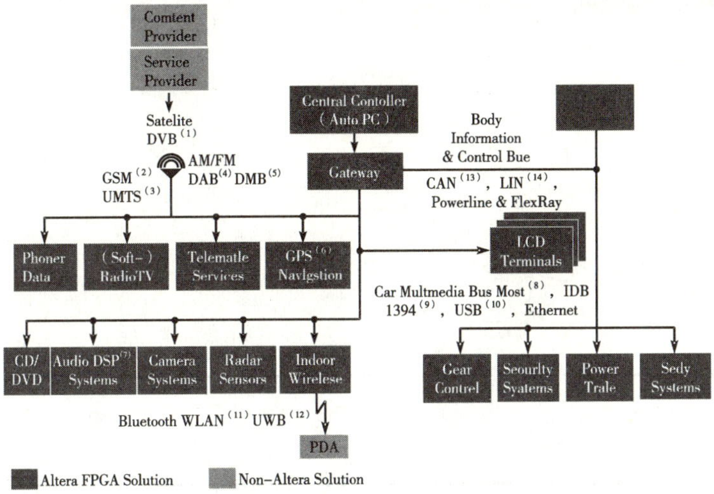

图1-14　汽车网络的发展

1. DVB = 数字视频广播　2. GSM = 全球移动通信系统　3. UMTS = 通用移动电信系统
4. DAB = 数字音频广播　5. DMB = 数字多媒体广播　6. GPS = 全球定位系统
7. DSP = 数字信号处理　8. MOST = 面向介质的系统传送　9. IDB1394 = 智能传送系统数据总线
10. USB = 通用串行总线　11. WLAN = 无线局域网　12. UWB = 超宽带
13. CAN = 控制区域网　14. LIN = 本地互联网络

计划

根据上述导向知识与技术信息，完成下面的题目。

下面的总线结构是什么形式的拓扑结构？

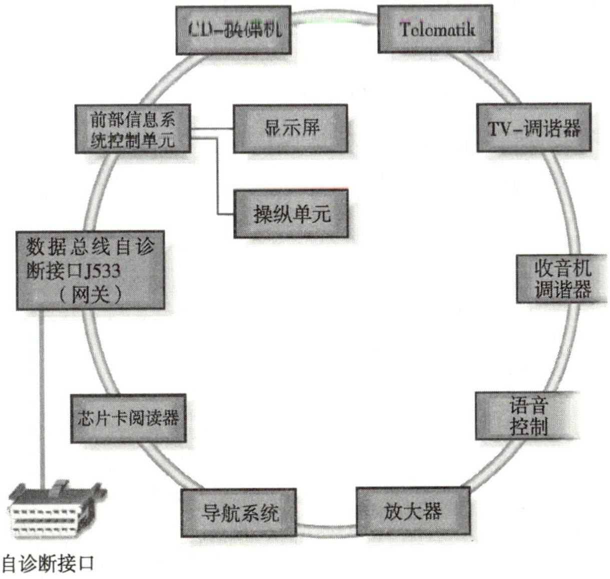

实施

绘制一幅总线型网络的拓扑结构图。

检验

教师检查同学，要求同学能够掌握三种总线的拓扑结构并明确其特点 教师检查同学，要求同学能够明确汽车网络的分类及应用情况 教师检查同学，要求同学能够掌握串行通信传输方式的基本特点

展示

1．请同学根据上述知识完成下面的题目。

1）串行通信传输方式的基本规则是什么？

2）美国汽车工程师协会（SAE）规定发动机系统主要应用级网络有哪些？

3）什么是由网络节点设备和通信介质构成的网络结构图？

4）传输距离较远的数字通信系统多采用什么方式？

2．通过专业会谈来完成下列题目。

1）现代汽车为什么要采用车载网络系统？

2）解释一下串行通信传输方式。

3）简述通常用在车身的总线类型。

工作任务 2

汽车数据传输系统的典型协议

导 向

要求学生通过本领域的学习，掌握通信协议的基础知识及目前的应用情况。

1. 基础知识

通信协议又称通信规程，是指通信双方对数据传送控制的一种约定。约定中包括对数据格式、同步方式、传送速度、传送步骤、检纠错方式及控制字符定义等问题做出统一规定，通信双方必须共同遵守，它也叫做链路控制规程。

电脑与电脑之间的沟通必须讲述相同的语言，才能互相传输信息，自然资料在国际互联网上传递，每一份都要符合一定的规格（即是相同的语言），否则中国送出的资料，在美国那边要怎么收下呢？ 这些规格（语言）的规定都是事先由多个专门的组织共同商讨好的，而这种在网络上负责定义资料传输规格的协议，我们就统称为通信协议。 其实每一种网络所使用的通信协议都不太一样，但就以我们最常用的 Internet 为例，当资料要送到 Internet 上时，就必须要使用 Internet 用的通信协议。

目前，汽车多路信息通信系统中采用的通信协议有多种形式，主要有 8 种（表 2-1）。

表2-1 典型的通信协议

序号	通信协议名称	推荐或实施单位	通信芯片		CPU类型
1	CAN	奔驰、英特尔、波许、JSAE、ISO/TC22/SC3/WG1	AN8252—Q8841	波许总线	Intel8051
				古川总线	H8/532
2	BASICCAN	飞利浦、波许	PCA82C200版本0		HD63B03Y
3	ABUS	大众	U5001MRDl018		Intel8051
4	VAN	雷诺、标致、雪铁龙、ISO/TC22/SC3/WG1	RCPVAN		Intel8051
					Philips87C51

续表

序号	通信协议名称	推荐或实施单位	通信芯片		CPU类型
5	HBCC	福特、SAE J1850	REVBB	并行接口	
				串行接口	
6	PALMNET	马自达、SAE	J002		HD6303Y
7	DLCS	通用	DLCS03		MC68HCll
8	CCD	克莱斯勒、SAE	CDP68HC68S1		MC68HC11
9	DAN	宝马公司（BMW）1994年提出的集中式网络协议。			
10	DAN	阿尔法·罗密欧公司的集中式网络协议。			

注：SAE——美国汽车工程师学会；ISO—国际标准化组织。

由上表可以看出到目前为止，世界上尚无一个可以兼容各大汽车公司通信协议的通用标准，也就是说，想用某个公司的通信协议取代其他公司的协议，是很难做到的，因此，在汽车上就形成了多种类型的通信协议共存的局面。但是目前来讲最有可能成为通用协议的就是 BOSCH 公司的 CAN 协议。

2. 协议要素及其功能

（1）协议的三要素

① 语法确定通信双方之间“如何讲”，即由逻辑说明构成，要对信息或报文中各字段格式化，说明报头（或标题）字段、命令和应答的结构。

② 语义确定通信双方之间“讲什么”，即由过程说明构成，要对发布请求、执行动作及返回应答予以解释，并确定用于协调和差错处理的控制信息。

③ 定时规则指出事件的顺序及速度匹配、排序。

（2）协议的功能

协议的功能是控制并指导两个对话实体的对话过程，发现对话过程中出现的差错并确定处理策略。具体来说，每个协议都是具有针对性的，用于特定的目的，所以各协议的功能是不一样的，但是有一些公共的功能是大多数协议都具有的。这些功能包括四个方面。

① 差错检测和纠正。面向通信传输的协议常使用“应答—重发”，循环冗余检验 CRC、软件检查和等机制进行差错的检测和纠正工作；而面向应用的协议常采用重新同步、恢复及托付等更为高级的方法进行差错的检测和纠正工作。一般来说，协议中对异常情况的处理说明要占很大的比重。

② 分块和重装。用协议控制进行传送的数据长度是有一定限制的，参加交换的数据都要求有一定的格式。为满足这个要求，就需要将实际应用中的数据进行加工处理，使之符合协议交换时的格式要求，只有这样才能应用协议进行数据交换。分块与重装就是这种加工处理操作。分块操作将大的数据划分成若干小块，如将报文划分成几个报文分组；重装操作则是将划分的小块数据重新组合复原，如将报文分组还原成报文。

③ 排序。对发送出的数据进行编号以标识它们的顺序，通过排序，可达到按序传递、信息流控制和差错控制等目的。

④ 流量控制。通过限制发送的数据量或速率，以防止在信道中出现堵塞现象。

3．协议的类型

协议可根据其不同特性进行分类，可分为：

（1）直接型/间接型

两个实体间的通信，可以是直接的或间接的。例如，两个系统若共享一个“点—点”链路，那么这些系统中的实体就可以直接通信；此时数据和控制信息直接在实体间传递而无任何中间的信息处理装置，所需要的协议属于直接型。

如果系统经过转接式通信网或者两个、两个以上网络串接的通信网，两个实体要交换数据必须依赖于其他实体的功能，属于间接通信。此时设计协议时，需要考虑对中间系统了解到怎样程度，因而较为复杂。

（2）单体型/结构化型

在两个实体间通信任务比较简单的情况下，采用单一协议来控制通信，这种协议称之为“单体型”协议。

实际上，计算机网络内实体间通信任务是很复杂的，以致不可能作为一个单体来处理。面临复杂的情况，可采用“结构化”型协议，即以展示为层次或分层结构的协议集合来代替单体型协议。此时，较低层次或较低级别的功能在较低层次的实体上实现，而它们又向较高层次的实体提供服务。换言之，较高层的实体依靠较低层次的实体来交换数据。

（3）对称型/不对称型

大部分的协议属于对称型，即它们关联于同等的实体之间通信。不对称的协议可以是交换逻辑的要求（例如，一个“用户”进程和一个“服务”进程），或者是为了尽可能使实体或系统保持简单。

（4）标准型/非标准型

一个部门或者一个国家都希望制定标准型协议，促进组建计算机网络和分布处理系统。非标准型协议，一般都是发展中的产物，或者为特定通信环境所设计。

@ 信 息

1．通信协议的含义

两个实体要想成功地通信，它们必须“说同样的语言”，并按既定控制法则来保证相互的配合。具体地说，在通信内容、怎样通信以及何时通信等方面，两个实体要遵从相互可以接受的一组约定和规则。这些约定和规则的集合称为协议。因此，协议可定义为在两实体间控制信息交换的规则之集合。

2. 通信协议的内容

OSI是Open System Interconnect的缩写，意为开放式系统互联。国际标准组织（国际标准化组织ISO）制定了OSI模型。这个模型把网络通信的工作分为7层，分别是物理层、数据链路层、网络层、传输层、会话层、表示层和应用层，见表2-2。

表2-2 ISO/OSI基本参照模型

ISO/OSI基本参照模型		各层定义的主要项目
软件控制	7层：应用层	由实际应用程序提供可利用的服务。
	6层：表示层	进行数据表现形式的转换。 如：文字设定、数据压缩、加密等的控制
	5层：会话层	为建立会话式的通信，控制数据正确地接收和发送
	4层：传输层	控制数据传输的顺序、传送错误的恢复等，保证通信的品质。 如：错误修正、再传输控制
	3层：网络层	进行数据传送的路由选择或中断。 如：单元间的数据交换、地址管理
硬件控制	2层：数据链路层	将物理层收到的信号（位序列）组成有意义的数据，提供传输错误控制等数据传输控制流程。 如：访问的方法、数据的形式。 通信方式、连接控制方式、同步方式、检错方式。 应答方式、通信方式、包（帧）的构成。 位的调制方式（包括位时序条件）
	1层：物理层	规定了通信时使用的电缆、连接器等媒体、电气信号规格等，以实现设备间的信号传送。 如：信号电平、收发器、电缆、连接器等的形态

（1）物理层

物理层位于OSI参考模型的最低层，物理层上的协议有时也称为接口，它直接面向实际承担数据传输的物理媒体（通信通道），物理层的传输单位为比特（bit），即一个二进制位（“0”或“1”）。实际的比特传输必须依赖于传输设备和物理媒体，但是，物理层不是指具体的物理设备，也不是指信号传输的物理媒体，而是指在物理媒体之上为上一层（数据链路层）提供一个传输原始比特流的物理连接。物理层的主要功能包含为数据端设备提供传送数据的通路，此外物理层要形成适合数据传输需要的实体，为数据传送服务。一是要保证数据能在其上正确通过，二是要提供足够的带宽（带宽是指每秒钟内能通过的比特（bit）数），以减少信道上的拥塞。传输数据的方式能满足点到点，一点到多点，串行或并行，半双工或全双工，同步或异步传输的需要。除此之外还要完成物理层的一些管理工作。在制定物理层协议时主要阐明以下的问题。

① 机械特性。指明接口所用接线器的形状和尺寸、引线数目和排列、固定和锁定装置等。这很像平时常见的各种规格的电源插头的尺寸都有严格的规定。

② 电气特性。指明在接口电缆的各条线上出现的电压的范围。

③ 功能特性。指明某条线上出现的某一电平的电压表示何种意义。

④ 规程特性。指明对于不同功能的各种可能事件的出现顺序。

（2）数据链路层

数据链路层是 OSI 参考模型中的第二层，介乎于物理层和网络层之间。数据链路层在物理层提供的服务的基础上向网络层提供服务，其最基本的服务是将源机网络层来的数据可靠地传输到相邻节点的目标机网络层。为达到这一目的，数据链路必须具备一系列相应的功能，主要有：如何将数据组合成数据块，在数据链路层中称这种数据块为帧（frame），帧是数据链路层的传送单位；如何控制帧在物理信道上的传输，包括如何处理传输差错，如何调节发送速率以使与接收方相匹配；以及在两个网络实体之间提供数据链路通路的建立、维持和释放的管理。丢失信息、干扰信息及顺序不正确在物理层中这些情况都可能发生，在数据链路层中必须用纠错码来检错与纠错。数据链路层是对物理层传输原始比特流的功能的加强，将物理层提供的可能出错的物理连接改造成为逻辑上无差错的数据链路，使之对网络层表现为一无差错的线路。

（3）网络层

网络层是 OSI 参考模型中的第三层，介于运输层和数据链路层之间，它在数据链路层提供的两个相邻端点之间的数据帧的传送功能上，进一步管理网络中的数据通信，将数据设法从源端经过若干个中间节点传送到目的端，从而向运输层提供最基本的端到端的数据传送服务。网络层的目的是实现两个端系统之间的数据透明传送，具体功能包括寻址和路由选择、连接的建立、差错检测、排序 、流量控制、加速数据传送、复位、保持和终止等。

（4）传输层

传输层（Transport Layer）是OSI中最重要、最关键的一层，是唯一负责总体的数据传输和数据控制的一层。传输层提供端到端的交换数据的机制。传输层对会话层等高三层提供可靠的传输服务，对网络层提供可靠的目的地站点信息。世界上各种通信子网在性能上存在着很大差异。例如电话交换网、分组交换网、公用数据交换网、局域网等通信子网都可互连，但它们提供的吞吐量、传输速率、数据延迟通信费用各不相同。对于会话层来说，却要求有一性能恒定的界面。传输层就承担了这一功能。它采用分流/合流，复用/介复用技术来调节上述通信子网的差异，使会话层感受不到。此外传输层还要具备差错恢复，流量控制等功能，以此对会话层屏蔽通信子网在这些方面的细节与差异。传输层面对的数据对象已不是网络地址和主机地址，而是和会话层的界面端口。上述功能的最终目的是为会话提供可靠的、无误的数据传输。传输层的服务一般要经历传输连接建立阶段、数据传送阶段、传输连接释放阶段3个阶段才算完成一个完整的服务过程。而在数据传送阶段又分为一般数据传送和加速数据传送2种。传输层服务分成5种类型。基本可以满足对传送质量、传送速度、传送费用的各种不同需要。

网络层只是根据网络地址将源结点发出的数据包传送到目的结点，而传输层则负责将数据可靠地传送到相应的端口。传输层的任务是根据通信子网的特性，最佳地利用网络资源，为两个端系统的会话层之间，提供建立、维护和取消传输连接的功能，负责端到端的可靠数据传输。在这一层，信息传送的协议数据单元称为段或报文。

传输层是整个协议层次结构的核心，是唯一负责总体数据传输和控制的一层。OSI七层模型中传输层是负责数据通信的最高层，同时又是面向网络通信的低三层和面向信息处理的高三层之间的中间层。因为网络层不一定保证服务的可靠，而用户也不能直接对通信子网加以控制，因此在网络层之上，加一层即传输层以改善传输质量。传输层利用网络层提供的服务，并通过传输层地址提供给高层用户传输数据的通信端口，使系统间高层资源的共享不必考虑数据通信方面和不可靠的数据传输方面的问题。它的主要功能是：对一个进行的对话或连接提供可靠的传输服务，在通向网络的单一物理连接上实现该连接的复用，在单一连接上提供端到端的序号与流量控制、差错控制及恢复等服务。

传输层提供了主机应用程序进程之间的端到端的服务，向会话层提供通信服务的可靠性，避免报文的出错、丢失、延迟时间紊乱、重复、乱序等差错。基本功能如下：

① 分割与重组数据。

② 按端口号寻址。

③ 连接管理。

④ 差错控制和流量控制。

（5）会话层

会话层、表示层、应用层构成开放系统的高 3 层，面对应用进程提供分布处理，对话管理，信息表示，恢复最后的差错等。会话层同样要担负应用进程服务要求，对传输层不能完成的那部分工作，给传输层功能差距以弥补。主要的功能是对话管理、数据流同步和重新同步。会话层提供的服务之一是管理对话控制。会话层允许信息同时双向传输，或任一时刻只能单向传输。即对传输方式的确定。会话层主要功能如下：

1）为会话实体间建立连接

为给两个对等会话服务用户建立一个会话连接，应该做如下几项工作。

① 将会话地址映射为运输地址。

② 选择需要的运输服务质量参数。

③ 对会话参数进行协商。

④ 识别各个会话连接。

⑤ 传送有限的透明用户数据。

2）数据传输

这个阶段是在两个会话用户之间实现有组织的、同步的数据传输。

3）连接释放

连接释放是通过“有序释放”、“废弃”、“有限量透明用户数据传送”等功能单元来释放会话连接的。

会话层还向用户提供组织和控制信息交换的手段并提供下述功能：

利用令牌技术来保证数据交换、会话同步的有序性；拥有令牌的一方可以发送数据，或者执行其他动作；令牌可以被申请和转让；利用活动和同步技术来保证用户数据的完整性，并让用户知道整个交换的过程；利用分段和拼接技术来提高数据交换的效率，多块用户数据可以合并在一起进行传输；利用重新同步技术来实现用户会话的延续性，支持传输过程中的故障恢复。

① 会话和同步技术："会话"是指用户之间的信息交换过程。用户之间为完成信息交换需要按一定规则在会话层实体之间建立起来的一种暂时的联系，即"会话连接"。在会话连接过程中，可以把用户之间的信息交换分成若干个逻辑工作段，即"活动"，活动的内容具有相对的独立性和完整性。在每个活动中可以含有一个或多个"会话单元"，会话单元一般是一组意义上相对完整的数据块传输。

同步：是对会话层实体的一种控制方法，保证会话交互的时序性。

同步技术：对用户数据进行语义上的分段，便于接收方可对所接收的信息进行验证。

引入活动和同步的目的：使用户可以了解会话的进程，便于控制和管理，如果出现传输故障，可从指定的同步点处进行恢复，减少差错重传的数据量。

② 令牌技术：令牌（有时也称为"权标"），是会话连接的一种属性。例如：数据令牌标识用户发送数据的权利，谁掌握令牌，谁就有权发送数据；当通信的另一方需要发送数据时，首先要申请令牌。当掌握令牌的一方数据传输完毕或数据传输告一段落，可以释放令牌，将令牌"传递"给通信的另一方。在半双工工作方式下，通过数据令牌的申请和分配，保证用户信息交换的顺序性。如图 2-1 所示。

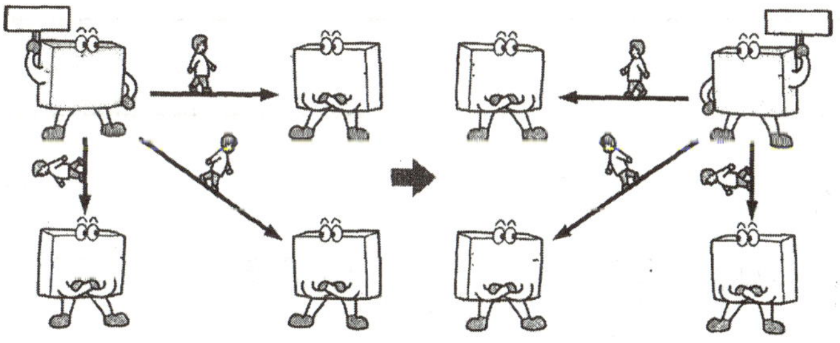

图2-1　令牌传递示意

（6）表示层

表示层位于 OSI 分层结构的第六层，它的主要作用之一是为异种机通信提供一种公共语言，以便能进行互操作。表示层如同应用程序和网络之间的翻译官，主要解决用户信息的语法表示问题，即提供格式化的表示和转换数据服务。数据的压缩、解压、加密、解密都在该层完成。

（7）应用层

应用层（Application layer）是七层 OSI 模型的第七层。比起其他层来说，应用层需要的标准最多，但也是最不成熟的一层。作用是在实现多个系统应用进程相互通信的同时，完成一系列业务处理所需的服务。

计 划

根据上述导向知识与技术信息，完成工作计划。

1		
2		
3		
4		
5		
6		
7		

实 施

1．实践准备。

场地准备： 具有总线系统的轿车1辆或双绞线	资料准备： 维修记录表（工单）； 维修手册或自学手册

2．查询该车型应用的总线类型。

检 验

根据学生的计划和实施的状况由教师对其进行批改，并就其中的问题进行点评

展 示

1．实施中的每一组同学随机挑选一名代表根据自己的计划，用 10 分钟时间对本工作任务中 3 个要点的知识进行讲解。

2．专业会谈：OSI 模型对于物理层的规定是什么？

3．网络协议的基本要素有哪几个？

工作任务 3

CAN协议

导 向

车载网络系统的常用术语。

1. 数据总线

数据总线是模块间运行数据的通道，即所谓的信息高速公路。数据总线可以实现在一条数据线上传递的信号可以被多个系统（控制单元）共享，从而最大限度地提高系统整体效率，充分利用有限的资源。如果系统可以发送和接收数据，则这样的数据总线就称为双向数据总线。数据总线实际是一条导线，或是两条导线。双线制数据总线的两条线是绞在一起的。

2. 局域网

在一个有限区域内连接的计算机的网络称为局域网。一般这个区域具有特定的职能，通过这个网络实现这个系统内的资源共享和信息通信。连接到网络上的节点可以是计算机、基于微处理器的应用系统或智能装置。局域网一般的数据传输速度在102~107 kbit/s范围，传输距离在100~250m，误码率低。汽车上的网络是局域网与现场总线（Field Bus）之间的一种结构。数据传输速度一般在10~103kbit/s范围，传输距离在几十米范围。

3. 多路传输

多路传输是指在同一通道或线路上同时传输多条信息。在局域网中数据信息是依次传输的，但速度非常快，似乎就是同时传输的。对一个人来说，十分之一秒算是非常快了，但对一台运算速度即使相对慢的计算机来说，十分之一秒却是很慢的。如果将十分之一秒分成若干段，许多单个的数据都能被传输——每一段传输一段，这就叫做分时多路传输。汽车上用的是单线或双线分时多路传输系统。

4．模块/节点

模块就是一种电子装置。简单一点的如温度和压力传感器，复杂的如计算机（微处理器）。传感器是一个模块装置，根据温度和压力的不同产生不同的电压信号。这些电压信号在计算机（一种数字装置）的输入接口被转变成数字信号。在计算机多路传输系统中一些简单的模块被称为节点。

5．网关（如图3-1所示）

因为汽车上往往不只使用一种总线和网络，所以必须用一种方法达到信息共享和不产生协议间的冲突。为了使采用不同协议及速度的数据总线间实现无差错数据传输，必须要用一种特殊功能的计算机，这种计算机就叫做网关。网关实际上就是一种模块，它负责车辆的各种总线系统间的接口，保证各种总线系统的控制单元能够相互实现通信。如图3-2所示。网关可以是独立存在的，在成本较低时，通常的做法是使用一些ECU作为兼职网关。

图3-1　网关模块

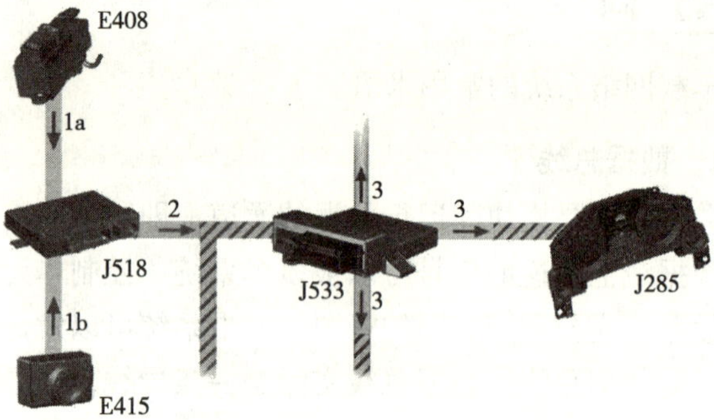

图3-2　网关J533的连接作用

6．传输速率

车载网络系统的传输速率有毛速率和净速率两种概念。毛速率是指在网上所测量的速率。为了得到数据，应当分辨一个车载网络帧中最小的单元，即电压出现变化需要的最小时间单位，通常用1个bit表示。例如，在CAN网中测出1 bit需时2us，则CAN网毛速率为1bit/2us至500kbit/s。净速率是指根据实际交换中有用信息的bit数量，在同一帧中把bit的总数考虑在内计算所得的速率。以CAN网为例，为了进行这项计算，应该在一个CAN网帧中重新处理组成它的所有的域以分辨出所有传输的bit：Start bit域（1 bit）IDEN+COM（18bit），CRC（16bit），ACK（2bit），EOF（7bit），IFS（3bit）。另外，由于使用补充位的方式，一个CAN网帧可以由以下组成：8个字节传输数据域有19个补充位。1个字节传输数据域有8个补充位。则数据域：N个字节（1到28个字节数据）×8bit。因此，1个字节的净速率=8/(47+8+8)×250kbit/s=30.74kbit/s；8个字节的净速率=64/(47+19+64)×250kbit/s=123.08kbit/s。

7．总线负荷

总线负荷是指总线占用时间与较长探测时间的比值，这种负荷以 % 形式表示。根据总线—支线或多主系统的信息交换方式，可获得的最大总线负荷是不同的。事实上，对于主从系统的交换方式而言总线上是没有冲突的。因为只有主系统可以发出信息，从系统在任何情况下都不能以自主形式发出信息，除非事先对主系统提出请求。在这样一个交换的接线图中，可获得的最大总线负荷可以升高到 80%~90%。在多主系统信息交换方式的情况下，每个电控单元可以在总线上发出信息。因此，可能会产生很多冲突，导致总线负荷的局部升高。在这样一个交换的接线图中，30%~40% 的总线负荷都会被认为是过高的。

8．优先级与仲裁

在网络系统中可能会出现多个控制单元同时发送数据的情况，系统必须决定哪个控制单元优先。就像我们遇到救护车时必须要礼让一样。对于这种情况，一些总线规定了通过对于网络上的节点即 ECU 在发送数据时通过数据的标识符来识别优先级。对于优先级的确认，如 CAN 总线中规定标识符的号码越小，表示数据越重要，其优先级越高。这种识别方式被称为仲裁。

仲裁的结果是有两种优先级即高级别和低级别。对于数据列中的优先级确认是通过其状态区的优先级，每个数据列中包含 11bit 的代码。在传输过程中，如果同时判断到低级别和高级别的数据，则低级别的 ECU 转为停止发送并接收。如比特电压的状态中 0 比 1 更有优先权，见表 3-1。

表3-1　Bit电压的优先级

Bit电压	值	级　别
0V	0	高
5V	1	低

@ 信 息

1986 年 2 月，Robert Bosch 公司在 SAE（汽车工程协会）大会上介绍了一种新型的串行总线——CAN 控制器局域网，那是 CAN 诞生的时刻。今天，在欧洲几乎每一辆新客车均装配有 CAN 局域网。同样，CAN 也用于其他类型的交通工具，从火车到轮船或者用于工业控制。CAN 已经成为全球范围内最重要的总线之一——甚至领导着串行总线。1999 年，接近 6 千万个 CAN 控制器投入应用；2000 年，市场销售超过 1 亿个 CAN 器件。1983 年初，Uwe Kiencke 开始研究一种新的串行总线。新总线的主要方向是增加新功能、减少电气连接线，使其能够用于产品，而非用于驱动技术，1986 年 2 月，CAN 诞生了。在底特律的汽车工程协会大会上，由 Bosch 公司研究的新总线系统被称为“汽车串行控制器局域网”。

CAN 是 Controller Area Network 的缩写（以下称为 CAN），是 ISO 国际标准化的串

行通信协议。在当前的汽车产业中，出于对安全性、舒适性、方便性、低公害、低成本的要求，各种各样的电子控制系统被开发了出来。由于这些系统之间通信所用的数据类型及对可靠性的要求不尽相同，由多条总线构成的情况很多，线束的数量也随之增加。为适应“减少线束的数量”、“通过多个 LAN，进行大量数据的高速通信”的需要，1986 年德国电气商博世公司开发出面向汽车的 CAN 通信协议。此后，CAN 通过 ISO 11898 及 ISO 11519 进行了标准化，在欧洲已是汽车网络的标准协议。现在，CAN 的高性能和可靠性已被认同，并被广泛地应用于工业自动化、船舶、医疗设备、工业设备等方面。

图3-3所示是车载网络的构想示意图。CAN 等通信协议的开发，使多种LAN通过网关进行数据交换得以实现。

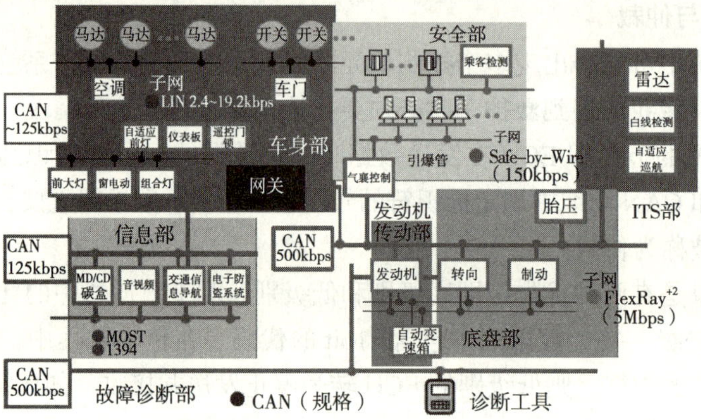

图3-3 车载网络的构想示意图

【注】 *1 ISO: International Organization for Standardization（国际标准化组织）；

*2 FlexRayTM 为戴姆勒克莱斯勒公司注册商标。

CAN 的应用示例如图 3-4 所示，CAN 的连接示意如图 3-5 所示。

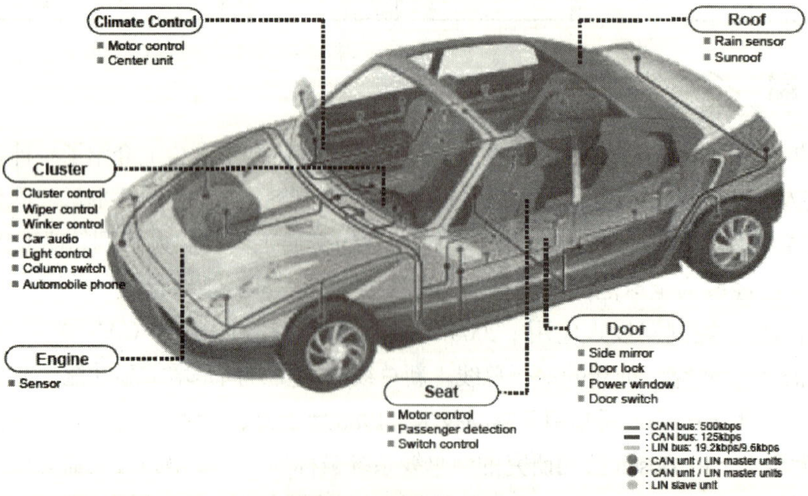

图3-4 CAN的应用

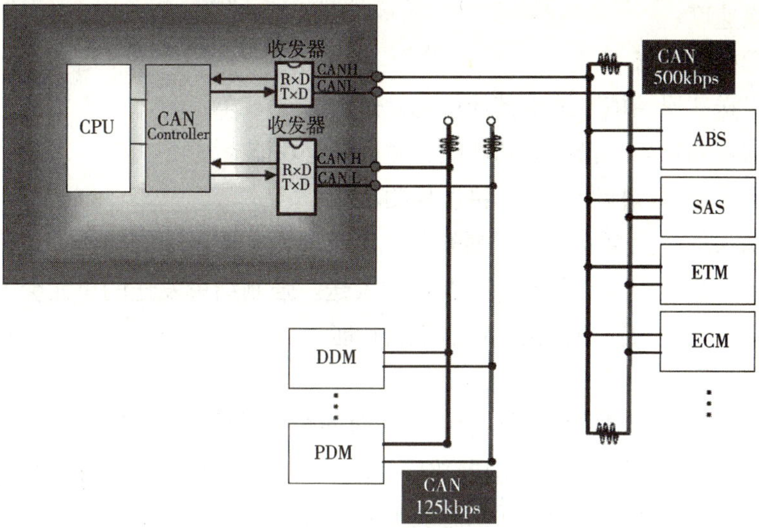

图3-5　CAN的连接示意

CAN 控制器根据两根线上的电位差来判断总线电平，组成互补数据进行逻辑信号的判断。

1．CAN 的特点

CAN 协议具有以下特点。

（1）多主控制

在总线空闲时，所有的单元都可开始发送消息（多主控制）。

最先访问总线的单元可获得发送权（CSMA/CA 方式）。

多个单元同时开始发送时，发送高优先级 ID 消息的单元可获得发送权。

（2）消息的发送

在 CAN 协议中，所有的消息都以固定的格式发送。总线空闲时，所有与总线相连的单元都可以开始发送新消息。两个以上的单元同时开始发送消息时，根据标识符（Identifier 以下称为 ID）决定优先级。ID 并不是表示发送的目的地址，而是表示访问总线的消息的优先级。两个以上的单元同时开始发送消息时，对各消息 ID 的每个位进行逐个仲裁比较。仲裁获胜（被判定为优先级最高）的单元可继续发送消息，仲裁失利的单元则立刻停止发送而进行接收工作。

（3）系统的柔软性

与总线相连的单元没有类似于“地址”的信息。因此在总线上增加单元时，连接在总线上的其他单元的软硬件及应用层都不需要改变。

（4）通信速度

根据整个网络的规模，可设定适合的通信速度。

在同一网络中，所有单元必须设定成统一的通信速度。即使有一个单元的通信速度与其他的不一样，此单元也会输出错误信号，妨碍整个网络的通信。不同网络间则可以有不同的通信速度。

（5）远程数据请求

可通过发送“遥控帧”请求其他单元发送数据。

（6）错误检测功能、错误通知功能、错误恢复功能

所有的单元都可以检测错误（错误检测功能）。

检测出错误的单元会立即同时通知其他所有单元（错误通知功能）。正在发送消息的单元一旦检测出错误，会强制结束当前的发送。强制结束发送的单元会不断反复地重新发送此消息直到成功发送为止（错误恢复功能）。

（7）故障封闭

CAN 可以判断出错误的类型是总线上暂时的数据错误（如外部噪声等）还是持续的数据错误（如单元内部故障、驱动器故障、断线等）。由此功能，当总线上发生持续数据错误时，可将引起此故障的单元从总线上隔离出去。

（8）连接

CAN 总线是可同时连接多个单元的总线。可连接的单元总数理论上是没有限制的。但实际上可连接的单元数受总线上的时间延迟及电气负载的限制。降低通信速度，可连接的单元数增加；提高通信速度，则可连接的单元数减少。

2. 错误状态的种类

单元始终处于3种状态之一。

（1）主动错误状态

主动错误状态是可以正常参加总线通信的状态。处于主动错误状态的单元检测出错误时，输出主动错误标志。

（2）被动错误状态

被动错误状态是易引起错误的状态。

处于被动错误状态的单元虽能参加总线通信，但为不妨碍其他单元通信，接收时不能积极地发送错误通知。处于被动错误状态的单元即使检测出错误，而其他处于主动错误状态的单元如果没发现错误，整个总线也被认为是没有错误的。

处于被动错误状态的单元检测出错误时，输出被动错误标志。另外，处于被动错误状态的单元在发送结束后不能马上再次开始发送。在开始下次发送前，在间隔帧期间内必须插入“延迟传送”（8个位的隐性位）。

（3）总线关闭态

总线关闭态是不能参加总线上通信的状态。

信息的接收和发送均被禁止。这些状态依靠发送错误计数和接收错误计数来管理，根据计数值决定进入何种状态。错误状态和计数值的关系如表 3-2 及图 3-6 所示。

表3-2　总线错误及计数值的关系

单元错误状态	发送错误计数值（TEC）		接收错误计数值（REC）
主动错误状态	0~127	且	0~127
被动错误状态	128~255	或	128~255
总线关闭态	256~		—

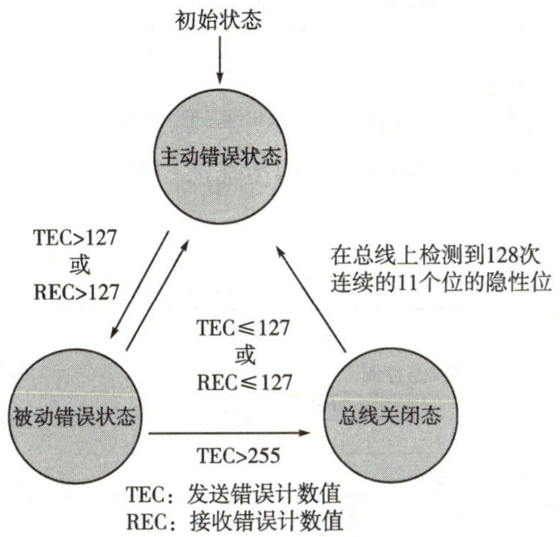

图3-6　单元的错误状态

3．错误计数值

发送错误计数值和接收错误计数值根据一定的条件发生变化。错误计数值的变动条件见表 3-3。

一次数据的接收和发送可能同时满足多个条件。错误计数器在错误标志的第一个位出现的时间点上开始计数。

表3-3　错误计数值的变动条件

	接收和发送错误计数值的变动条件	发送错误计数值（TEC）	接收错误计数值（REC）
1	接收单元检测出错误时。 例如：接收单元要发送错误标志或过载标志中检测出“位错误”时，接收错误计数值不增加	—	+1
2	接收单元在发送完错误标志后检测到的第一个位为显性电平时	—	+8
3	发送单元在检出错误标志时	+8	—
4	发送单元在发送主动错误标志或过载标志时，检测出位错误	+8	—
5	接收单元在发送主动错误标志或过载标志时，检测出位错误	—	+8
6	各单元从主动错误标志、过载标志的最开始检测出连续14个位的显性位时。 之后，每检测出连续的8个位的显性时	发送时 +8	接收时 +8
7	检测出在被动错误标志后追加的连续8个位的显性时	发送时 +8	接收时 +8
8	发送单元正常发送数据结束时（返回ACK且到帧结束也未检测出错误时）	−1 TEC=0时±0	—

续表

	接收和发送错误计数值的变动条件	发送错误计数值（TEC）	接收错误计数值（REC）
9	接收单元正常接收数据结束时（到CRC未检测出错误且正常返回ACK时）	—	1≤REC≤127时–1 REC=0时±0 REC>127时 设REC=127
10	处于总线关闭态的单元，检测到128次连续11个位的隐性位	TEC=0	REC=0

4．CAN 协议的基本概念

CAN 协议涵盖了 ISO 规定的 OSI 基本参照模型中的传输层、数据链路层及物理层。CAN 协议中关于 ISO/OSI 基本参照模型中的传输层、数据链路层及物理层，具体有哪些定义如图 3-7 所示。

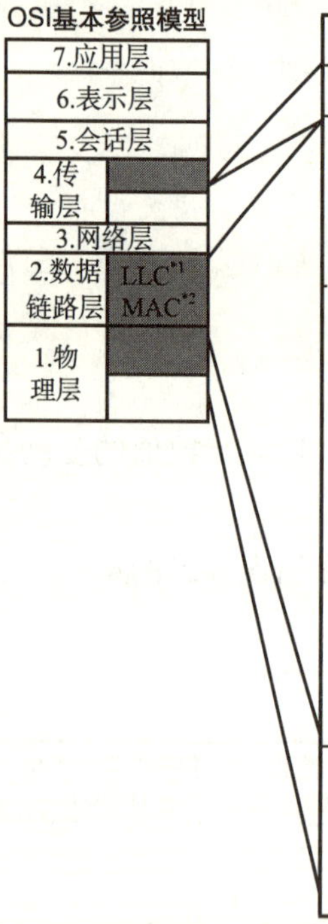

在各层中CAN定义事项

层	定义事项	功 能
4层	再发送控制	永久再尝试
2层（LLC）	接收消息的选择（可接收消息的过滤）	可点到点连接、广播、组播。
	过载通知	通知接收准备尚未完成
	错误恢复功能	再次发送
2层（MAC）	消息的帧化	有数据帧、遥控帧、错误帧、过载帧4种帧类型。
	连接控制方式	竞争方式（支持多点传送）
	数据冲突时的仲裁	根据仲裁、优先级高的ID可继续被发送
	故障扩散抑制功能	自动判断暂时错误和持续错误，排除故障节点。
	错误通知	CRC错误、填充错误、位错误、ACK错误、格式错误。
	错误检测	所有单元都可随时检测错误
	应答方式	ACK、NACK两种
	通信方式	半双工通信
1层	位编码方式	NRZ方式编码，6个位的插入填充位。
	位时序	位时序、位的采样数（用户选择）
	同步方式	根据同步段（SS）实现同步（并具有再同步功能）

【注】 *1 LLC：Logical Link Control（逻辑链路控制）；
*2 MAC：Medium Access Control（媒介访问控制）

图3-7　CAN协议的模型

数据链路层分为 MAC 子层和 LLC 子层，MAC 子层是 CAN 协议的核心部分。数据链路层的功能是将物理层收到的信号组织成有意义的消息，并提供传送错误控制等传输控制的流程。具体地说，就是消息的帧化、仲裁、应答、错误的检测或报告。数据链路层的功能通常在 CAN 控制器的硬件中执行。在物理层定义了信号实际的发送方式、位时序、位的编码方式及同步的步骤。但具体地说，信号电平、通信速度、采样点、驱动器和总线的电气特性、连接器的形态等均未定义。这些必须由用户根据系统需求自行确定。

【注】*1 驱动器及总线的电气特性等在博世公司的 CAN 规格书中没有定义。但在 CAN 的 ISO 标准（ISO 11898、ISO 11519—2 等）中分别定义了总线及驱动器的电气特性等。

ISO 标准化的 CAN 协议

CAN 协议经 ISO 标准化后有 ISO 11898 标准和 ISO 11519—2 标准两种。ISO 11898 和 ISO 11519—2 标准对于数据链路层的定义相同，但物理层不同。

（1）关于 ISO 11898

ISO 11898 是通信速度为 125kbps~1Mbps 的 CAN 高速通信标准。目前，ISO 11898 加新规约后，成为 ISO 11898—1 新标准。

（2）关于 ISO 11519

ISO 11519 是通信速度为 125kbps 以下的 CAN 低速通信标准。

ISO 11519—2 是 ISO 11519—1 追加新规约后的版本。

图 3-8 所示为 CAN 协议和 ISO 11898 及 ISO 11519—2 标准的范围。

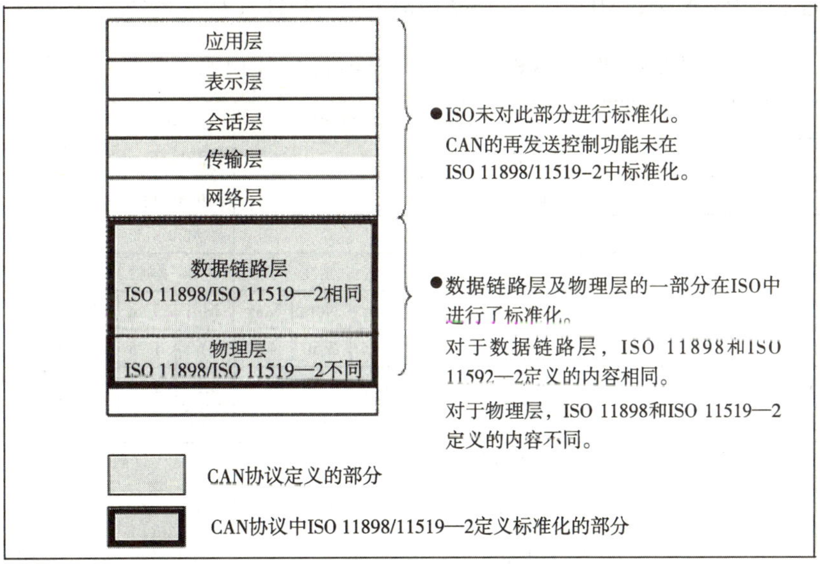

图3-8 ISO标准化的CAN协议

ISO 11898 和 ISO 11519—2 的不同点。

（1）物理层的不同点

如图 3-9 所示，ISO 11898 和 ISO 11519—2 在 CAN 协议中物理层的标准有所不同。CAN 协议的物理层如图 3-9 所示，定义了三个子层，ISO 11898 和 ISO 11519—2 在物理层中的 PMA 层和 MDI 层有所不同。

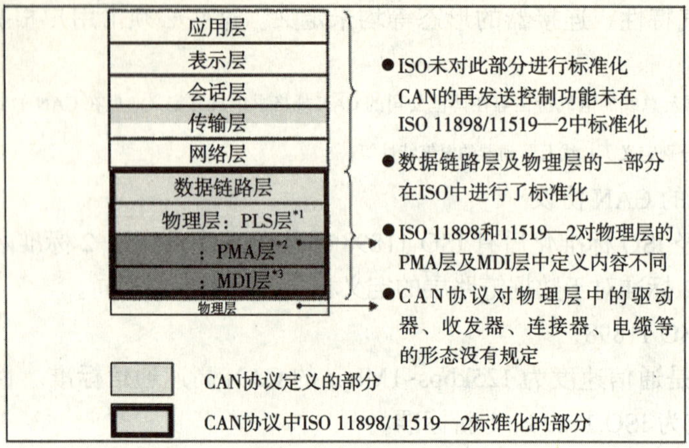

图3-9　物理层

【注】*1 PLS: Physical Signaling Sublayer（物理信号子层）；

*2 PMA: Physical Medium Attachment（物理介质连接）；

*3 MDI: Medium Dependent Interface（介质相关接口）。

在物理层（PMA 层、MDI 层），ISO 11898 和 ISO11519—2 的主要不同点见表 3-4。

表3-4　ISO 11898和ISO11519—2物理层的主要不同点

物理层	ISO 11898（High speed）						ISO11519—2（Low speed）					
通信速度*1	最高1Mbps						最高125kbps					
总线最大长度*2	40m/1Mbps						1km/40kbps					
连接单元数	最大30						最大20					
总线拓扑*3	隐性			显性			隐性			显性		
	Min	Nom	Max.	Min.	Nom	Max.	Min	Nom.	Max.	Min.	Nom.	Max.
CAN_High（V）	2.00	2.50	3.00	2.75	3.50	4.50	1.60	1.75	1.90	3.85	4.00	5.00
CAN_Low（V）	2.00	2.50	3.00	0.50	1.50	2.25	3.10	3.25	3.40	0.00	1.00	1.15
电位差（H-L）（V）	-0.5	0	0.05	1.5	2.0	3.0	-0.3	-1.5	-	0.3	3.00	-
	双绞线（屏蔽/非屏蔽） 闭环总线 阻抗（Z）：120Ω（Min.85Ω Max.130Ω） 总线电阻率（r）：70mΩ/m 总线延迟时间：5ns/m 终端电阻：120Ω（Min.85Ω Max 130Ω）						双绞线（屏蔽/非屏蔽） 开环总线 阻抗（Z）：120Ω（Min.85Ω Max.130Ω） 总线电阻率（r）：90mΩ/m 总线延迟时间：5ns/m 终端电阻：2.20kΩ（Min.2.09kΩ Max 2.31kΩ） CAN_L与GND间静电容量 30pF/m CAN_H与GND间静电容量 30pF/m CAN_L与GND间静电容量 30pF/m					

【注】*1 通信速度

通信速度根据系统设定。

*2 总线长度

总线的长度根据系统设定。

通信速度和最大总线长度的关系如图 3-10 所示。

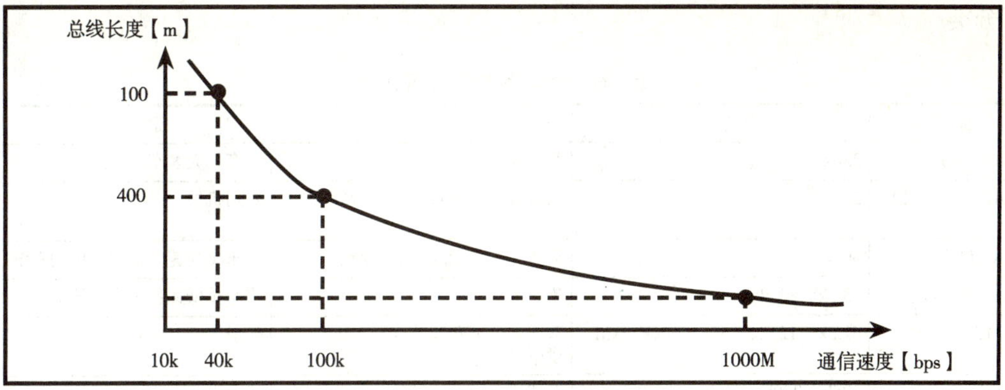

图3-10　通信速度与总线长度关系

CAN 收发器根据两根总线（CAN_High 和 CAN_Low）的电位差来判断总线电平。总线电平分为显性电平和隐性电平两种。总线必须处于两种电平之一。总线上执行逻辑上的线“与”时，显性电平为“0”，隐性电平为“1”。物理层的特征如图 3-11 所示。

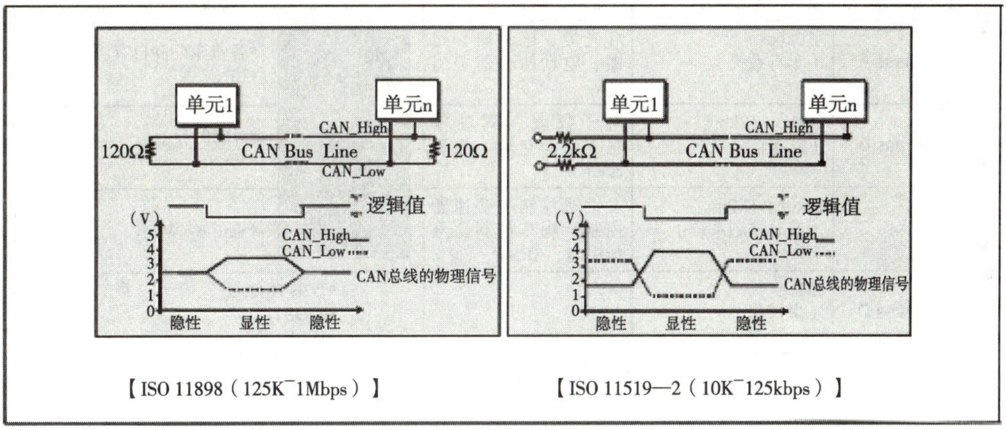

图3-11　CAN物理层特点

（2）驱动 IC 的选择

ISO 11898 与 ISO 11519—2 的物理层的规格不同，每种规格需要有专门的驱动 IC 与之相对应。ISO 11898 及 ISO 11519—2 所对应的主要的驱动 IC 见表 3-5。

表3-5　CAN 和标准规格

	ISO 11898	ISO 11519—2
驱动IC	HA13721RPJE（RENESAS） PCA82C250（Philips） Si9200（Siliconix） OF15（Bosch）	PCA82C252（Philips） TJA1053（Philips） SN65LBC032（Texas Instruments）

不仅是 ISO，SAE 等其他的组织、团体、企业也对 CAN 协议进行了标准化。基于 CAN 的各种标准规格如表 3-6、图 3-12 所示，面向汽车的通信协议以通信速度为准进行

了分类。

表3-6　CAN协议和标准规格

名　称	波特率	规　格	适用领域
SAE J1939—11	250k	双线式、屏蔽双绞线	卡车、大客车
SAE J1939—12	250k	双线式、屏蔽双绞线、12V供电	农用机械
SAE J2284	500k	双线式、双绞线（非屏蔽）	汽车（高速：动力、传动系统）
SAE J24111	33.3k、83.3k	单线式	汽车（低速：车身系统）
NMEA—2000	62.5k、125k、250k、500k、1M	双线式、屏蔽双绞线 供电	船舶
DeviceNet	125k、250k、500k	双线式、屏蔽双绞线 24V供电	工业设备
CANopen	10k、20k、50k、125k、250k、500k、800k、1M	双线式、双绞线 可选（屏蔽、供电）	工业设备
SDS	125k、250k、500k、1M	双线式、屏蔽双绞线 可选（供电）	工业设备

	Class[*2]	通信速度	用途	协议	
电通信	Class A	~10kbps（车身系统）	灯光类、电动窗、门锁、电动椅、遥控门锁等	低速CAN（~125kbps）	•各汽车厂商自有协议 •LIN
↕	Class B	10kbps~12kbps（状态信息系统）	电子仪表、驾驶信息、自动空调、故障诊断		•J1850 •VAN
	Class C	12kbps~1Mbps（实时控制系统）	发动机控制、变速器控制、刹车控制、悬挂控制、ABS等	高速CAN（125kbps~1Mbps）	•Safe-by-Wire
光通信	Class D	5Mbps~（多媒体）		•D2B Optical •MOST •IEEE1394	

图3-12

帧

为了可靠地传输数据，通常将原始数据分割成一定长度的数据单元，这就是数据传输的单元，称其为帧。一帧内应包括同步信号（如帧的开始与终止）、错误控制（各类检错码或纠错码，大多数采用检错重发的控制方式）、流量控制（协调发送方与接收方的速率）、控制信息、数据信息、寻址（在信道共享的情况下，保证每一帧都能正确地到达目的站，接收方也能知道信息来自何站）等。

帧的种类

通信是通过以下5种类型的帧进行的。

- 数据帧
- 遥控帧
- 错误帧
- 过载帧

• 帧间隔

另外，数据帧和遥控帧有标准格式和扩展格式两种格式。标准格式有 11 个位的标识符（Identifier：以下称 ID），扩展格式有 29 个位的 ID。各种帧的用途如表 3-7 所示，各种帧的构成如图 3-13 ～图 3-17 所示。

表3-7　帧的种类及用途

帧	帧用途
数据帧	用于发送单元向接收单元传送数据的帧
遥控帧	用于接收单元向具有相同ID的发送单元请求数据的帧
错误帧	用于当检测出错误时向其他单元通知错误的帧
过载帧	用于接收单元通知其尚未做好接收准备的帧
帧间隔	用于将数据帧及遥控帧与前面的帧分离开来的帧

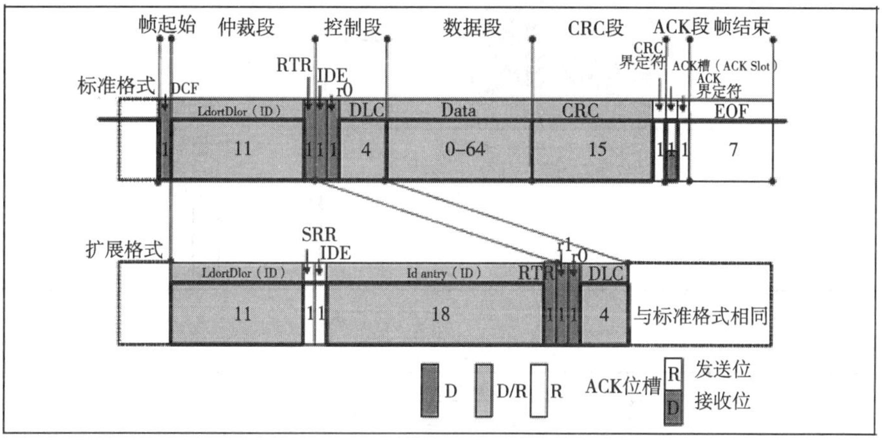

图3-13　数据帧的构成

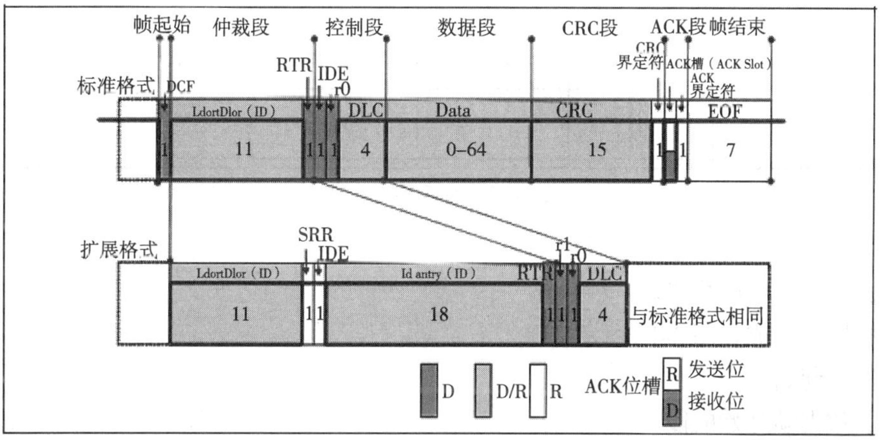

图3-14　遥控帧的构成

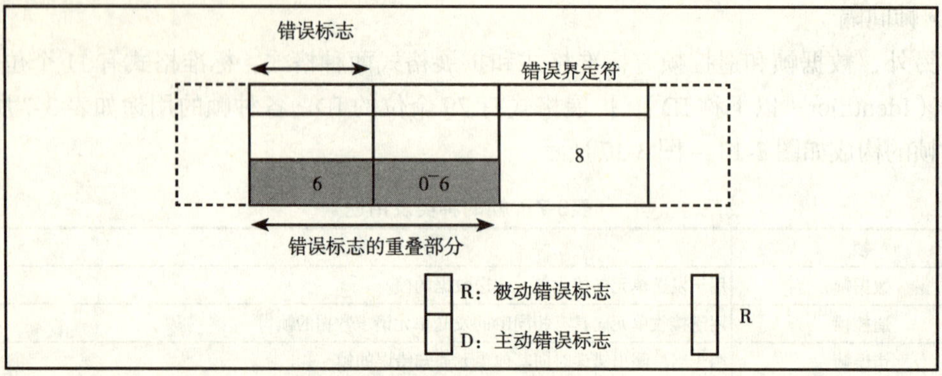

图3-15　错误帧的构成

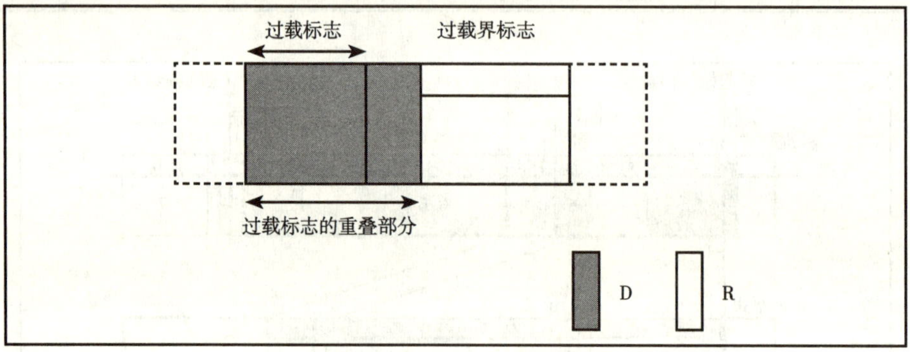

图3-16　过载帧的构成

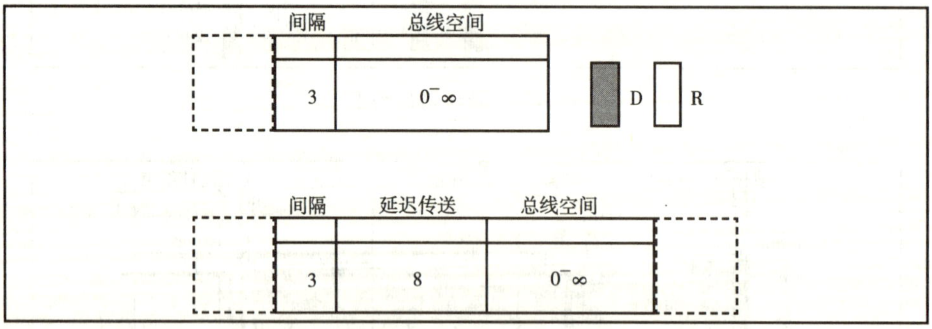

图3-17　帧间隔的构成

数据帧

数据帧由 7 个段构成。

数据帧的构成如图 3-18 所示。

（1）帧起始

表示数据帧开始的段。

（2）仲裁段

表示该帧优先级的段。

（3）控制段

表示数据的字节数及保留位的段。

（4）数据段

数据的内容，可发送 0~8 个字节的数据。

（5）CRC 段

检查帧的传输错误的段。

（6）ACK 段

表示确认正常接收的段。

（7）帧结束

表示数据帧结束的段。

下面对帧的构成进行说明。

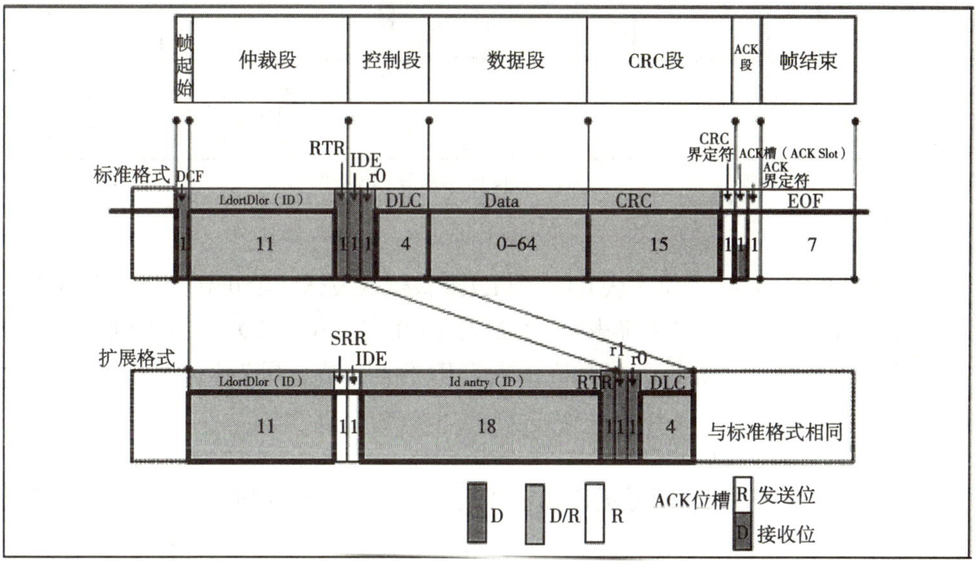

图3-18　数据帧的构成

（1）帧起始（标准、扩展格式相同）

表示帧开始的段 1 个位的显性位（图 3-19）。

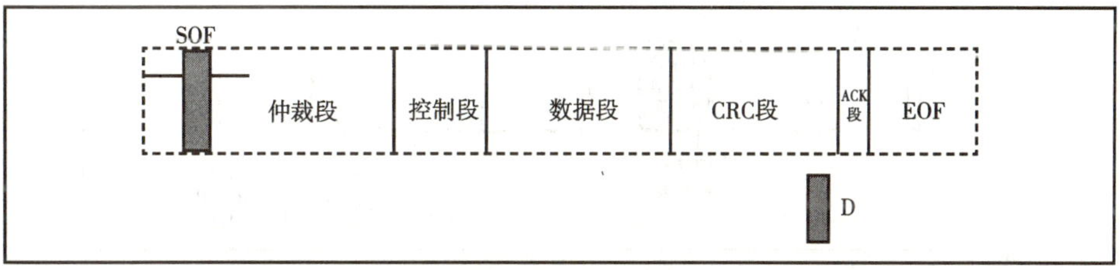

图3-19　数据帧（帧起始）

总线上的电平有显性电平和隐性电平两种。

总线上执行逻辑上的线“与”时，显性电平的逻辑值为“0”，隐性电平为“1”。“显性”具有“优先”的意味，只要有一个单元输出显性电平，总线上即为显性电平。并且，“隐性”具有“包容”的意味，只有所有的单元都输出隐性电平，总线上才为隐性电平。（显性电平比隐性电平更强。）

（2）仲裁段（图 3-20）

表示数据的优先级的段。标准格式和扩展格式在此有所不同。

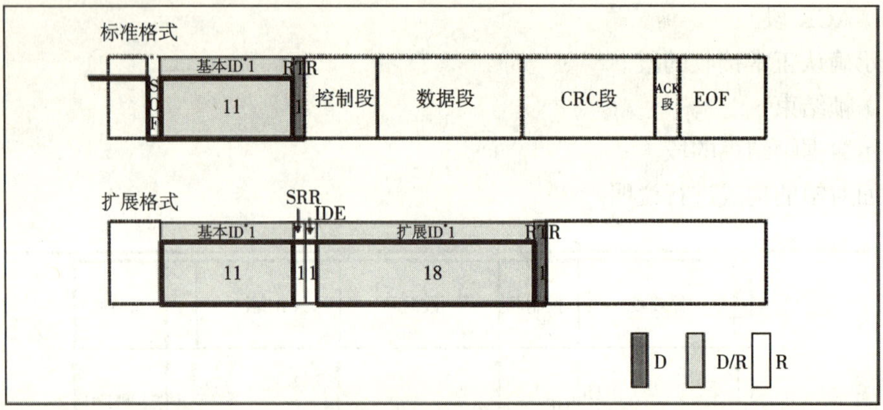

图3-20　数据帧（仲裁段）

ID

标准格式的 ID 有 11 个位。从 ID28 到 ID18 被依次发送。禁止高 7 位都为隐性。（禁止设定：ID=1111111XXXX）扩展格式的 ID 有 29 个位。基本 ID 从 ID28 到 ID18，扩展 ID 由 ID17 到 ID0 表示。基本 ID 和标准格式的 ID 相同。禁止高 7 位都为隐性（禁止设定：基本 ID=1111111XXXX）。

（3）控制段（图 3-21）

控制段由 6 个位构成，表示数据段的字节数。标准格式和扩展格式的构成有所不同（见图 3-20）。

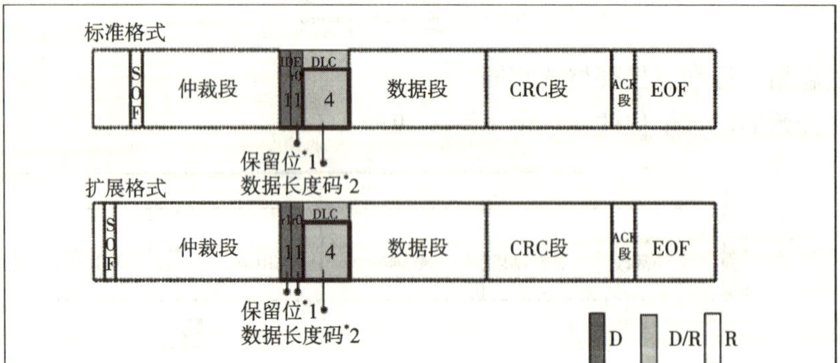

图3-21　控制段

数据帧（控制段）

【注】*1保留位（r0、r1）

保留位必须全部以显性电平发送。但接收方可以接收显性、隐性及其任意组合的电平。

*2 数据长度码（DLC）

数据长度码与数据的字节数的对应关系见表3-8。数据的字节数必须为 0 ~ 8 字节。但接收方对DLC=9~15的情况并不视为错误。

表3-8　数据长度码和字节数的关系

数据字节数	数据长度码			
	DLC3	DLC2	DLC1	DLC0
0	D	D	D	D
1	D	D	D	R
2	D	D	R	D
3	D	D	R	R
4	D	R	D	D
5	D	R	D	R
6	D	R	R	D
7	D	R	R	R
8	R	D	D	D

“D”：显性电平；“R”：隐性电平。

（4）数据段（标准、扩展格式相同）（图 3-22）

数据段可包含 0~8 个字节的数据。从 MSB（最高位）开始输出。

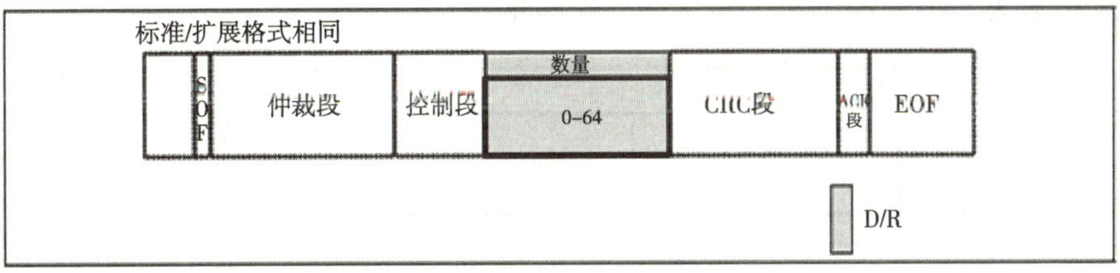

图3-22　数据帧（数据段）

（5）CRC 段（标准 / 扩展格式相同）（图 3-23）

CRC 段是检查帧传输错误的帧。由 15 个位的 CRC 顺序和 1 个位的 CRC 界定符(用于分隔的位）构成。

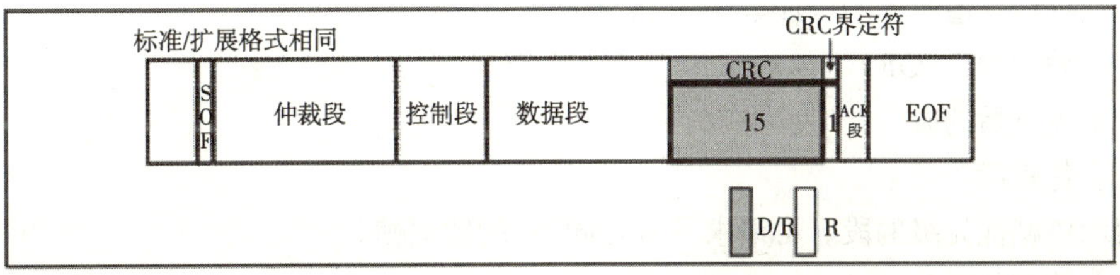

图3-23　数据帧（CRC段）

CRC 顺序

CRC 顺序是根据多项式生成的 CRC 值，CRC 的计算范围包括帧起始、仲裁段、控制段、数据段。接收方以同样的算法计算 CRC 值并进行比较，不一致时会通报错误。

（6）ACK 段（图 3-24）

ACK 段用来确认是否正常接收。由 ACK 槽（ACK Slot）和 ACK 界定符 2 个位构成。

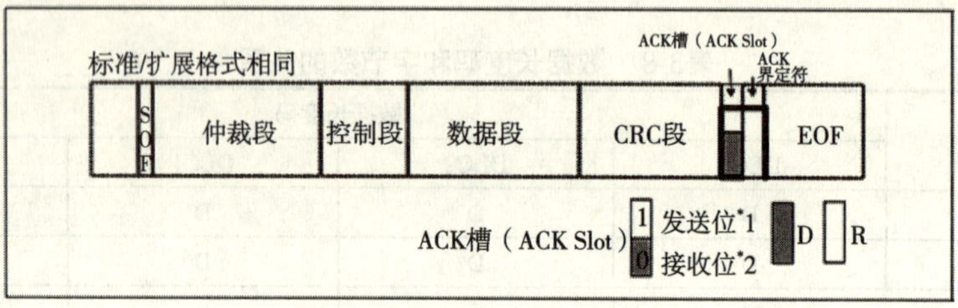

图3-24　数据帧（ACK段）

*1 发送单元的 ACK 段

发送单元在 ACK 段发送 2 个位的隐性位。

*2 接收单元的 ACK 段

接收到正确消息的单元在 ACK 槽（ACK Slot）发送显性位，通知发送单元正常接收结束。这称作“发送 ACK”或者“返回 ACK”。发送 ACK 的是在既不处于总线关闭态也不处于休眠态的所有接收单元中，接收到正常消息的单元（发送单元不发送 ACK）。所谓正常消息是指不含填充错误、格式错误、CRC 错误的消息。

（7）帧结束（图 3-25）

帧结束是表示该帧的结束的段。由 7 个位的隐性位构成。

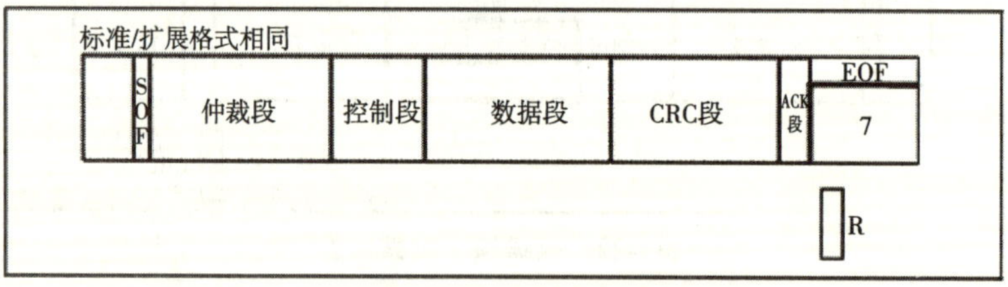

图3-25　数据帧（帧结束）

遥控帧

接收单元向发送单元请求发送数据所用的帧。遥控帧由 6 个段组成。遥控帧没有数据帧的数据段。遥控帧的构成如图 3-26 所示。

（1）帧起始（SOF）

表示帧开始的段。

（2）仲裁段

表示该帧优先级的段。可请求具有相同 ID 的数据帧。

（3）控制段

表示数据的字节数及保留位的段。

（4）CRC 段

检查帧的传输错误的段。

（5）ACK 段

表示确认正常接收的段。

（6）帧结束

表示遥控帧结束的段。

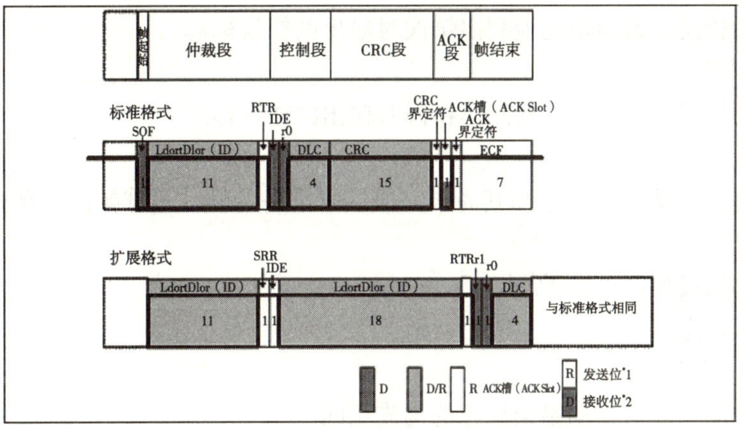

图3-26　遥控帧的构成

数据帧和遥控帧的不同：

遥控帧的 RTR 位为隐性位，没有数据段。

没有数据段的数据帧和遥控帧可通过 RTR 位区别开来。

• 遥控帧没有数据段，数据长度码该如何表示?

遥控帧的数据长度码以所请求数据帧的数据长度码表示。

• 没有数据段的数据帧有何用途?

例如，可用于各单元的定期连接确认/应答，或仲裁段本身带有实质性信息的情况下。

错误帧

用于在接收和发送消息时检测出错误通知错误的帧。错误帧由错误标志和错误界定符构成。

错误帧的构成如图 3-27 所示。

（1）错误标志

错误标志包括主动错误标志和被动错误标志两种。

主动错误标志：6 个位的显性位。

被动错误标志：6 个位的隐性位。

（2）错误界定符

错误界定符由 8 个位的隐性位构成。

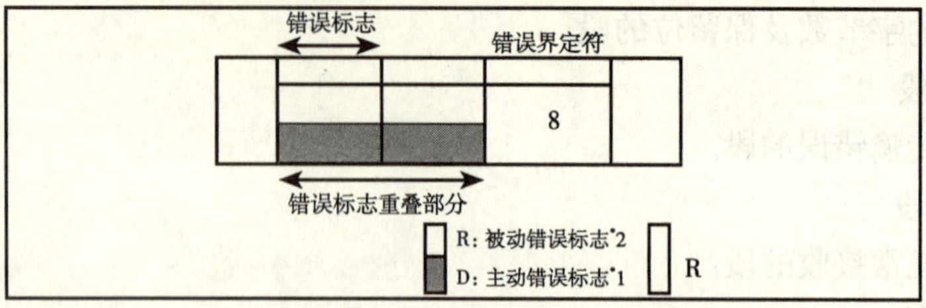

图3-26 错误帧

*1 主动错误标志

处于主动错误状态的单元检测出错误时输出的错误标志。

*2 被动错误标志

处于被动错误状态的单元检测出错误时输出的错误标志

过载帧

过载帧是用于接收单元通知其尚未完成接收准备的帧。过载帧由过载标志和过载界定符构成。

过载帧的构成如图 3-28 所示。

（1）过载标志

6 个位的显性位。

过载标志的构成与主动错误标志的构成相同。

（2）过载界定符

8 个位的隐性位。

过载界定符的构成与错误界定符的构成相同。

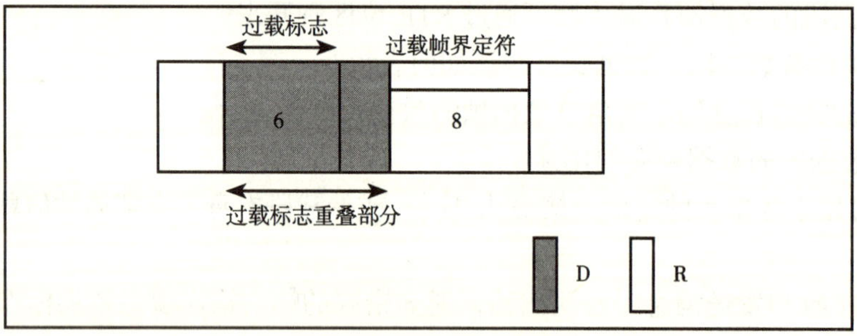

图3-28 过载帧的构成

帧间隔

帧间隔是用于分隔数据帧和遥控帧的帧。数据帧和遥控帧可通过插入帧间隔将本帧与前面的任何帧（数据帧、遥控帧、错误帧、过载帧）分开。

过载帧和错误帧前不能插入帧间隔。

帧间隔的构成如图 3-29 所示。

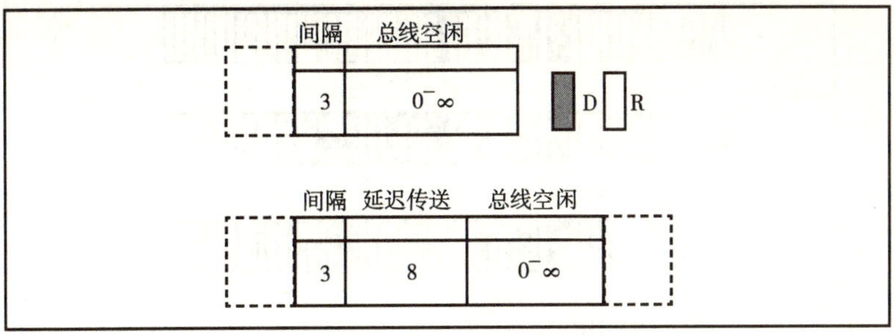

图3-29　帧间隔的构成

（1）间隔

3 个位的隐性位。

（2）总线空闲

隐性电平，无长度限制（0 亦可）。

本状态下，可视为总线空闲，要发送的单元可开始访问总线。

（3）延迟传送（发送暂时停止）

8 个位的隐性位。

只在处于被动错误状态的单元刚发送一个消息后的帧间隔中包含的段。

优先级的决定

在总线空闲态，最先开始发送消息的单元获得发送权。

多个单元同时开始发送时，各发送单元从仲裁段的第一位开始进行仲裁。连续输出显性电平最多的单元可继续发送。

仲裁的过程如图 3-30 所示。

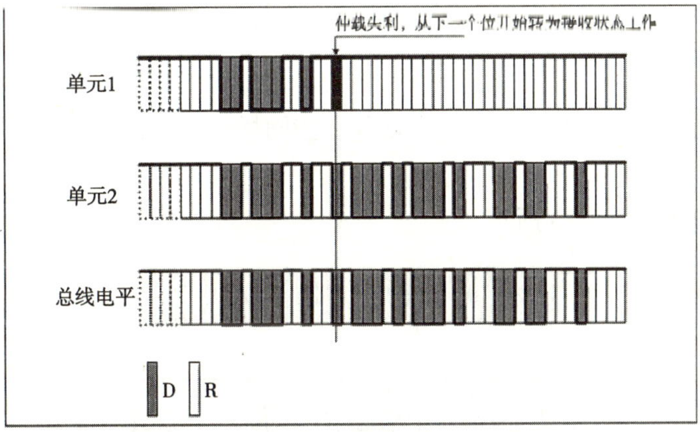

图3-30　仲裁过程

数据帧和遥控帧的优先级

具有相同 ID 的数据帧和遥控帧在总线上竞争时，仲裁段的最后一位（RTR）为显性位的数据帧具有优先权，可继续发送。数据帧和遥控帧的仲裁过程如图 3-31 所示。

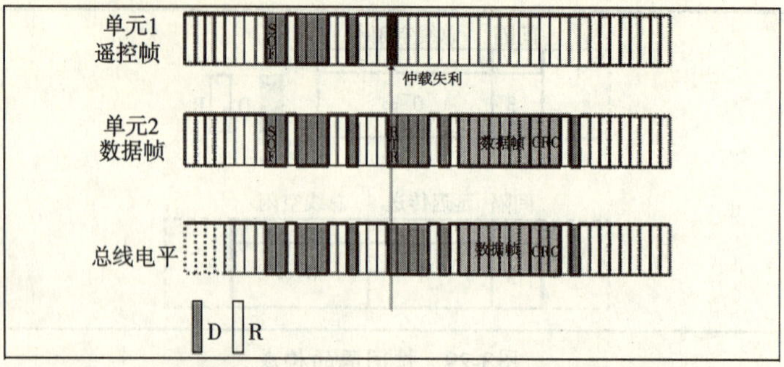

图3-31　数据帧和遥控帧的仲裁过程

标准格式和扩展格式的优先级

标准格式 ID 与具有相同 ID 的遥控帧或者扩展格式的数据帧在总线上竞争时，标准格式的 RTR 位为显性位的具有优先权，可继续发送。标准格式和扩展格式的仲裁过程如图 3-32 所示。

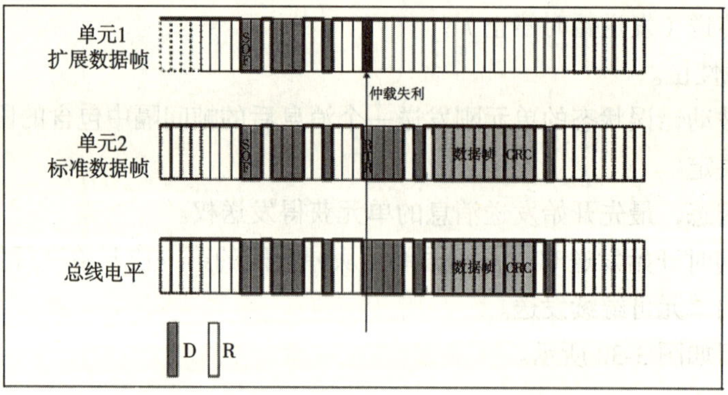

图3-32　标准格式与扩展格式的仲裁过程

位填充

位填充是为防止突发错误而设定的功能。当同样的电平持续 5 位时则添加一个位的反型数据。

位填充的构成如图 3-33 所示。

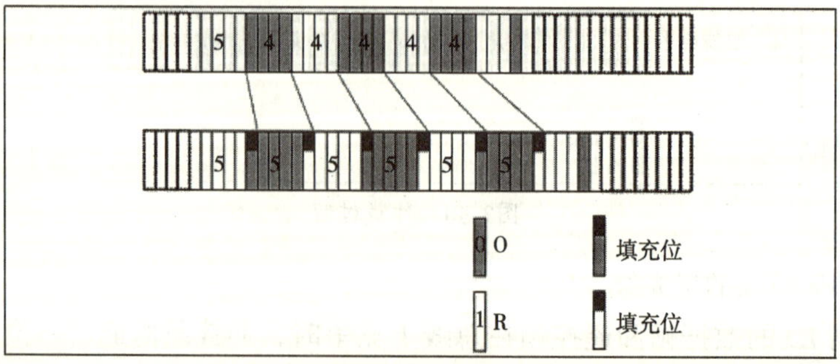

图3-33　位填充

（1）发送单元的工作

在发送数据帧和遥控帧时，SOF~CRC 段间的数据，相同电平如果持续 5 位，在下一个位（第 6 个位）则要插入 1 位与前 5 位反型的电平。

（2）接收单元的工作

在接收数据帧和遥控帧时，SOF~CRC 段间的数据，相同电平如果持续 5 位，需要删除下一个位（第 6 个位）再接收。如果这个第 6 个位的电平与前 5 位相同，将被视为错误并发送错误帧。

错误的种类

错误共有 5 种。多种错误可能同时发生。

- 位错误
- 填充错误
- CRC 错误
- 格式错误
- ACK 错误

错误的种类、错误的内容、错误检测帧和检测单元见表 3-9。

表3-9　错误的种类

错误的种类	错误的内容	错误的检测帧（段）	检测单元
位错误	比较输出电平和总线电平（不含填充位），当两电平不一样时所检测到的错误	• 数据帧（SOF~EOF） • 遥控帧（SOF~EOF） • 错误帧 • 过载帧	发送单元 接收单元
填充错误	在需要位填充的段内，连续检测到6位相同的电平时所检测到的错误	• 数据帧（SOF~CRC顺序） • 遥控帧（SOF~CRC顺序）	接收单元
CRC错误	从接收到的数据计数出的CRC结果与接收到的CRC顺序不同时所检测到的错误	• 数据帧（CRC顺序） • 遥控帧（CRC顺序）	接收单元
格式错误	检测出与固定格式的位段相反的格式时所检测到的错误	• 数据帧 （CRC界定符、ACK界定符、EOF） • 遥控帧 （CRC界定符、ACK界定符、EOF） • 错误界定符 • 过载界定符	接收单元
ACK错误	发送单元在ACK槽（ACK Slot）中检测出隐性电平时所检测到的错误（ACK没被传送过来时所检测到的错误）	• 数据帧（ACK槽） • 遥控帧（ACK槽）	发送单元

（1）位错误

位错误由向总线上输出数据帧、遥控帧、错误帧、过载帧的单元和输出 ACK 的单元、输出错误的单元来检测。 在仲裁段输出隐性电平，但检测出显性电平时，将被视为仲裁失利，而不是位错误。在仲裁段作为填充位输出隐性电平时，但检测出显性电平时，将不视为位错误，而是填充错误。发送单元在 ACK 段输出隐性电平，但检测到显性电平时，将被判断为其他单元的 ACK 应答，而非位错误。输出被动错误标志（6 个位隐性位）但检测出显性电平时，将遵从错误标志的结束条件，等待检测出连续相同 6 个位的值（显性或隐性），并不视为位错误。

（2）格式错误

即使接收单元检测出 EOF（7 个位的隐性位）的最后一位（第 8 个位）为显性电平，也不视为格式错误。即使接收单元检测出数据长度码（DLC）中 9~15 的值时，也不视为格式错误。

错误帧的输出

检测出满足错误条件的单元输出错误标志通报错误。

处于主动错误状态的单元输出的错误标志为主动错误标志；处于被动错误状态的单元输出的错误标志为被动错误标志。发送单元发送完错误帧后，将再次发送数据帧或遥控帧。错误标志输出时序见表 3-10。

表3-10　错误标志输出时序

错误的种类	输出时序
位错误 填充错误 格式错误 ACK错误	从检测出错误后的下一位开始输出错误标志
CRC错误	ACK界定符后的下一位开始输出错误标志

位时序

由发送单元在非同步的情况下发送的每秒钟的位数称为位速率。一个位可分为 4 段。

- 同步段（SS）
- 传播时间段（PTS）
- 相位缓冲段 1（PBS1）
- 相位缓冲段 2（PBS2）

这些段又由可称为 Time Quantum（以下称为 Tq）的最小时间单位构成。

1 位分为 4 个段，每个段又由若干个 Tq 构成，这称为位时序。

1位由多少个Tq构成、每个段又由多少个Tq构成等，可以任意设定位时序。通过设定位时序，多个单元可同时采样，也可任意设定采样点。各段的作用和Tq数见表3-11。1个位的构成如图3-34所示。

表3-11　段及其作用

段名称	段的作用	Tq数	
同步段 （SS：Synchronization Segment）	多个连接在总线上的单元通过此段实现时序调整，同步进行接收和发送的工作。由隐性电平到显性电平的边沿或由显性电平到隐性电平边沿最好出现在此段中	1Tq	8~25Tq
传播时间段 （PTS：Propagation Time Segment）	用于吸收网络上的物理延迟的段。 所谓的网络的物理延迟指发送单元的输出延迟、总线上信号的传播延迟、接收单元的输入延迟。 这个段的时间为以上各延迟时间的和的两倍	1~8Tq	
相位缓冲段1 （PBS1：Phase Buffer Segment 1）	当信号边沿不能被包含于SS段中时，可在此段进行补偿。 由于各单元以各自独立的时钟工作，细微的时钟误差会累积起来，PBS段可用于吸收此误差。 通过对相位缓冲段加减SJW吸收误差。SJW加大后允许误差加大，但通信速度下降	1~8Tq	
相位缓冲段2 （PBS2：Phase Buffer Segment 2）		2~8Tq	
再同步补偿宽度 （SJW：reSynchronization Jump Width）	因时钟频率偏差、传送延迟等，各单元有同步误差。SJW为补偿此误差的最大值	1~4Tq	

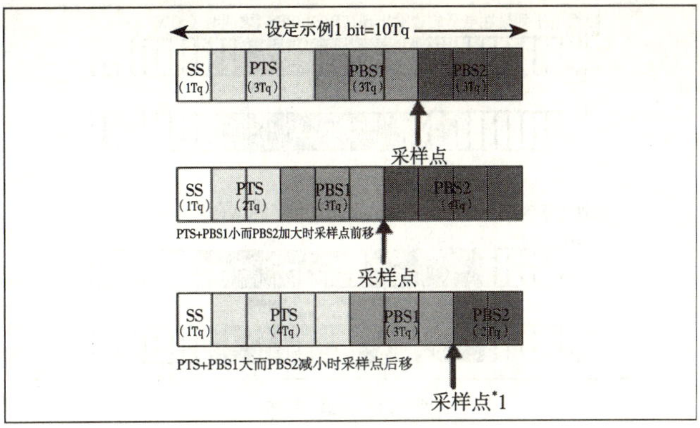

图3-34　1个位的构成

采样点

所谓采样点是读取总线电平，并将读到的电平作为位值的点。位置在 PBS1 结束处。

取得同步的方法

CAN 协议的通信方法为 NRZ（Non-Return to Zero）方式。各个位的开头或者结尾都没有附加同步信号。发送单元以与位时序同步的方式开始发送数据。另外，接收单元根据总线上电平的变化进行同步并进行接收工作。但是，发送单元和接收单元存在的时钟频率误差及传输路径上的（电缆、驱动器等）相位延迟会引起同步偏差。因此接收单元通过硬件同步或者再同步的方法调整时序进行接收。

硬件同步

接收单元在总线空闲状态检测出帧起始时进行的同步调整。

在检测出边沿的地方不考虑 SJW 的值而认为是 SS 段。

硬件同步的过程如图 3-35 所示。

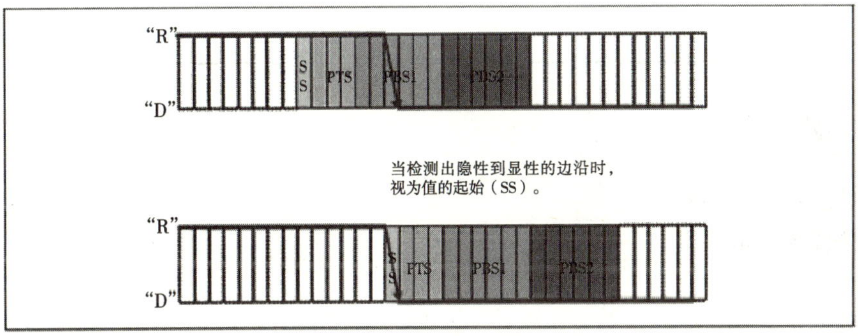

图3-35　硬件同步

再同步

在接收过程中检测出总线上的电平变化时进行的同步调整。

每当检测出边沿时，根据 SJW 值通过加长 PBS1 段，或缩短 PBS2 段，以调整同步。但如果发生了超出 SJW 值的误差时，最大调整量不能超过 SJW 值。再同步如图 3-36 所示。

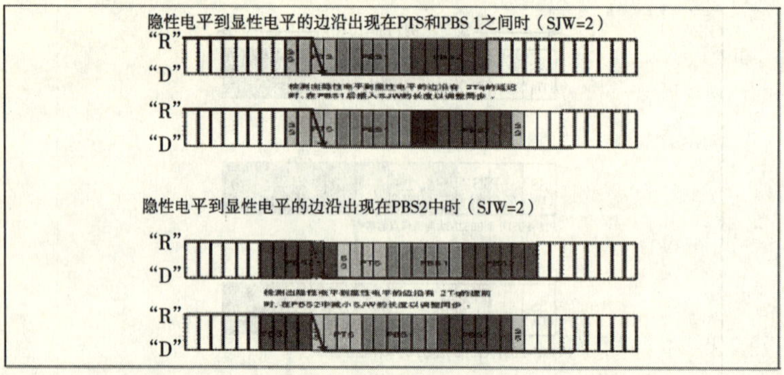

图3-36　再同步

调整同步的规则

硬件同步和再同步遵从如下规则。

（1）1个位中只进行一次同步调整。

（2）只有当上次采样点的总线值和边沿后的总线值不同时，该边沿才能用于调整同步。

（3）在总线空闲且存在隐性电平到显性电平的边沿时，则一定要进行硬件同步。

（4）在总线非空闲时检测到的隐性电平到显性电平的边沿如果满足条件（1）和（2），将进行再同步。但还要满足下面条件。

（5）发送单元观测到自身输出的显性电平有延迟时不进行再同步。

（6）发送单元在帧起始到仲裁段有多个单元同时发送的情况下，对延迟边沿不进行再同步。

计 划

要求学生绘制出CAN协议中帧的基本构成

实 施

学生完成以下题目：

1. 传输速率的定义

2. 网关的作用

检 验

根据学生的计划和实施的状况由教师对其进行批改，并就其中的问题进行点评

展示

1. 实施中的每一组同学随机挑选一名代表根据自己的计划，用 10 分钟时间对本工作任务中 3 个要点的知识进行讲解。

2. 专业会谈：优先级的判定方式。

3. 网关在车载网络系统中的存在形式。

工作任务4

CAN数据总线原理

导 向

要求学生通过工作任务的学习能够对 CAN 数据总线的工作原理有一定的了解。

@信 息

1. 介绍

20 世纪 80 年代，由于电子系统在汽车上的应用不断普及，汽车上控制单元（ECU）不断增加，BOSCH 公司提出了最初用于汽车电子装置互联的控制器局域网 CAN 串行通信总线系统。之后，CAN 被汽车行业和控制领域广泛应用，已经成为 ISO（国际标准化体系）和 SAE（汽车工程师协会）标准。目前 CAN 有 CAN1.0、CAN1.2、CAN2.0A 和 CAN2.0B 等版本

控制器局域网（CAN，Controller Area Network）是一个支持分布式实时控制的串行通信网络，主要用于嵌入式控制器的通信系统及智能装置的开放通信系统，其主要优势有以下几点。

（1）节约资源，降低成本

① 简化车身布线。

② CAN 总线系统数据共享。

③ 使用国际化的通信协议，并能与其他设备（发动机、变速箱 等）ECU 进行通信。

④ 以微处理机和半导体功率模块取代以继电器为主体的常规逻 辑电路降低功耗。

⑤ 硬件方案软件化实现。

⑥ 良好的扩充性，可根据需要增加总线节点数量或节点功能。

（2）安全可靠

① 降低功耗，减小温度，降低自燃概率。

② 数字信号传输使行车车况的指示更真实可靠，便于车辆安全行驶。

③ 基于计算机技术的总线节点，具有强大的故障诊断能力和自动恢复能力 CAN-BUS 局域网。

CAN-BUS 局域网由若干个控制单元、总线、K 线（大众车系采用）组成。

CAN 局域网的基本系统由多个控制单元组成，这些控制单元通过内置所谓收发器（发射 - 接收放大器），并联在总线导线上，因此各控制单元的条件是相同的，这就是说所有控制单元的地位均相同，没有哪个控制单元有特权，从这个意义上来看也称之为多主机结构。

原理上 CAN 总线用一条导线就足以满足功能要求了，但一般总线系统上还是配备了第二条导线。在第二条导线上，信号是按相反顺序传送的，这样可有效抑制外部干扰。

为了易于说明数据传输的基本原理，下面以只有一条 CAN 总线导线的情况来讲述，如图 4-1 所示。

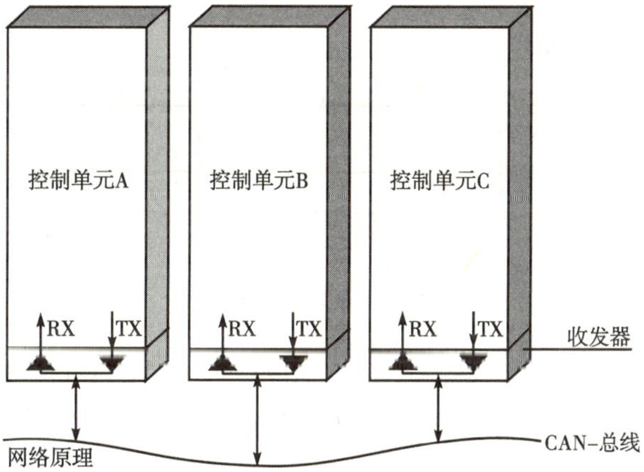

图4-1　数据传输原理

2. 信息交换

想要交换的数据称为信息，每个控制单元均可发送和接收信息。当一个控制单元发出信息，其他的控制单元均可接收其发送出的信息。信息交换是连续完成的（按顺序）。

信息包含着重要的物理量，如发动机转速，这时发动机转速是以二进制值（一系列 0 和 1）来表示，例如，发动机转速为 1800r/min 时可表示成 00010101。

在发送过程中，二进制值先被转换成连续的比特流，该比特流通过 TX 线（发送线）到达收发器（放大器），收发器将比特流转化成相应的电压值，最后这些电压值按时间顺序依次被传送到 CAN 总线的导线上，如图 4-2 所示。

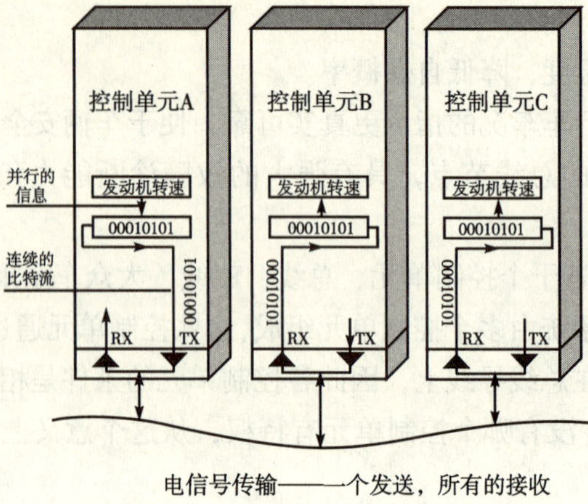

图4-2　发送和接收过程

在接收过程中，这些电压值经收发器又转换成比特流，再经 RX 线（接收线）传至控制单元，控制单元将这些连续二进制转换成信息。例如，00010101 这个值又被转换成 1800r/min 的发动机转速，如图 4-3 所示。

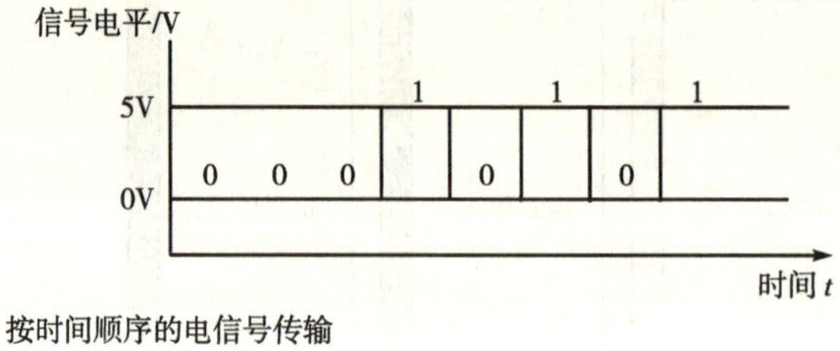

图4-3　数据电压表示

人们也把该原理称为广播，就像一个广播电台发送某一节目一样，每个连接的用户均可接收。这种广播方式可以使得连接的所有控制单元总是处于相同的信息状态，如图 4-4 所示。

图4-4　广播原理

CAN-BUS 局域网元件的功能。

（1）K 线

K 线用于在自诊断时连接 VAS 检测仪。

（2）控制单元

控制单元接收来自传感器的信号，将其处理后再发送到执行元件上。控制单元中的重要构件有微控制器，其上带有输入输出存储器和程序存储器。控制单元接收到的传感器值（如发动机温度或转速）会被定期查询并按顺序存入输入存储器。这个过程在原理上就相当于一个带有旋转式输入选择开关的机械步进选择器，如图 4-5 所示。微控制器按事先规定好的程序来处理输入值，处理后的结果存入相应的输出存储器内，然后传递到各个执行元件。为了能够处理 CAN 信息，各控制单元内还有一个 CAN 存储区，用于容纳接收到的和要发送的信息。

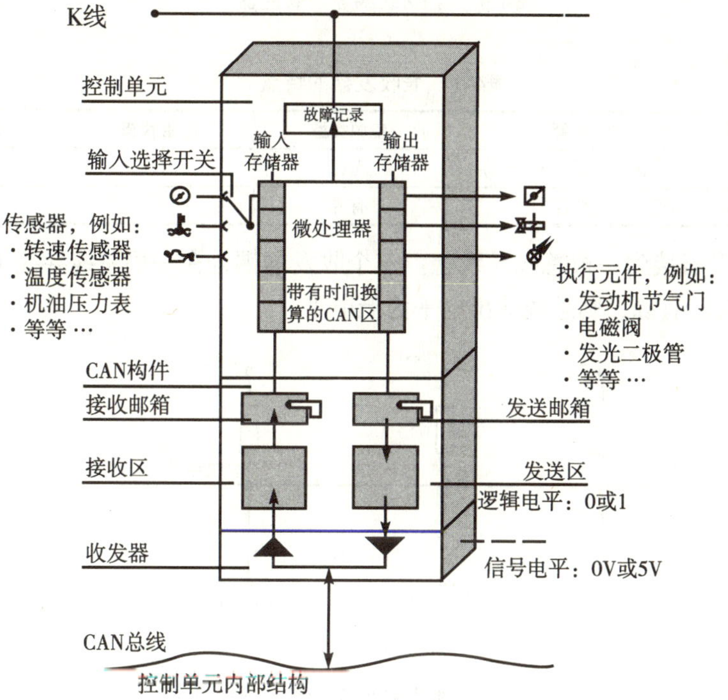

图4-5　控制单元内部工作处理过程

（3）CAN 构件

CAN 构件用于数据交换，它分为两个区，一个是接收区，一个是发送区。

CAN 构件通过接收邮箱或发送邮箱与控制单元相连，该构件一般集成在控制单元的微控制器芯片内。

（4）收发器

收发器就是一个发送 - 接收放大器，它把 CAN 构件连续的比特流（逻辑电子）转换成电压值（线路传输电平），或反之。这个电压值适合铜导线上的数据传输。

收发器通过 TX 线（发送导线）或 RX 线（接收导线）与 CAN 构件相连。

RX 线通过一个放大器直接与 CAN 总线相连，总在监听总线信号。

收发器的特点：

① TX 线与总线的耦合，这个耦合过程是通过一个断路式集流器电路来实现的，如

图 4-6 及表 4-1 所示。

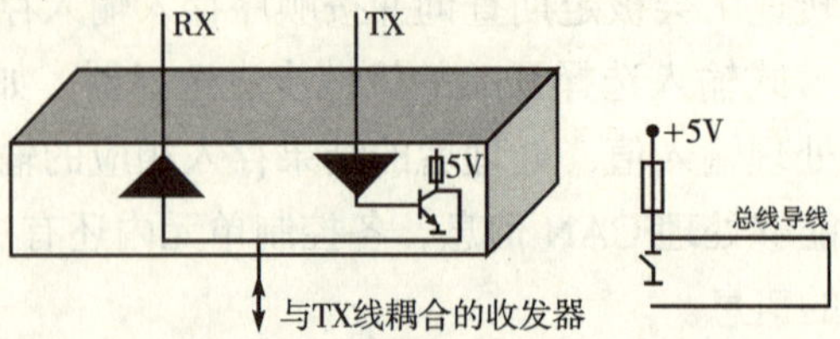

图4-6　与TX线耦合的收发器

表4-1　表收发器的特点

状　态	晶 体 管	电源类型	电阻状态	总线电平
1	截止状态（开关未结合）	无源	高	1
0	导通（开关结合）	有源	低	0

② 三个收发器接到一根总线导线上。三个收发器耦合在一根总线导线上，如图 4-7 所示，若收发器 C 有源，则总线输出电平为低电平。

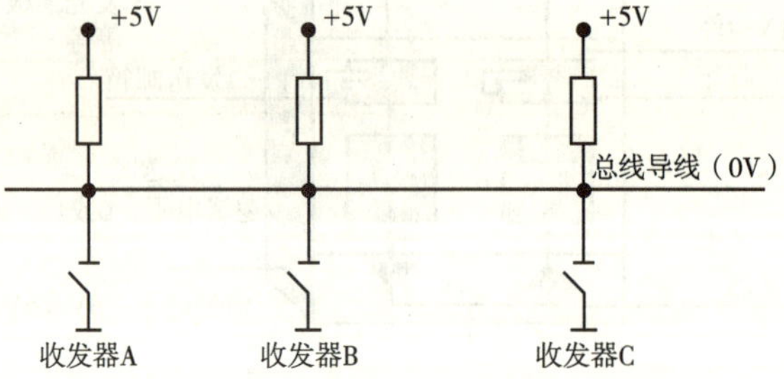

图4-7　三个收发器耦合在一根总线导线上

注：开关未接合表示1（无源）；开关已接合表示0（有源）。

本节以总线上接三个电脑为例。

从前面讲的示例中，三个收发器接到一根总线导线上，可以得出下列 8 种开关状态，见表 4-2。

表4-2　收发器状态与总线电位

收发器A	收发器B	收发器C	总线导线
1	1	1	1（5V）
1	1	0	0（0V）
1	0	1	O（0V）
1	0	0	0（0V）
0	1	1	0（0V）
0	1	0	0（0V）
0	0	1	0（0V）

续表

收发器A	收发器B	收发器C	总线导线
0	0	0	0（0V）

如果某一开关已接合，电阻上就有电流流过，于是总线导线上的电压就为 0V。如果所有开关均未接合，那么就没有电流流过，电阻上就没有压降，于是总线导线上的电压就为 5V。

因此，如果总线处于状态 1（无源），那么此状态可以由某一个控制单元使用状态 0（有源）来改写。我们将无源的总线电平称为隐性的，有源的总线电平称为显性的。

其意义体现在：

① 发送传输错误信号（错误帧故障信息）。

② 冲突识别（如果几个控制单元想同时发送）。

3. 数据传递过程

下面的例子将向您展示出转速信息，从接收到在转速表上显示的一个完整信息交换过程，从中可以清楚地看到数据传递的时间顺序及 CAN 构件与控制单元之间的配合关系。

（1）信息格式转换与请求发送信息

首先是发动机控制单元的曲轴位置传感器接收到转速值，该值以固定的周期（循环往复地）到达微控制器的输入存储器内（送到发动机）。由于瞬时转速值还用于其他控制单元，如组合仪表，所以该值应通过 CAN 总线来传递。于是转速值就被复制到发动机控制单元的发送存储器内。

该信息从发送存储器进入 CAN 构件的发送邮箱内。如果发送邮箱内有一个实时值，那么该值会由发送特征位（举起的小旗）显示出来。将发送任务委托给 CAN 构件，发动机控制单元就完成了此过程中的任务。

发动机信息按协议被转换成 CAN 的特殊格式。CAN 特殊格式（包含有）：“标识” 11 位、“信息内容” 0~8 位、“CRC'’ 16 位，“应答场” 2 位。

标识：发动机—1（转速），信号内容二转速的数值（多少转）。当然发动机信息也可包括其他值，如怠速、扭矩等，如图 4-8 所示。

（2）发送开始——总线空闲判断

当发送邮箱内有一个实时值，表明发动机准备向外发送信息，CAN 构件通过 RX 线来检查总线是否有源（是否正在交换别的信息），必要时会等待，直至总线空闲下来为止。某一时间段内的总线电平一直为 1（一直处于无源）状态，表示总线空闲。

（3）发送信息

如果总线空闲下来，事先存在发送存储器的“发动机转速信息”就会被发送出去，如图 4-9 所示。

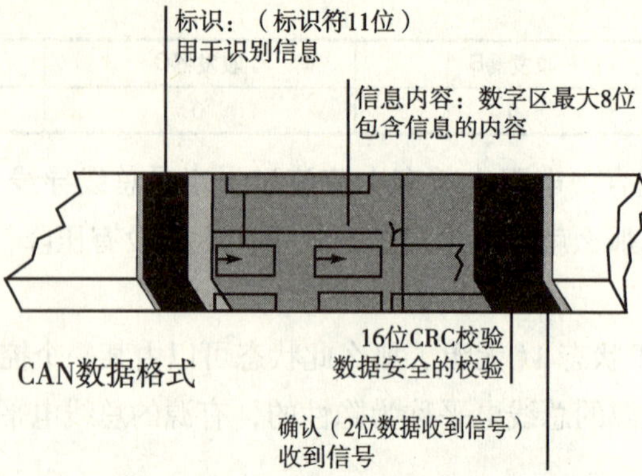

图4-8　CAN数据格式

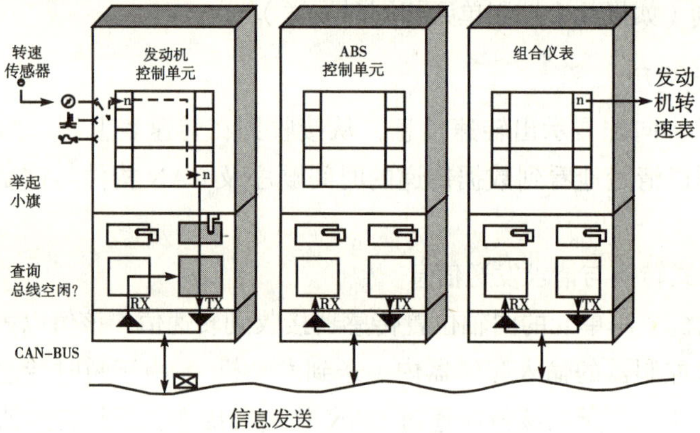

图4-9　信息发送过程

（4）接收过程

接收过程分两步，如图 4-10 所示。

第一步：检查信息是否正确（在监控层）。

连接的所有装置都接收发动机控制单元发送的信息。该信息是通过 RX 线到达 CAN 构件各自的接收区。

接收器接收发动机发送的转速信息，并且在相应的监控层检查这些信息是否正确。这样就可以识别出，只在某种情况下某一控制单元上出现的局部故障。

所有连接的装置都接收发动机控制单元发送的信息（广播），可以通过监控层内所谓的 CRC 校验和数来确定是否有传递错误。CRC 是 Cycling Redundancy Check 的缩写，意思是“循环冗余码校验”。在发送每个信息时，所有数据位会产生并传递一个 16 位的校验和数。接收器按同样的规则，从所有已经接收到的数据位中计算出校验和数。随后接收到的校验和数与计算出的校验和数进行比较。

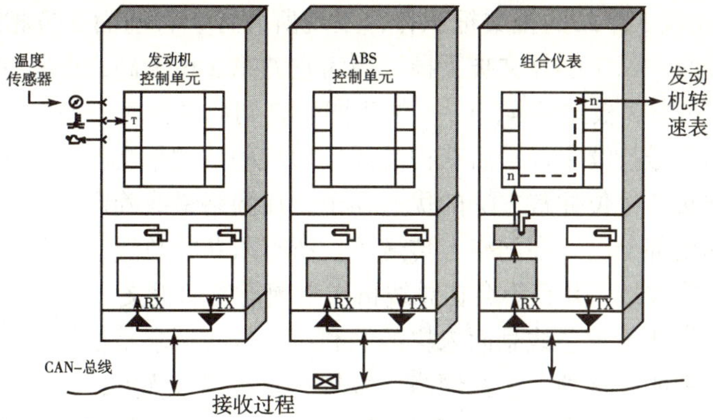

图4-10 信息接收过程

如果确定无传递错误，那么连接的所有装置会给发射器一个确认回答，这个回答就是所谓的“信息收到符号”（Acknowledge，简写为 ACK），它位于校验和数后，经监控层确认后的正确数据会到达 CAN 构件的接收区。

第二步：检查信息是否可用（在接收层）。

已接收到的正确信息会到达相关 CAN 构件的接收区，在那里来决定该信息是否用于完成各控制单元的功能。如果不是，该信息就被拒收（丢弃）；如果是，该信息就会进入相应的接收邮箱。如仪表工作过程需要发动机转速信号，所以发动机转速信息通过仪表的接收层的检查，到达仪表的接收邮箱。并升起“接收旗”，以通知控制单元。

连接的组合仪表根据升起的“接收旗”就会知道，现在有一个信息（如转速）在排队等待处理。组合仪表调出该信息并将相应的值复制到它的输入存储器内。

于是通过 CAN 构件发送和接收信息的过程就结束了。在组合仪表内，转速经微控制器处理后到达执行元件并最后到达转速表。这个信息交换过程按设定好的循环时间（如每 10ms）在持续地重复进行。

（5）先进的位仲裁

如果多个控制单元同时发送信息，那么数据总线上就必然会发生数据冲突，为了避免发生这种情况，CAN 总线采用了仲裁方法来处理这类冲突。

1）先进的位仲裁‘

要对数据进行实时处理，就必须将数据快速传送，这就要求数据的物理传输通路有较高的速度。在几个站同时需要发送数据时，要求快速地进行总线分配。实时处理通过网络交换的紧急数据有较大的不同。一个快速变化的物理量，如汽车发动机负载，将比类似汽车发动机温度这样相对变化较慢的物理量，更频繁地传送数据并要求更短的延时。CAN 总线以报文为单位进行数据传送，报文的优先级结合在 11 位标识符中，具有最低二进制数的标识符有最高的优先级。这种优先级一旦在系统设计时被确立后就不能再被更改。总线读取中的冲突可通过位仲裁解决。例如，当 3 个站同时发送报文时，站 1 的报文标识符为 011111，站 2 的报文标识符为 0100110，站 3 的报文标识符为

0100111。通过比较3个站的报文标识符，发现所有标识符前面2位相同都为01，直到第3位进行比较时，站1的报文被丢掉，因为它的第3位为高，而其他两个站的报文第3位为低。站2和站3报文的4、5、6位相同，直到第7位时，站3的报文才被丢失。注意，总线中的信号持续跟踪最后获得总线读取权的站的报文。在此例中，站2的报文被跟踪。这种非破坏性位仲裁方法的优点在于，在网络最终确定哪一个站的报文被传送以前，报文的起始部分已经在网络上传送了。所有未获得总线读取权的站都成为具有最高优先权报文的接收站，并且不会在总线再次空闲前发送报文。CAN具有较高的效率是因为总线仅仅被那些请求总线悬而未决的站利用，这些请求是根据报文在整个系统中的重要性按顺序处理的。这种方法在网络负载较重时有很多优点，因为总线读取的优先级已被按顺序放在每个报文中了，这可以保证在实时系统中较低的个体隐伏时间。对于主站的可靠性，由于CAN协议执行非集中化总线控制，所有主要通信，包括总线读取（许可）控制，在系统中分几次完成。这是实现有较高可靠性的通信系统的唯一方法。

2）具体工作过程措施

① 控制单元发送的每个信息都要分配优先权，且不同的信息量具有不同的优先权（优先权隐含在数据中的“标识符”），优先权高的信息优先发送。

② 所有的控制单元都是通过各自的RX线来跟踪总线上的一举一动，并获知总线的状态。

③ 请求发送信息的控制单元，每个发射器将对TX线和RX线的状态一位一位地进行比较，它们可以不一致。

（4）CAN是这样来进行调整的：如果某个控制单元向外发送“1”（TX线为1），但在通过RX线在总线接到“0”，则该控制单元中控制发送信息，退出对总线的控制，转为接收信息。

故用标识符中位于前部的“0”的个数就可调整信息的重要程度，从而就可保证按重要程度的顺序来发送信息。规则：标识符中的号码越小，表示该信息越重要。这种方法称为仲裁。

举例：

现在有三个控制单元，发动机控制单元、ABS控制单元、仪表，同时向外发送信息，其中发动机控制单元向外发送信息“10101010”，ABS向外发送信息为“10101011”，仪表向外发送信息为“10111111”。

三个控制单元向外发送信息的第1位、第2位、第3位都是一样的，都是“101”，此时不存在冲突，但三个控制单元向外发送第4位，此时仪表的第4位为“1”，其他的二个控制单元的第4位为“0”，根据三个收发器耦合在一根总线的原理，见“图4-7三个收发器耦合在一根总线”，我们知道，此时总线的状态应为“0”，对仪表控制单元来说，它向外发送“1”（TX状态1），但接收到是“0”（RX状态0），根据仲裁原则，仪表控制单元停止发送信息，转为接收状态，该信息等待下一次发送周期，再次请求发送。

同理，发动机控制单元和ABS控制单元继续向外发送信息的第5位、第6位、第7

位（101），且这三位的信息是一样的，不存在冲突。再发送第 8 位，发动机控制单元的第 8 位为“0”，而 ABS 控制单元的第 8 位为“1”，根据三个收发器耦合在一根总线的原理，我们知道，此时总线的状态应为“0”，对 ABS 控制单元来说，它向外发送“1”（TX 状态 1），但接收到是“0”（RX 状态 0），根据仲裁原则，ABS 控制单元停止发送信息，转为接收状态，该信息等待下一次发送周期，再次请求发送。

结果，发动机控制单元接管数据总线控制权，继续发送剩余的信息，最终数据总线的信息与发动机控制单元向外发送的信息是一样的，如图 4-11 所示 .

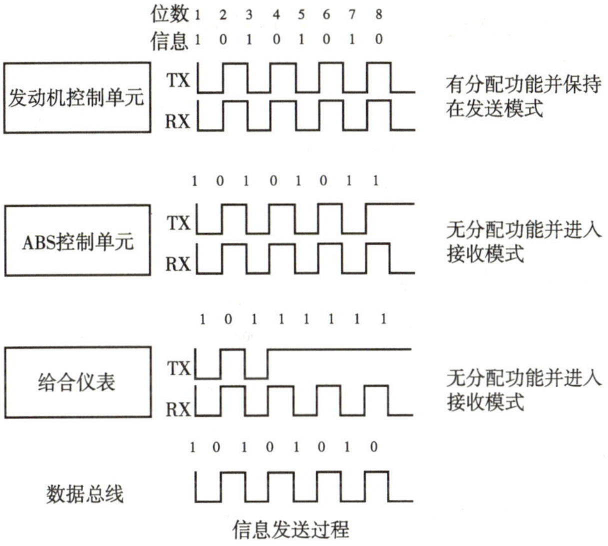

图4-11　信息对比

信息与标识符见表 4-3，从中可看出：当数个控制单元想同时发送信息时，转向角传感器（Lenkwinkel）拥有最高的优先级别，它的信息就先被发送。

说明：数字最小的（前面的“0”最多），优先级别越高，由于转向角传感器标识符数字最小，所以优先级最高，数字最先传递。

表4-3　CAN-BUS数据总线信息与标识符

标识符	二进制	十六进制
发动机	01010000000	280
制动	01010100000	1A0
仪表	01100100000	320
转向角传感器	01100000000	0C2
自动变速器	10001000000	440

4. CAN-BUS自我诊断与故障管理

CAN 传送数据的可靠性很高，加上 CAN 具有完善的故障管理机制，因此它可以准确识别出 CAN 系统中的所有故障（如电气故障或断路）。

（1）数据错误检测手段

不同于其他总线，CAN 协议不能使用应答信息。事实上，它可以将发生的任何错误用信号发出。CAN 协议可使用五种检查错误的方法，其中前三种为基于报文内容检查。

① 循环冗余检查（CRC）。在一帧报文中加入冗余检查位可保证报文正确。接收站通过 CRC 可判断报文是否有错。

② 自动帧检查。这种方法通过位场检查帧的格式和大小来确定报文的正确性，用于检查格式上的错误。

③ 应答错误。如前所述，被接收到的帧由接收站通过明确的应答来确认。如果发送站未收到应答，那么表明接收站发现帧中有错误，也就是说，ACK 场已损坏或网络中的报文无站接收。CAN 协议也可通过位检查的方法探测错误。

④ 自检测时，CAN 中的一个节点可监测自己发出的信号。因此，发送报文的站可以观测总线电平并探测发送位和接收位的差异。

⑤ 位填充。一帧报文中的每一位都由不归零码表示，可保证位编码的最大效率。然而，如果在一帧报文中有太多相同电平的位，就有可能失去同步。为保证同步，同步沿用位填充产生。在五个连续相等位后，发送站自动插入一个与之互补的补码位，接收时，这个填充位被自动丢掉。例如，五个连续的低电平位后，CAN 自动插入一个高电平位。CAN 通过这种编码规则检查错误，如果在一帧报文中有 6 个相同位，CAN 就知道发生了错误。如果至少有一个站通过以上方法探测到一个或多个错误，它将发送出错标志终止当前的发送，这可以阻止其他站接收错误的报文，并保证网络上报文的一致性。当大量发送数据被终止后，发送站会自动地重新发送数据。作为规则，在探测到错误后 23 个位周期内重新开始发送。在特殊场合，系统的恢复时间为 31 个位周期。但这种方法存在一个问题，即一个发生错误的站将导致所有数据被终止，其中也包括正确的数据。因此，如果不采取自监测措施，总线系统应采用模块化设计。为此，CAN 协议提供一种将偶然错误从永久错误和局部站失败中区别出来的办法。这种方法可以通过对出错站统计评估来确定一个站本身的错误并进入一种不会对其他站产生不良影响的运行方法来实现，即站可以通过关闭自己来阻止正常数据因被错误地当成不正确的数据而被终止。

⑥ 为了保证数据的安全性，CAN 系统具有很强的内部故障管理功能。

2）具体措施

① CAN-BUS 内部故障管理可以识别出可能出现的各种数据传递故障，从而采取相应的措施。无法识别故障的几率很低，也就是 <10~12，这个概率值相当于每辆车在使用寿命内出现 4 次数据传递故障。

② 由于广播的特点（一个发射，其他所有的接收并使用），任何一个网络使用者如

果发现一个传递故障，那么其他所有的网络使用者都会立即收到一个信息通知，这个通知称为“错误帧”。于是所有网络使用者就会拒收当前的信息。

③ 随后该信息会自动再发送一次，这样的过程其实是完全正常的，其原因可能是由于车上电压波动较大，例如，车在起动时或有来自外部较强的干扰。

④ 为了区别发生故障是偶然的，还是必然的（系统存在硬故障），系统内置故障计数器。它可以累计识别出的故障，在成功完成重新发送过程后计数器再递减计数，当计数超过设定值，相应的控制单元会得到通知并被 CAN 总线关闭，如图 4-12 所示。

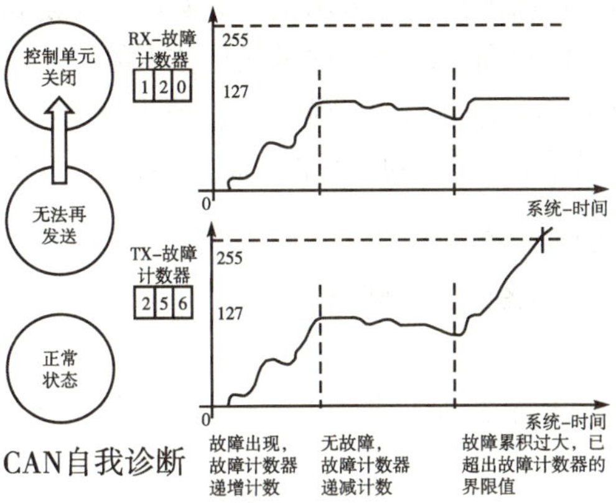

图4-10　CAN数据总线自诊断

5. CAN-BUS的故障管理机制

内部故障计数器只负责内部的故障管理，无法读出其中的内容。

当内部故障计数器计数值超过某一规定的界限值（相当于最多32次重新发送过程）时，相应的控制单元会得到通知并被CAN总线关闭。两次Bus-Off（总线关闭）状态后（在此期间无通信），故障存储器就会记录一条故障。

经过一段固定的等待时间（约 0.2s）后，控制单元会自动再接到总线上。

信息的传递一般是按规定的循环时间来进行的，这样才能保证及时地传递相应的信息。如果出现延迟，也就是说至少有 10 条信息未收到，那么所谓的时间监控功能（信息超时）就会启动。

于是正在接收的控制单元故障存储器内也记录一个故障，这是故障管理中的第二套机构。由此产生如下故障信息，这些信息用于售后服务故障诊断。

① 数据总线损坏，相应的控制单元有严重故障。该控制单元至少两次与总线断开（Bus-Off）。

② 无相关控制单元信息或无法与相关控制单元取得联系，无法及时接收到信息，时间监控启动。

报文（Messages）

信息要想在 CAN-BUS 局域网有效、快速地传输，就要把信息转化成适 CAN-BUS 总线传输的格式。我们把信息称之为报文，把适合 CAN-BUS 总线传输的格式称为报文格式。

总线上的信息以不同的固定报文格式发送，但长度受限。当总线空闲时任何连接的单元都可以开始发送新的报文。

报文传输由以下 4 个不同的帧类型所表示和控制：

① 数据帧。数据帧携带数据。

② 远程帧。总线单元发出远程帧，请求发送具有同一识别符的数据帧。

③ 错误帧。任何单元检测到一总线错误就发出错误帧。

④ 过载帧。过载帧用以在先行的和后续的数据帧（或远程帧）之间提供一附加的延时。数据帧（或远程帧）通过帧间空间（1nfefframe Space）与前述的各帧分开。

6. CAN-BUS对网络故障监控

CAN-BUS 系统中一个设备的正极断路。

例如：

双音喇叭，雨刷清洗，巡航控制，主动式大灯，停车灯危险警告灯，照明设备控制。

单 / 双线工作模式。

在舒适和信息总线中若单根 CAN 损坏时，仍可以单线工作。

单线工作模式的成因：

整个 CAN-BUS 永久单线；

高位线与低位线短路；

高位线对正极短路；

高位线对地短路；

低位线路对正极短路；

低位线对地短路；

CAN-BUS 交变单线（部分单线）；

高位线与一个控制单元开路；

低位线与一个控制单元开路。

计 划

学生完成以下题目 CAN数据总线在数据接收时的过程是什么

实 施

CAN-BUS的故障检测机制是什么

检 验

根据学生的计划和实际维修的状况由教师对其进行批改，并就其中的问题进行点评

展 示

1．实施中的每一组同学随机挑选一名代表根据自己的计划，用 10 分钟时间对本工作任务中 3 个要点的知识进行讲解。

2．专业会谈：CAN-BUS 故障管理机制。

工作任务 5

大众车系CAN数据总线的组成与结构

导向

要求学生通过对本任务的学习能够了解大众车系 CAN 数据总线的组成与结构。

基础知识

1. CAN数据总线的组成

CAN 数据总线由一个控制器，一个收发器，两个数据传输终端及两条数据传输线组成。除了数据传输线，其他元件都置于控制单元内部。控制单元功能不变，如图 5-1 所示。

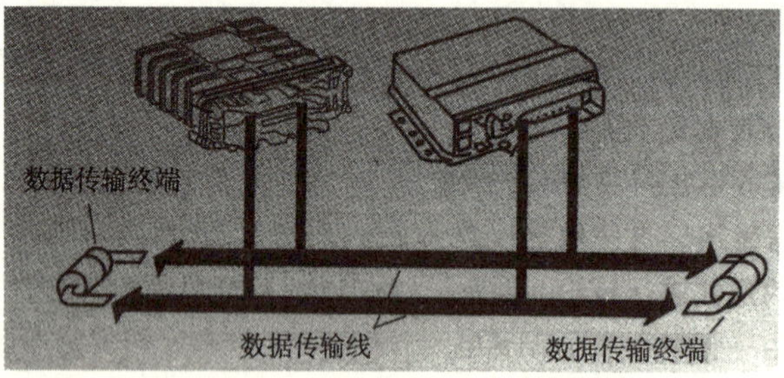

图5-1　CAN数据总线结构

（1）CAN 控制器

CAN 控制器作用是接收控制单元中的微电脑传来的数据，对这些数据进行处理并将其传往 CAN 收发器。同样，CAN 控制器也接收由 CAN 收发器传来的数据，对这些数据进行处理并将其传往控制单元中的微电脑。

（2）CAN 收发器

它将 CAN 控制器传来的数据转化为电信号并将其送入数据传输线。它也为 CAN 控制器接收和转发数据。

（3）数据传输终端

它是一个电阻器。它防止数据在线端被反射，以回声的形式返回，这会影响数据的传输质量。

（4）数据传输线

在传输导线的选择上，使用两条数据线相互缠绕，防止电磁波干扰和向外辐射。此外在传输时它是双向的，对数据进行传输。两条线分别被称为 CAN 高线和 CAN 低线。数据传输线为了防止外界电磁波的干扰和向外辐射，CAN 总线采用两条线缠绕在一起，如图 5-2 所示。

两条数据线传递相同信号，但数值互为镜像（对称）。即便有干扰，但两个信号的电位差不变。通过这种办法，CAN 数据总线得到了保护而免受外界的电磁场干扰，同时 CAN 数据总线向外辐射也保特中性，即无辐射。

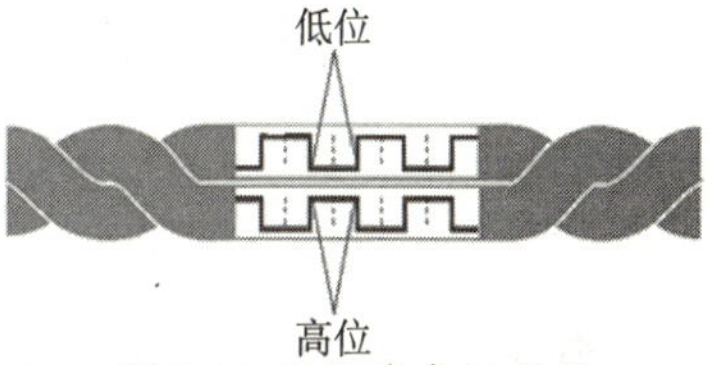

图5-2　双绞线中的信号

2. CAN数据总线的传输原理与过程

CAN 数据总线的数据传输原理在很大程度上类似电话会议的方式。一个用户 1 控制单元 1 向网络中“说出”数据，而其他用户“收听”到这些数据。一些控制单元认为这些数据对它有用，它就接收并且应用这些数据，而其他控制单元也许不会理会这些数据。故数据总线里的数据并没有指定的接收者，而是被所有的控制单元接收及计算。数据的具体传输过程如图 5-3 所示。

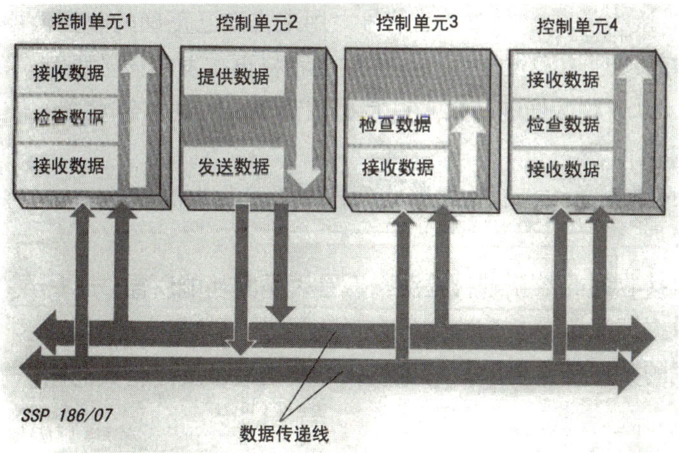

图5-3　CAN数据传输过程

（1）提供数据

控制单元向 CAN 控制器提供数据用于传输。

（2）发出数据

CAN 收发器从 CAN 控制器处接收数据，将其转化为电信号发出。这些数据以数据列的形式进行传输，数据列是由一长串二进制（高电平与低电平）数字组成（0110100100111011），其格式如图 5-4 所示。

数据列包括开始区、状态区、检验区、数据区、安全区、确认区、结束区。其各个区的作用如下：

① 开始区。标志数据列的开始。

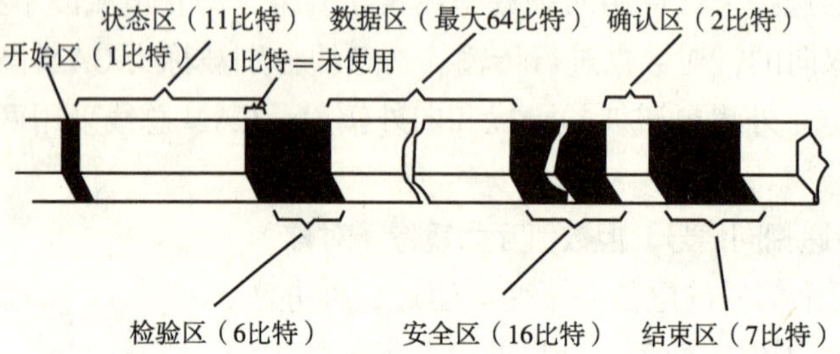

图5-4　CAN收发器数据格式

② 状态区。确认数据列的优先级别。如果两个控制单元想在同时发出其数据列，优先级较高的数据列先传输（控制单元的程序设置好的），像 CAN 驱动装置数据总线系统优先级依次为 ABS/EDL 控制单元、发动机控制单元、自动变速器控制单元。

③ 检验区。显示数据区中包含的数据数目。该区可以让接收者检验其是否收到传输来的全部信息。

④ 数据区。传给其他控制单元的信息，其大小由总线的宽度决定。

⑤ 安全区。检验传输错误。

⑥ 确认区。接收者发给发送者的信号，用来告知已正确的收到数据列。若有错误被检验到，则接收者迅速通知发送者。这样发送者将再次发出该数据列。

⑦ 结束区。标志数据列的结束。这是显示错误以得到重新发送的最后可能区域。

（3）接收数据

所有与 CAN 数据总线一起构成网络的控制单元称为接收器。

（4）检验数据

控制单元对接收到的数据进行检测，看是否是其功能所需。

（5）认可数据

如果所接收的数据是重要的，它将被认可及处理，反之将其忽略。

@信 息

出于系统容量所限（最多 32 个控制单元），故障的关联性要求，历史发展和成本的考虑大众车系采用的不同速率的总线 CAN-BUS 动力（Bosch）500 kbit/s，CAN BUS 舒适（VW）100 kbit/s，CAN-BUS 信息（VW）100 kbit/s。参见图 5-5。

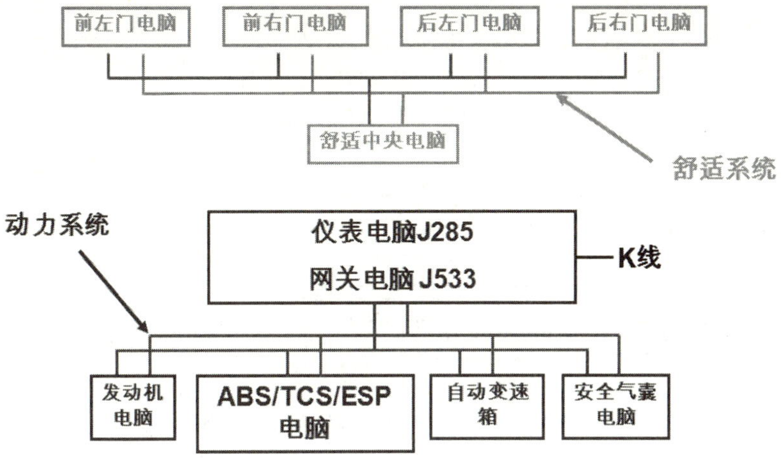

图2001年以前的大众车的数据传输系统

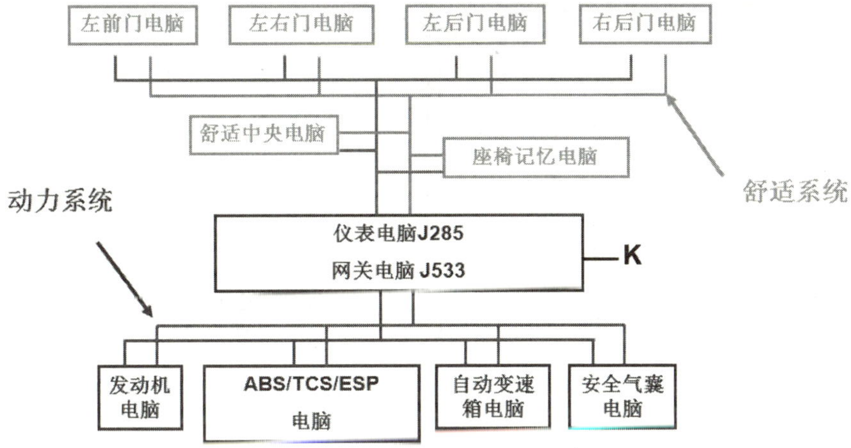

图2002年后帕萨特数据传输系统

图5-5　大众车系的总线

1. CAN数据总线驱动装置

波罗的 CAN 数据总线系统如图 5-6 所示，由 CAN 驱动装置数据总线系统和 CAN 舒适模式数据总线系统组成。它们的区别在于传输的数据内容不同。

CAN 驱动装置数据总线系统以 500kbit/s 的传输速度工作，以使在对安全较重要的系统内部能进行快速的数据传输。它由车载网络系统的控制单元、带有用于数据总线的诊断接口 J533（网关）、转向角传感器 G85、控制单元 J285（在仪表板上有显示单元）、ABS 控制单元 J104、自动变速器控制单元 J217、转向辅助控制单元 J500、安全气囊控制单元 J234、发动机控制单元及诊断接头组成。

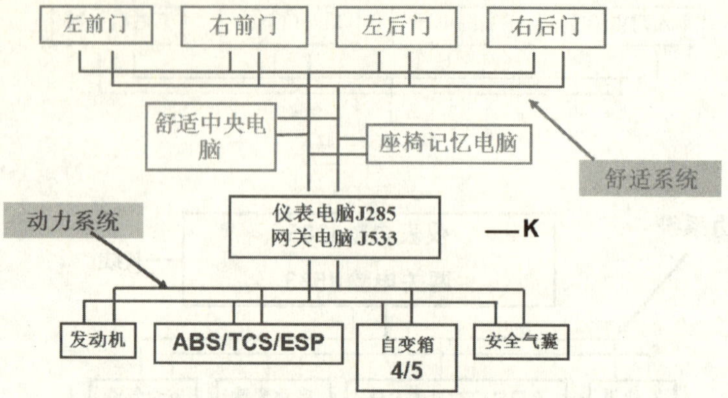

图：2002年以后宝来/高尔夫数据传输系统。

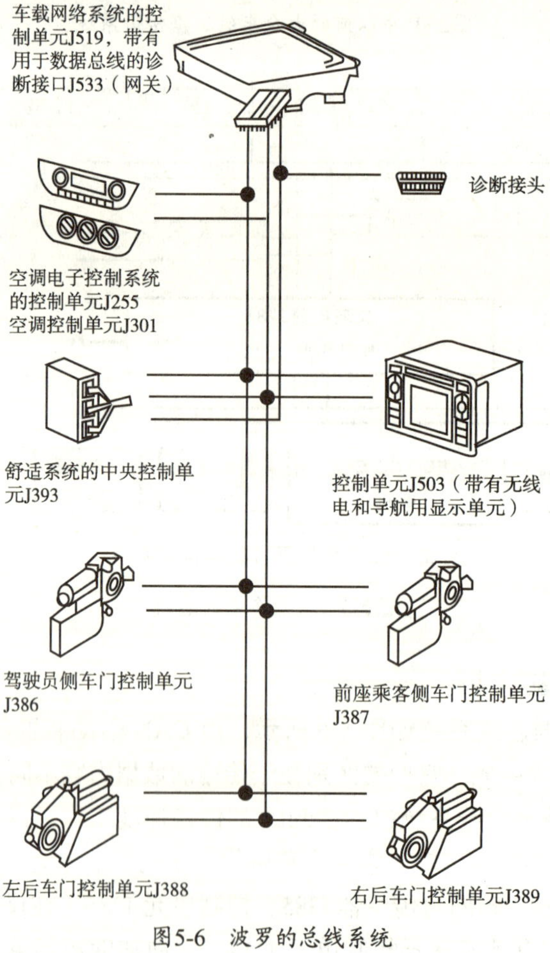

图5-6　波罗的总线系统

CAN舒适模式数据总线系统以100kbit/s的传输速度工作。它由车载网络系统的控制单元J519、带有用于数据总线的诊断接口J533（网关）、空调电子控制系统的控制单元 J255、空调控制单元 J301、舒适系统的中央控制单元 J393、驾驶员侧车门控制单元 J386、左后车门控制单元 J388、诊断接头及控制单元 J503（带有无线电和导航用显示单元），前座乘客侧车门控制单元 J387 和右后车门控制单元 J389 组成。

下面介绍一下数据总线的诊断接口 J533。数据总线的诊断接口 J533 集成在车载网络系统的控制单元 J519 中，如图 5-7 所示。

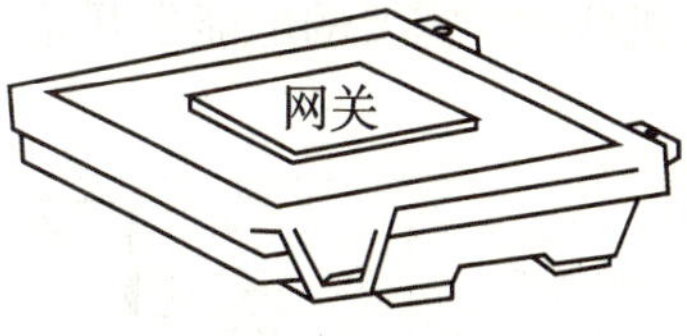

图5-7　网关集成在控制单元中

数据总线的诊断接口 J533 有两个任务：

① CAN 驱动装置数据总线和 CAN 舒适模式数据总线间进行数据交换。

由于两个系统的传输率不同，要进行直接的通信是不可能的。要进行系统间的信息交换需要建立连接，这个连接通过数据总线的诊断接口 J533 实现。诊断接口 J533 编译来自总线系统的数据，并将数据继续传送给相关的其他总线系统。

图 5-8 所示为 CAN 驱动装置数据总线和 CAN 舒适模式数据总线间进行数据交换。

② 数据总线的诊断接口 J533 将 CAN 驱动装置数据总线和 CAN 舒适模式数据总线的诊断数据转换到车身导线上，反之亦然，如图 5-8 所示。

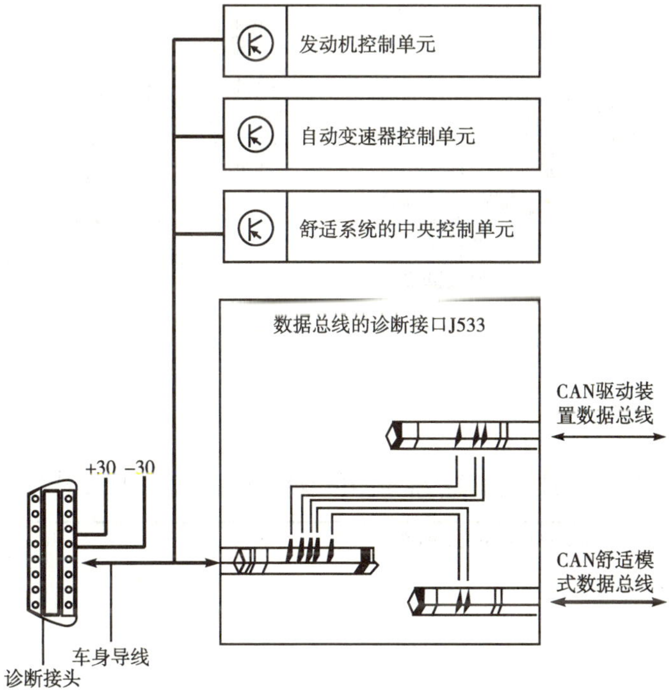

图5-8　驱动总线和舒适总线间的数据交换

发动机控制单元、自动变速器控制单元和舒适系统的中央控制单元有一根单独的车身导线。假如 CAN 驱动装置数据总线系统中有故障，诊断接口将诊断信息从 CAN 驱动装置数据转换到车身导线上的信息内容与 CAN 数据总线上相同的数据用于自诊断。

2. 唤醒与休眠

为了节约蓄电池的电能，通常舒适系统数据总线的一些节点会在一定的条件下进入休眠模式，在休眠状态下，ECU 及各模块处于低功耗模式。一旦接收到本地唤醒信号（本地触发信号）或远程唤醒信号（CAN 总线激活信号）则开始重新进行自检，并开始进入待机状态。需要的电能也开始提升。如图 5-9~5-12 所示。

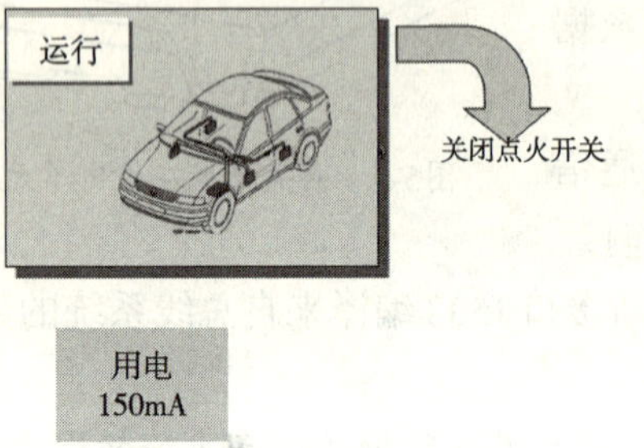

图5-9　休眠条件（1）

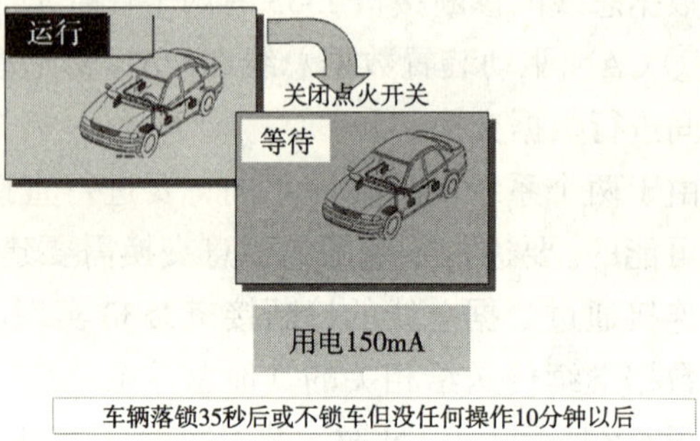

图5-10　休眠条件（2）

系统处于睡眠模式时，CAN—H 为 0V，CAN—L 为 12V。

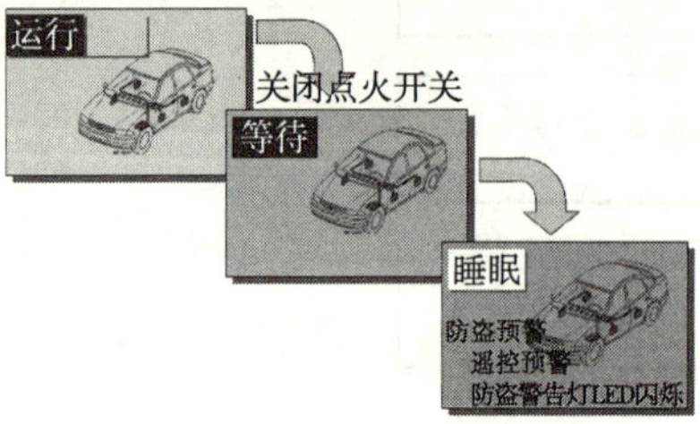

图5-11　开始休眠

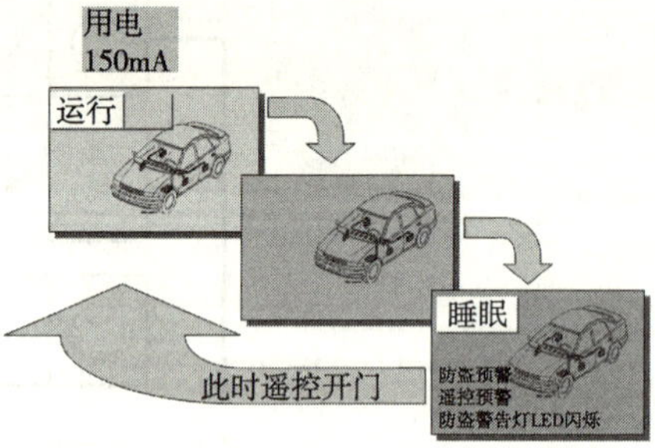

图5-12　唤醒

计 划

根据上述导向知识与技术信息，维修一段双绞线在下表完成工作计划。

绘制出2002年以后的宝来/高尔夫数据传输系统的网关图

实 施

学生完成下列题目：

1．数据总线的诊断接口 J533 的任务是什么？

2．舒适系统为什么会进入休眠？

检 验

根据学生的计划和实际维修的状况由教师对其进行批改，并就其中的问题进行点评

展 示

1．实施中的每一组同学随机挑选一名代表根据自己的计划，用 10 分钟时间对本工作任务中 3 个要点的知识进行讲解。

2．专业会谈：1）休眠的特征；2）为什么要进行休眠；3）CAN 控制器的作用。

工作任务 6

CAN数据总线波形的检测

导向

基础知识：VAS 5051 使用的相关知识，VAS 5051 的外观如图 6-1 所示。

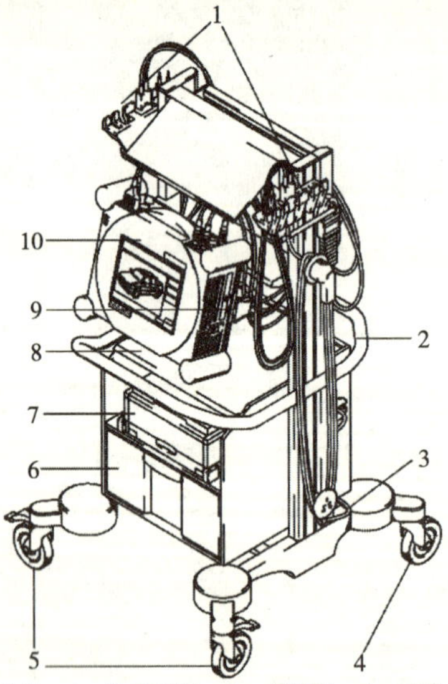

1—测量导线挂钩；2—防震手柄；3—电源线；4—车轮；5—车轮；6—抽屉；7—打印机；8—打印机盖板；9—适配器；10—测试仪

图6-1　VAS 5051外观

VAS 5051 可以执行如下功能：

① 车辆的自诊断测试；

② 读取数据量块；

③ 清除故障存储。

通过使用 VAS 5051 可以对数据总线进行诊断的阅读。注意所有的控制单元在网关上必须注册，才能够进行正常的通信!

通常对应功能码包含：

02——查询故障码；

05——清除故障码；

06——退出；

07——编码；

08——读数据量块。

大众品牌的车型数据总线的数据块可以显示所有控制单元（奥迪品牌的只有必要的控制单元可以显示）。

125－126=> 动力 CAN；

130－131=> 舒适 CAN；

140－141=> 信息娱乐 CAN。

大众 VAS 5051 诊断仪示波器的使用。

1. 综述

通过点击 VAS 5051 启动屏中的“车辆自诊断”按钮，调出操作模式“测试工具”。再连接测量导线并调整示波器，从中选择从 DSO（数字存储示波器：操作模式）。

将 VAS 5051 诊断仪作为示波器使用可以设置参数、进行测量并读取测量结果。

在此屏幕上可以同时显示不超过三个测量曲线。为了能够更好地进行功能对应，按键标识、参数和所显示的测量信号均以不同颜色标出：

• 通道 A：黄色

• 通道 B：绿色

• 预置测量：蓝色

在视屏“DSO”中可进行下列设置：

① 通过按钮“通道 A”和“通道 B”，选择测量通道；

② 通过按钮“测量模式”选择测量模式；

③ 通过箭头键设置时间范围。

要切合实际地对显示的示波图进行分析。在分析电压时要注意，在用示波器进行测量时必须考虑一个最大 10% 的测量误差。

在无故障的情况下在示波图中可看到，CAN-High 和 CAN-Low 的脉冲始终沿相反的方向移动。在查找 CAN-High 和 CAN-Low 时将首先查找隐性电位。在隐性电位时，总线停留大多数的时间。CAN-High 是脉冲由隐性电位沿正向成像的通道。双绞线上的脉冲由隐性电位沿负向成像（图 6-2）。

就车检测总线时一定要使用适配器（图 6-3）。

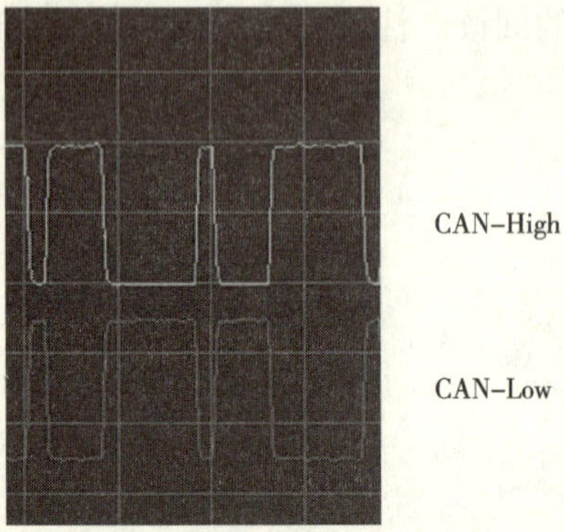

图6-2 成像特点

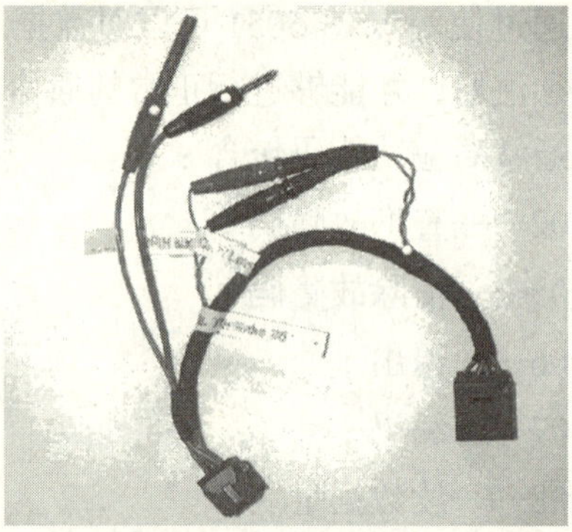

图6-3 自制的适配器

2. 使用VAS 5051两通道DSO的连线检测

两条CAN总线每一条线都通过一个通道进行测量。通过DSO图形的分析可以很容易地发现故障。这里通道A红色的测量线连接CAN-High，黑色的测量线连接接地；通道B红色的测量线连接CAN-Low，黑色的测量线连接接地。

3. DSO的设置

①通道A测量CAN-High。

②通道B测量CAN-Low。

③通道A和通道B的零线坐标置于等高（黄色的零标记被绿色的零标记所遮盖）。在同一零坐标线下对电压值进行分析更为简便。

④通道B的电压/单位的设定：在0.5V/单位值的设定下DSO的显示能较好地利用，便于电压值的读取。

⑤通道A的电压/单位的设定：在0.5V/单位值的设定下DSO的显示被较好地利用，便于电压值的读取。

⑥触发点的设定：它位于被测定信号的范围内，在CAN-High信号为2.5~3.5V之间，在CAN-Low信号为1.5~2.5V之间。

⑦时间单位值的设定：应尽可能选择得小一些，最小的时间单位值为0.02ms/单位。

⑧显示为一条信息。

4. 电压值的应用

CAN总线的信息传送通过两个逻辑状态0（显性）和1（隐性）来实现。每一个逻辑状态都对应相应的电压值(如图6-2,图6-5和图6-6)。控制单元应用其电压差值获得数据。

①通道A和通道B的零线。通道B的绿色零标记遮盖了通道A的黄色零标记。

②CAN-High的隐性电压电位大约为2.6V（逻辑值1）。

③CAN-High的显性电压电位大约为3.8V（逻辑值0）。

④CAN-Low的隐性电压电位大约为2.4V（逻辑值1）。

⑤ CAN-Low 的显性电压电位大约为 1.2V（逻辑值 0）。

总线利用两条线的电压差确认数据。当 CAN-High 的电压值上升时，相应 CAN-Low 的电压值下降。正如 DSO 显示所示，CAN-BUS 仅只能有两种工作状态。在隐性电压电位时，两个电压值很接近。在显性电压电位时，两个电压差值约为 2.5V。电压值大约有 100mV 的小波动。当两个 CAN 信号用一个 DSO 通道进行测量时，显示为其相应的电压差。这种测量方式在故障查询方面不如双通道的测量方式,两条线分开接地测量。例如：在短路的故障形式下利用单通道模式分析是不可行的。在双线工作模式下 CAN-BUS 的每一条线路都有电压电位显示，这更有利于判定故障。单线工作模式主要用于快速查看总线是否为激活状态。

此外 VAS 5051 还可完成匹配系统升级引导性故障查询、远程诊断等。

@ 信 息

1. 常见的总线故障波形

使用 VAS 5051 可以进行总线系统波形的检测。利用波形可以很好地判断线路方面的故障。

其操作方法如下。

① 使用接线盒 V.A.G 1598/31，接入电脑与线束之间，注意红色测量线 A 连接 CAN-H 连接 A 通道，红色测量线 B 连接 CAN-L 连接 B 通道。黑色测量线地线。如图 6-4 所示。

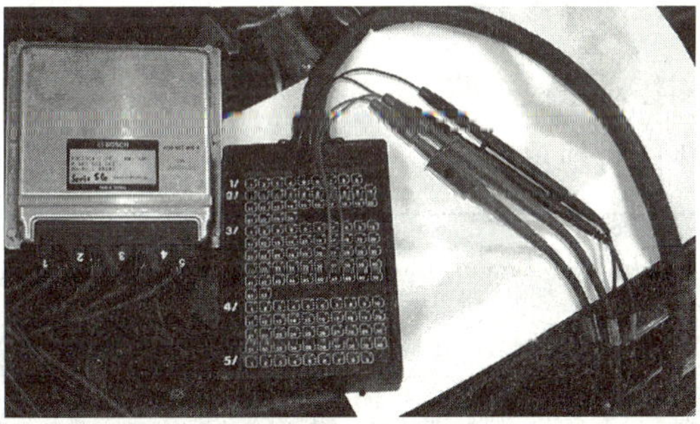

图6-4　使用接线盒进行波形的测量连接

② 进行示波器设置。动力系统总线波形：水平座标每格 0.05msec，垂直座标每格 2V。图 6-5 所示为正常的动力系统总线波形。

由图可见 CAN-H 和 CAN-L 的脉冲移动方向在同时间段内沿相反方向移动。总线运行时先查找隐性位，即从隐性位开始，总线在大多数时间内保持隐性电位，CAN-H 在隐性位的基础上正向扩展成像，CAN-L 在隐性位的基础上反向扩展成像。

动力总线的特点：

高速总线：500 kbit；

传递 1 次数据所需时间：0.25ms；
控制单元工作周期：7~20ms；
不能单线运行；
没有睡眠模式。
舒适、信息系统 CAN 总线特性；
低速总线：100 kbit；
传递 1 次数据所需时间：1ms；
控制单元工作周期 20ms；
可单线运行；
具有睡眠模式。
图 6-6 所示为 CAN-H 和 CAN-L 短路。

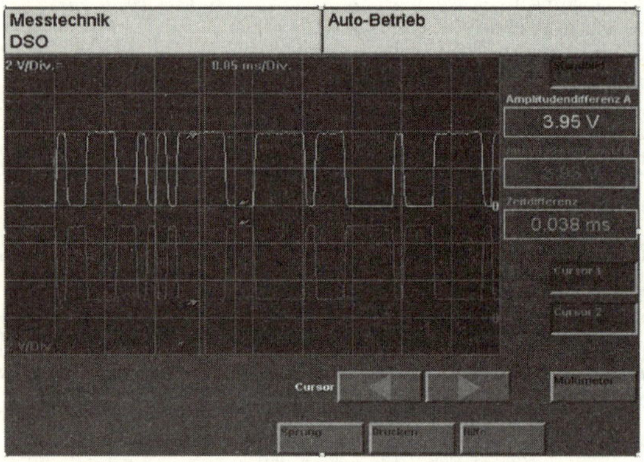

图6-5　正常的动力系统总线波形

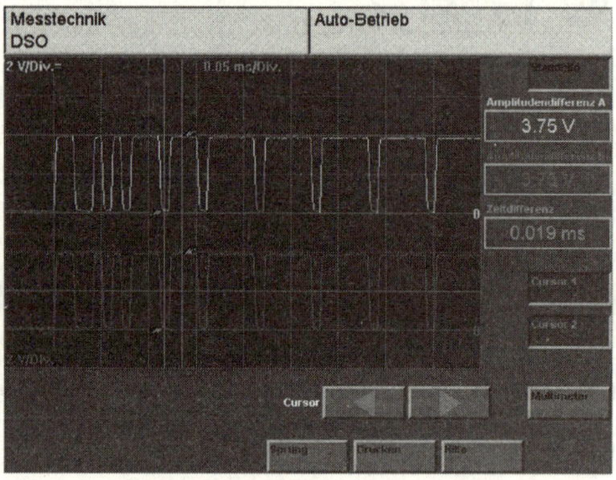

图6-6　CAN-H和CAN-L短路

图 6-7 所示为 CAN-H 对正极短路。
图 6-8 所示为 CAN-H 对地短路。

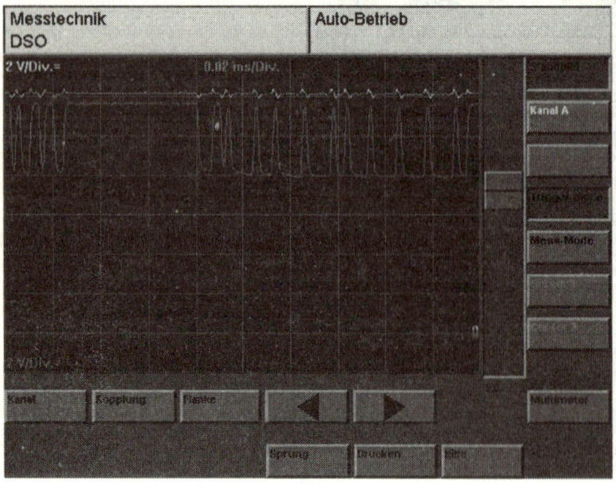

图6-7　CAN-H对正极短路

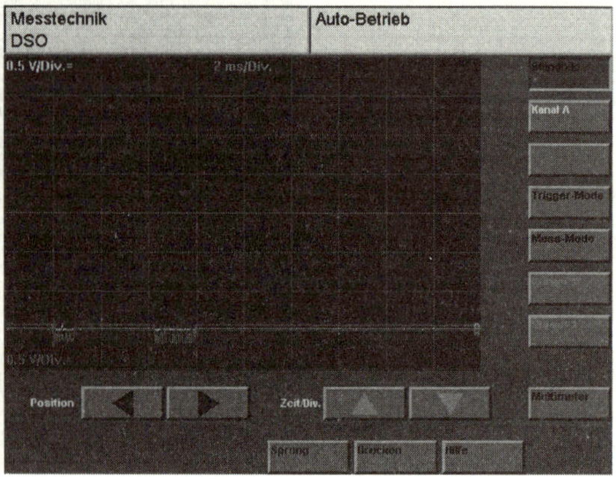

图6-8　CAN-H对地短路

图 6-9 所示为 CAN-L 对地短路。
图 6-10 所示为 CAN-L 对正极短路。

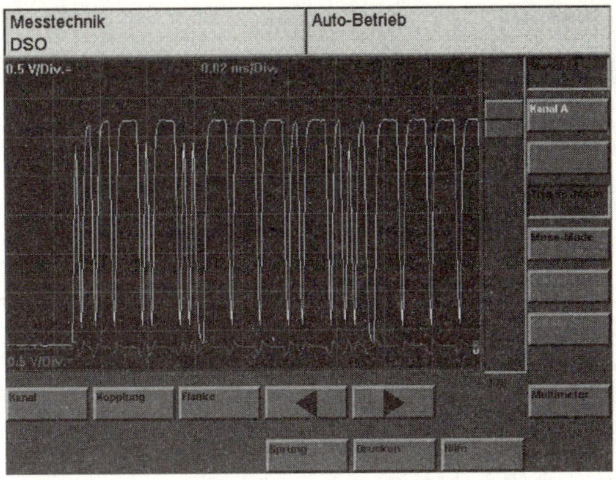

图6-9　CAN-L对地短路

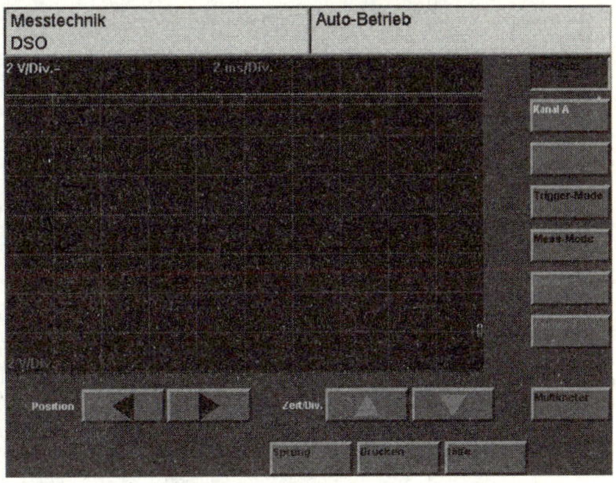

图6-10　CAN-L对正极短路

图 6-11 所示为 CAN-H 开路。

图 6-12 所示为 CAN-L 开路。

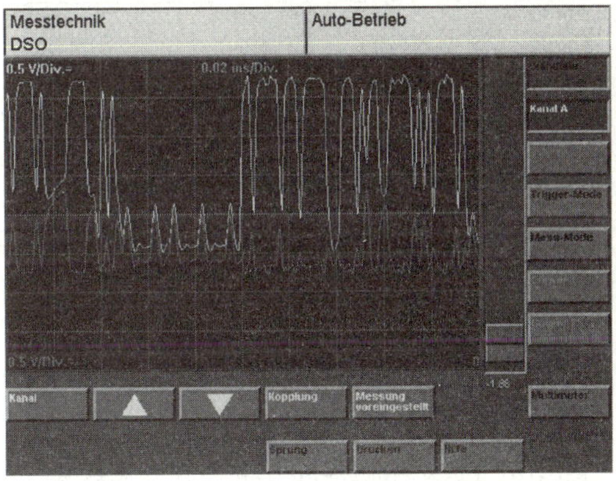

图6-11　CAN-H开路

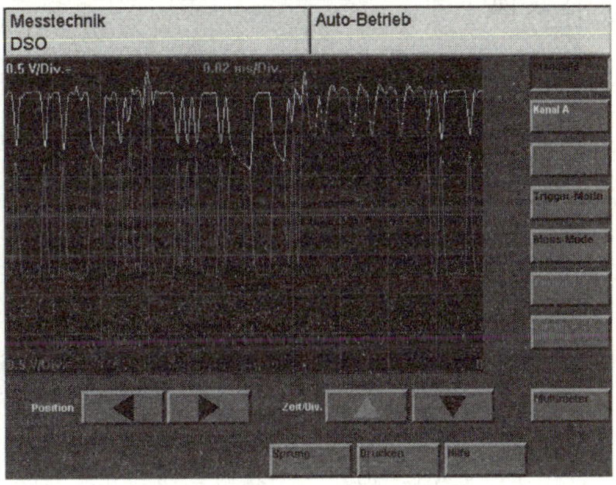

图6-12　CAN-L开路

图 6-13 所示为某 ECU 高位线信号故障。

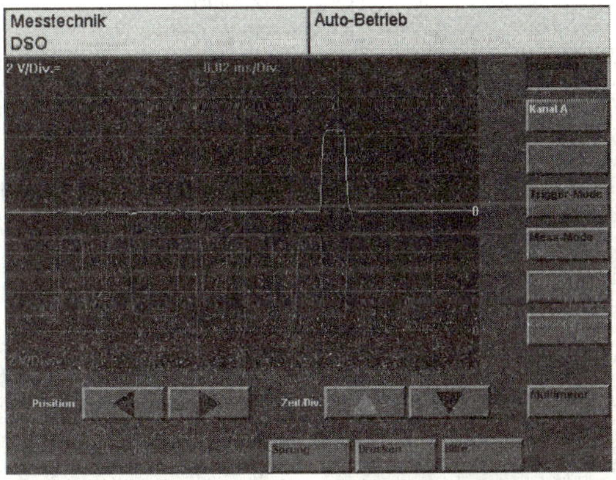

图6-13　某ECU高位线信号故障

图 6-14 所示为某 ECU 低位线信号故障。

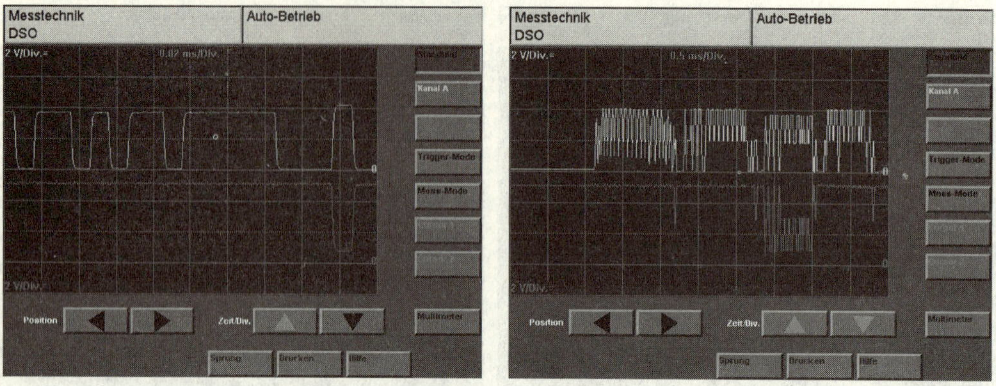

图6-14　某ECU低位线信号故障

图 6-15 所示为 CAN-H 通过一个接触电阻与正极短路。

图 6-16 所示为 CAN-H 通过一个接触电阻与地短路。

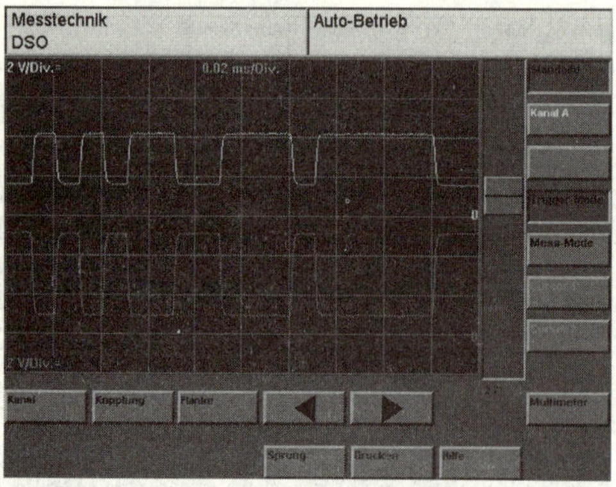

图6-15　CAN-H通过一个接触电阻与正极短路

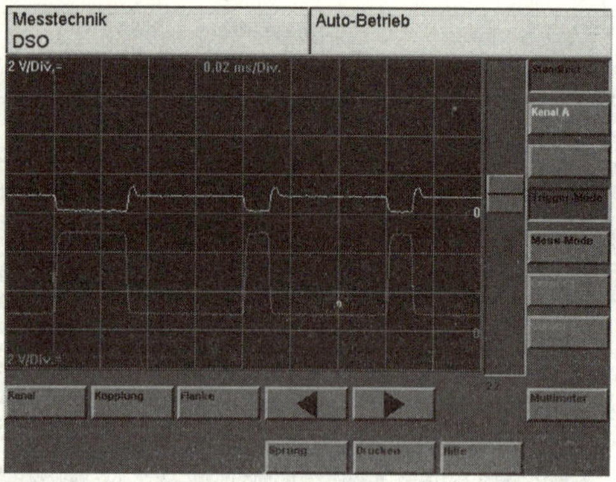

图6-16　CAN-H通过一个接触电阻与地短路

图 6-17 所示为 CAN-H 通过一个接触电阻与 CAN-L 短路。

图 6-18 所示为 CAN-L 通过接触电阻对正极短路。

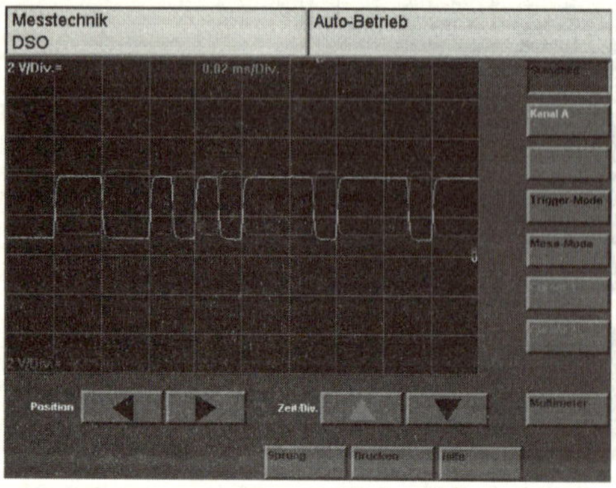

图6-17　CAN-H通过一个接触电阻与CAN-L短路

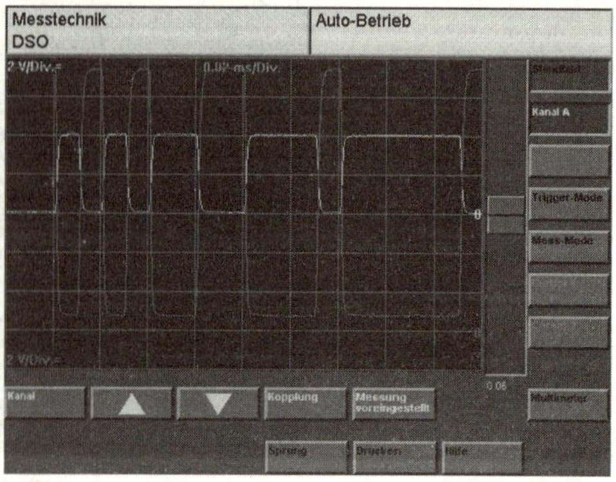

图6-18　CAN-L通过接触电阻对正极短路

图 6-19 所示为 CAN-L 通过一个接触电阻与正极短路。

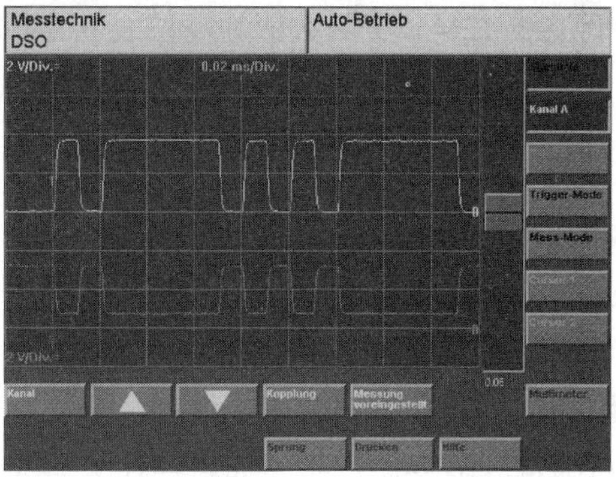

图6-19　CAN-L通过一个接触电阻与正极短路

2．隐性信号与显性信号

无信号传递即 CAN BUS 空闲时发射隐性信号，新的信息以显性开始。

动力总线隐性电位（关闭点火开关后的 0.5~5s，系统停止工作）：

CAN-High = 约 2.5V

CAN-Low = 约 2.5V

舒适和信息总线没有传递信号时的隐性电位：

CAN-High = 0V

CAN-Low = 约 5V

关闭点火开关舒适和信息总线处于睡眠模式。

3．睡眠模式

睡眠模式仅存在于舒适、信息总线。

车辆落锁35秒后或不锁车但没任何操作10分钟，睡眠模式高位线0伏；低位线12伏。

非睡眠模式电流最大 700 mA，睡眠模式电流 6~8mA。

睡眠模式时所有控制单元一同睡眠或一同唤醒。

图 6-20 所示为舒适、信息总线的睡眠模式波形。

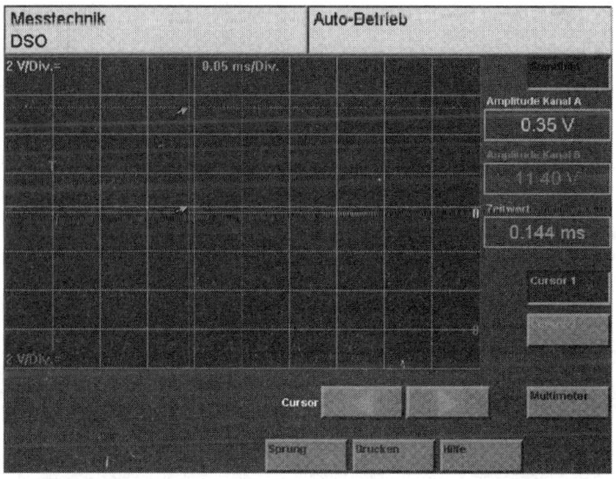

图6-20　舒适、信息总线的睡眠模式波形

特点为高位线 0V；低位线 12V。实测数值为高位线 0.35V；低位线 11.4V。

计 划

1. 故障检查过程

① 用故障查询指南读取所有故障存储。

② 得到故障查询的结果（如果存在）。

③ 用读取测量数据块确定故障存储记录（如果存在）。

④ 用执行元件自诊断确定故障存储记录（如果存在）。

⑤ 用检测仪确定故障存储记录。

⑥ 用万用表进行电器检测，如线路通断。

2. 故障诊断步骤

对于多路信息传输系统的故障诊断，一般采用以下步骤进行。

第 1 步：了解该车型 CAN 总线系统的特点，包括：

① 传输介质：如双绞线、同轴电缆、光纤。

② 区域网形式：如 CAN 网、LAN 网。

③ 网络通信协议的类型：如 CAN 协议、ABUS 协议、VAN 协议、PALMENT 协议、CCD 协议、HBCC 协议、DLCS 协议等。

第 2 步：了解汽车 CAN 总线系统的各种功能。如有无唤醒功能、休眠功能等。

第 3 步：检测汽车电源系统是否存在故障。如交流发电机的输出波形是否正常（若不正常将导致信号干扰等故障）等。

第 4 步：检查汽车 CAN 总线系统的链路是否存在故障，采用替换法或采用跨线法进行检测。

第 5 步：检查节点，若为节点故障，采用换件法进行测试。

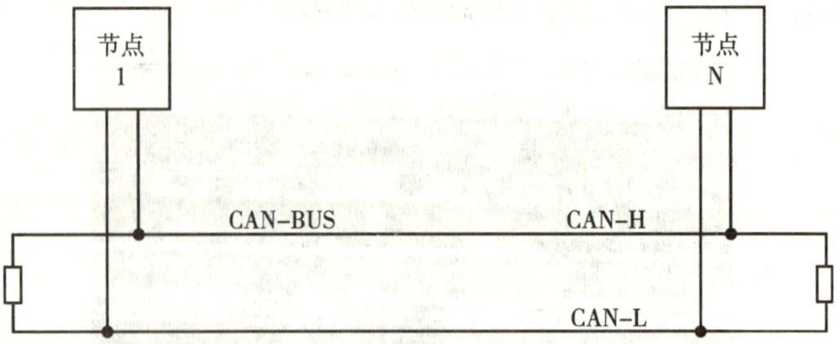

根据上述导向知识与技术信息，在下表中列出 CAN 总线系统的工作计划。

序　号	工作步骤	仪表/辅具	注意事项

续表

序　号	工作步骤	仪表/辅具	注意事项

实　施

实践准备。

场地工具准备： 一辆奥迪A8轿车（应具备无线电话），足够8人使用的实习场地一块	工具及设备； 数字式万用表； VAG 50511检测仪； 常用及专用拆装工具； 维修损耗品	资料； 维修记录表（工单）； AUDI A8轿车电路图资料

检　验

检查结果分析。

根据学生的计划和实际维修的状况由教师对其进行批改，并就其中的问题进行点评

展　示

实施中的每一组同学随机挑选一名代表根据自己的计划，用 10 分钟时间对本工作任务中 3 个要点的知识进行讲解。

工作任务 7

双绞线的维修

导向

任务描述：通过对车辆的检查发现，有一根总线用的双绞线断了，现在学生要对其进行维修，希望通过对于工作任务的学习，使学生能够掌握车载网络系统的双绞线的维修的维修知识。

基础知识：数据传输介质

传输介质就是在通信的发送方和接收方之间传输电信号的物理介质，传输介质有很多种，每一种传输介质由于它们各自不同的性能特点，使得它们对诸如数据传输速率、通信距离、数据传输的可靠性、成本和安装维护的难易度等方面均有很大的影响。传输介质主要有架空明线、双绞线、同轴电缆、光缆、微波、红外线、卫星等。其中最常用的传输介质是双绞线、同轴电缆和光缆。

① 双绞线。双绞线是最普通的传输介质，如图 7-1 所示，它既能传输模拟信号，也能传输数字信号。其通信距离可达几到十几千米，当通信距离长时，要加放大器或中继器。

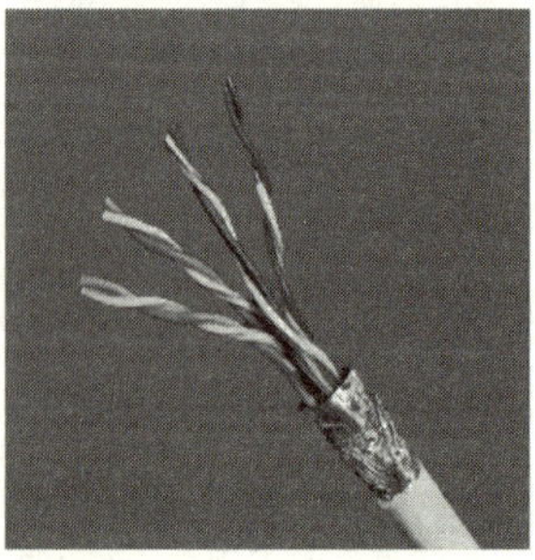

图7-1　双绞线

双绞线电缆中封闭着一对或一对以上的双绞线，在其外面再包上硬的护套。每一对双绞线由两根绝缘铜导线按一定密度互相绞合在一起，这样可以降低信号干扰的程度。在每根铜导线的绝缘层上分别涂以不同的颜色以示区别。双绞线常用 RJ—45 接头与其他网络设备连接。

双绞线分为非屏蔽双绞线（Unshielded Twisled Pail——UTP）和屏蔽双绞线（Shielded Twisled Pail——STP）两种类型。两者的区别在于：STP 比 UTP 在其中的双绞线与外层绝缘胶皮之间增加了一个铅箔或铜编丝网屏蔽层，目的是提高双绞线的抗干扰性能，减小辐射，防止信息被窃听，同时使得网络具有较高的数据传输速率。但 STP 价格较高，安装也较复杂，因而主要是用于安全性要求比较高的网络环境（如军事网络）或某些特殊场合（如受电磁辐射严重，对传输质量要求较高等），一般无特殊要求的网络布线常使用 UTP。UTP 价格相对便宜，尺寸小且组网灵活。国际电子工业协会（Electronic Industries Association——EIA）根据双绞线的电气特性，将 UTP 分为五个等级，它们的主要差别在于其缠绕的绞距，等级越高的双绞线，绞合得越紧密，因此抗干扰能力也越强，传输性能也越好。计算机网络常使用 3 类和 5 类 UTP。3 类 UlP 适应于以太网(10Mbit/s)对传输介质的要求，是早期网络中重要的传输介质；4 类 UTP 因传输性能与 3 类 UTP 相比并没有提高多少，而标准的推出又比 3 类晚，所以目前较少使用；5 类 UTP 因价廉质优而成为快速以太网（100Mbit/s）的首选传输介质；现在还有超 5 类 UTP，超 5 类 UTP 尤其适用于吉位以太网（1000Mbit/s）。

对于大众的车型通常对于双绞线在不同的总线中使用颜色上有以下特点：

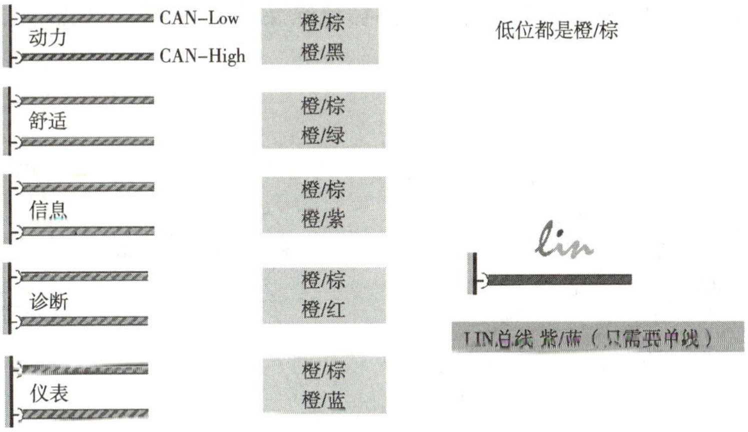

② 同轴电缆。同轴电缆由内导体铜芯线、绝缘层、网状编织的外导体屏蔽层及塑料保护层构成。这种结构使铜芯线与网状导体同轴，因此称为同轴电缆。同轴电缆的屏蔽性能和抗干扰性。

@ 信 息

大众车系在进行双绞线的维修时必须使用线束套装修理工具 V.A.G 1978，0.35mm² 导线，其维修用总线备件号：000 979 987，如图 7-2 所示。V.A.S 1978 的使用请见其使用说明书。注意：处于可靠性和安全性的考虑，受屏蔽保护的导线和 ABS 系统导线不允许修理，只能采用更换的方式进行维修。

如图 7-3 所示，用剥线钳剥开 0.35mm² 线端，使裸线长达到所需长度的两倍

（12~14mm），将裸线折成一半长，用剥线钳剥开 0.5mm² 导线端部（6~7mm）。

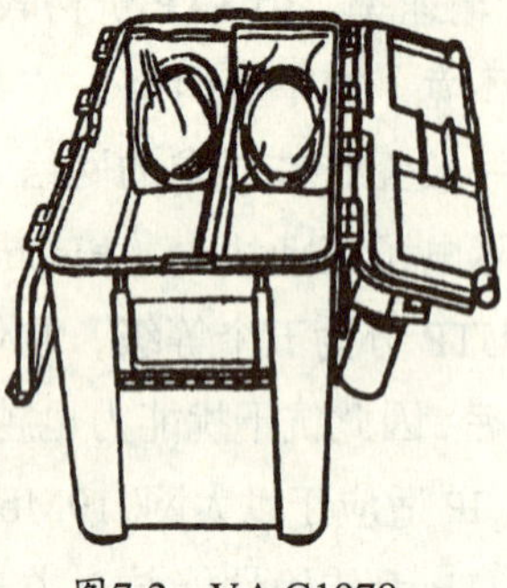

图7-2 V.A.G1978

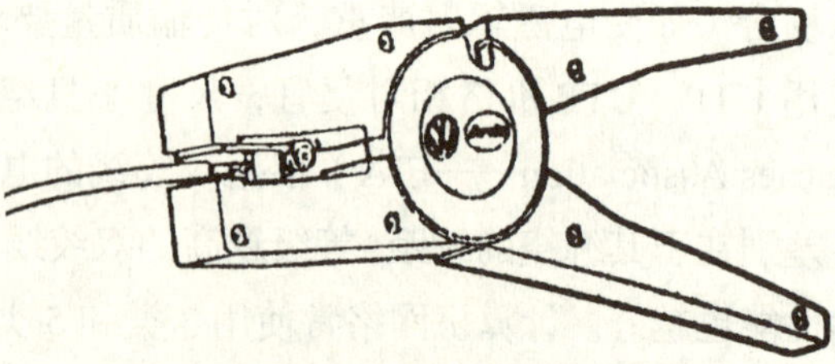

图7-3 剥线

如图 7-4 所示，将夹紧接头放到导线端部，用夹钳将其两端夹紧，不要夹上导线端部绝缘层。注意一定要使用专用于 0.5mm² 的红色夹紧槽。

如图 7-5 所示，夹紧接头后，用热风机吹，使之收缩，注意应从中部向外加热接头，直到其完全密封且胶液流出，加热接头时，注意不要损坏其他导线、塑料件或绝缘材料。如果修理导线原来是缠绕的，那么该位置需用黄色绝缘带重新缠好，如需要，用扎带固定导线。

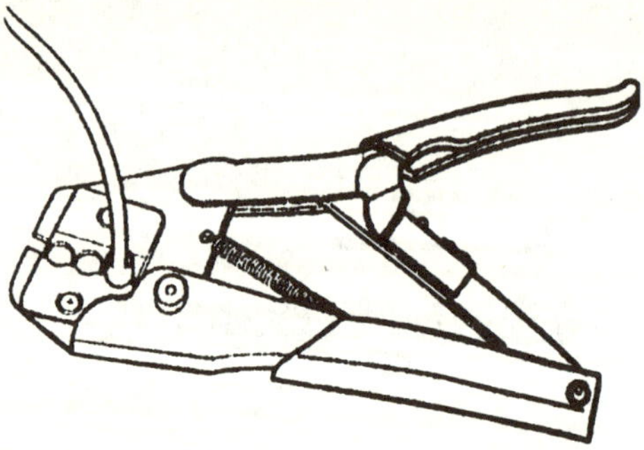

图7-4 夹紧接头

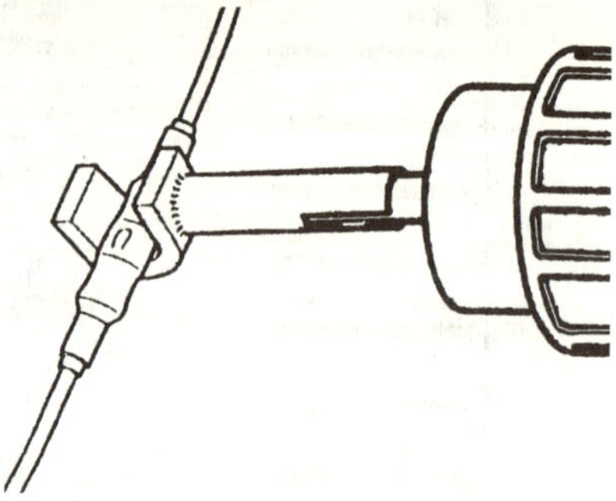

图7-5 固定接头

注意检修电器系统前，应断开蓄电池地线。修理前应查明故障原因，如车身件锐边，电器件损坏，锈蚀等。

安全气囊线和屏蔽线（如转速传感器或爆震传感器线）不能修理。修理线束时只许用黄线。如果线为黄色或线上包着黄色绝缘带说明以前修理过。修理后应检查功能，如需要，查询故障存储器并进行基本设定。不可只挑出一条电线修护！修护时不可改变连接点，节点必须保持连接在主要 BUS 上。

对于双绞线的维修，要求绞合的绞距 20mm 以下，连接处长 50mm，两处连接的距离大于 100mm。如图 7-6 所示。

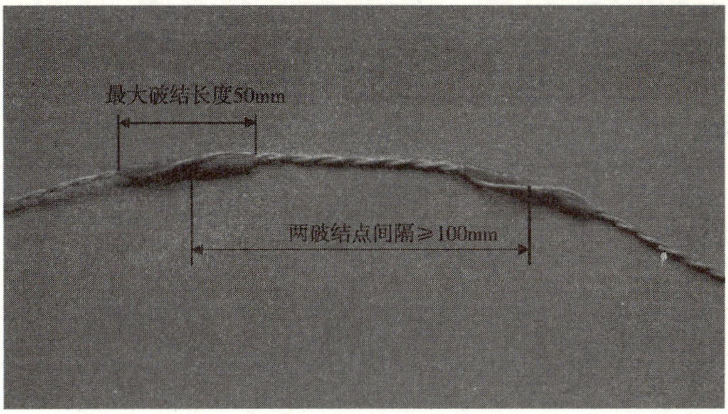

图7-6　双绞线维修要求

对于中央集线器也有相应的一些要求：绝对禁止拆开中央集线器！

中央集线器的外观特征如图 7-7 所示。在维修双绞线的时候要注意断开导线的位置选择时与中央集线器的距离一定要大于 100mm（图 7-8）。此外，双绞线在维修时一定要注意破结长度不得大于 50mm。

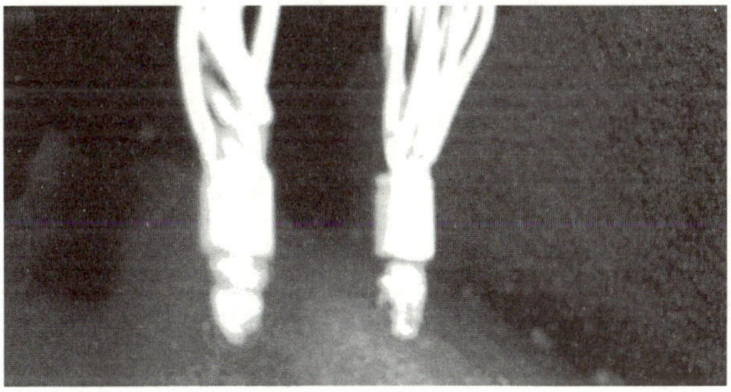
图7-7　中央集线器

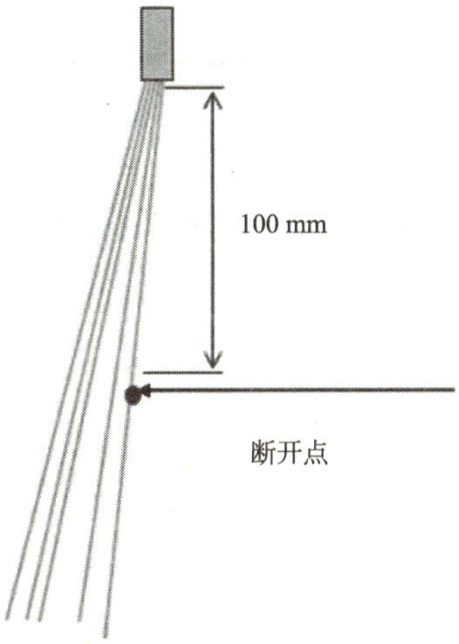

图7-8　断开线束的位置要求

实施

1．实践准备。

场地准备： 具有总线系统的轿车1辆	工量具准备：	资料准备： 维修记录表（工单）

要求：由学生根据维修资料制定出工作计划。

2．绘制一幅总线型网络的拓扑结构图。

检验

根据学生的计划和实际维修的状况由教师对其进行批改，并就其中的问题进行点评

展示

1．实施中的每一组同学随机挑选一名代表根据自己的计划，用10分钟时间对本工作任务中3个要点的知识进行讲解。

2．专业会谈：双绞线维修时的注意事项。

工作任务8

终端电阻的测量

导向

基础知识：终端电阻。

由于使用了双绞线组成总线系统，对于较长的车辆线束和较为恶劣的电磁环境而言，可能会导致总线中的信号出现反射，从而发生变形失真影响数据的准确性，在通信过程中，有两种原因可导致信号反射：阻抗不连续和阻抗不匹配。

信号在传输线末端突然遇到电缆阻抗很小甚至没有，信号在这个地方就会引起反射，这种现象被称为阻抗不连续。这和光线折射的现象很相像。由于双绞线传输的特点，所以对于终端电阻的选用一定要保证阻值一致。另一个原因是数据收发器与传输电缆之间的阻抗不匹配，它也会造成反射现象。

在 CAN 数据总线中，为了防止信号传输过程中的回声，影响数据传输的质量，在总线的两端通常会各设置一个终端电阻。终端电阻可以有效地抑制反射现象并有效地增强信号强度。当终端电阻出现问题后，严重的可能导致总线系统的数据紊乱，甚至不能通信。通常这个终端电阻会设置在独立网关中，但并不绝对，比如大众的很多车型选择在发动机电脑和 ABS 电脑中布置，具体的参数应寻求你所维修车型的维修手册。一般的情况下终端电阻在应用时会选择两个 120Ω 的电阻。如图 8-1 所示。

当测量波形出现较为严重的凹陷或凸出时，应该考虑总线系统的终端电阻是否出现故障了（图 8-2）。

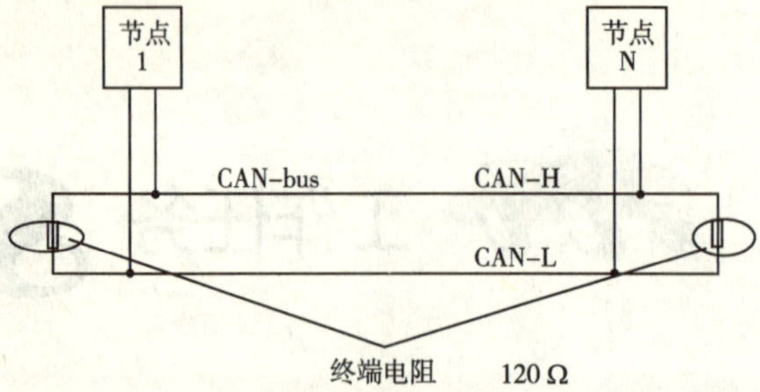

图8-1 终端电阻

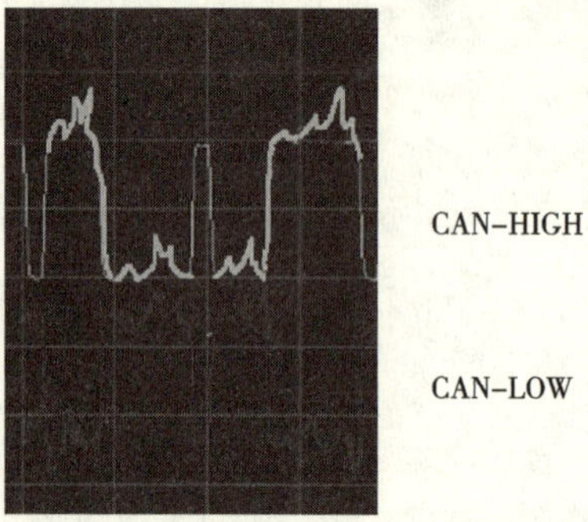

图8-2 信号严重失真

@信息

动力总线终端电阻

检测位于ECU中的终端电阻是非常重要的操作，也同时带有一定的危险性，所以在检测时一定要注意尽量使用检测仪的万用表功能去检测，并不是所有的万用表对ECU来说都是安全的。终端电阻的测量检查一定要在断开蓄电池5分钟后进行，防止出现意外，损坏检测仪器或造成ECU的损坏。

如图8-3所示方法连接万用表或专用检测仪（本文以VAS 5051为例）测量终端电阻：在正常的情况下DOS显示的应该是60Ω左右的阻值。拆开带终端电阻的控制单元显示必须变化到120Ω。如图8-4、图8-5所示，注意舒适、信息总线系统不能测量！

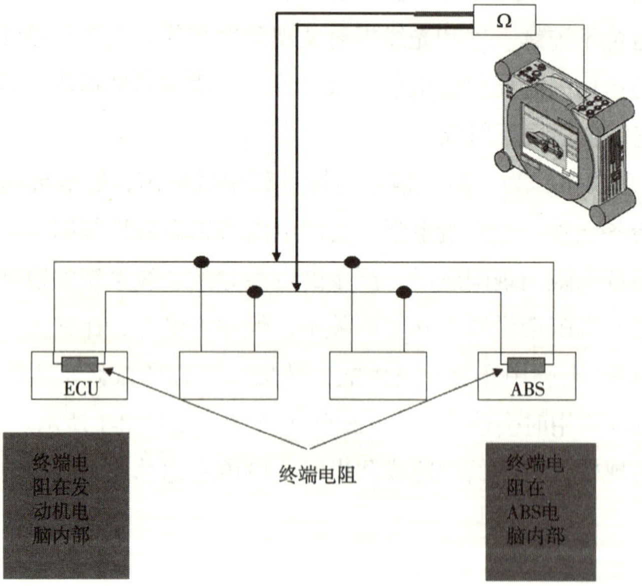

图8-3 检查终端电阻表笔连接示意图

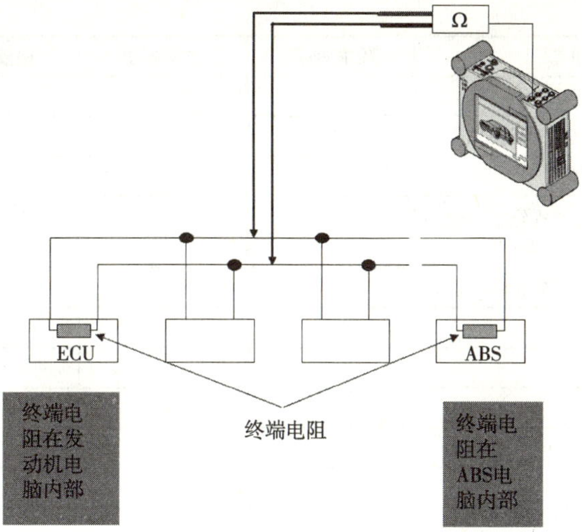

图8-4　断开ABS ECU时的检查示意图

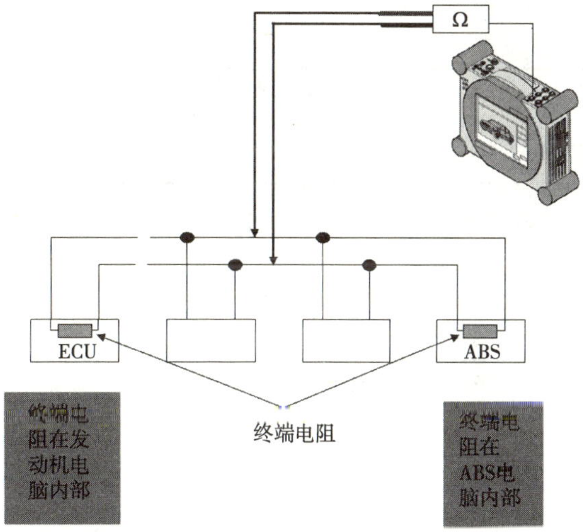

图8-5　断开发动机ECU时的检查示意图

计 划

根据上述导向知识与技术信息，检测车辆CAN-BUS总线系统终端电阻并在下表完成工作计划。

序　号	工作步骤	仪表/辅具	注意事项	检查项目	检查结果
1	检查蓄电池电压				
2	检查车辆的音响密码				
3	检查车辆座椅记忆参数				
4	检查车辆方向盘位置参数				

续表

序　号	工作步骤	仪表/辅具	注意事项	检查项目	检查结果
5	断开蓄电池				
6	静待5分钟并进行其他的准备工作				
7	检查终端电阻的阻值				
6	断开发动机ECU检查终端电阻的阻值				
7	断开ABS ECU检查终端电阻的阻值				
8					
9					
10					
11					
12					

实 施

实践准备。

场地准备： AUDI A6 轿车； 若不能满足车型，准备其他车型配置了CAN系统也可	工量具准备： VAG1551检测仪； 常用及专用拆装工具； 维修损耗品	资料准备： 维修记录表（工单）； 或配套车型的维修资料

要求：由学生根据维修资料制定出工作计划。

检 验

根据学生的计划和实际维修的状况由教师对其进行批改，并就其中的问题进行点评

展 示

1．实施中的每一组同学随机挑选一名代表根据自己的计划，用10分钟时间对本工作任务中3个要点的知识进行讲解。

2．专业会谈：终端电阻检测时的注意事项。

工作任务 9

VAN数据总线的学习

接车单 委托书号：

首次登记 是□否□ 取送车服务 需要□ 不需要□
预约客户 是□否□ 代用车服务 需要□ 不需要□

客户姓名×××车牌号×××××行驶里程××××× km
是否检查备胎是□否□需要清洁车辆 是□否□
随车物品贵重物品
取送车地址 ××××××××××××××××××××

客户描述：
刮水器不工作，刮水器停在玻璃中央。无多功能显示屏，无CD；无仪表显示，无电动升降器；大灯无近光，有远光和喇叭；遥控器不工作；发动机能够启动，不影响行驶。

服务项目：

注：车上贵重物品请客户自行保管客户签名××××××× 服务顾问签名 ×××××××
日期

本人完全了解并同意上述车辆信息
交车时付款维修工料按实际发生计算
第一联交车间流转
第二联交客户保管

导向

1. 任务描述

一辆毕加索刮水器不工作，刮水器停在玻璃中央。无多功能显示屏，无 CD；无仪表显示，无电动升降器；大灯无近光，有远光和喇叭；遥控器不工作；发动机能够启动，不影响行驶。

在维修前查阅了该车的维修资料，了解到该车采用了 VAN 数据总线，为了能解决该车的故障，因此应对 VAN 总线进行以下了解。

2. 基础知识

VAN，是由法国雪铁龙、标致、雷诺及英国等几家公司在20世纪80年代末期共同提出，并得到菲利普，MATRA MHS等一些公司的支持，VAN的成本较CAN低，但速度也相对较慢。1995年，雷诺率先舍弃VAN，此后，VAN的部件供应商因为前景问题，也慢慢停止供应部件，最终汽车总线的主流技术被统一到CAN身上。相对于凯旋的FULL CAN，东风雪铁龙的塞纳和毕加索就是使用的CAN/VAN双网络系统，其中CAN网用于动力控制部分（如发动机，自动变速箱）而VAN则应用于舒适系统（如音响，空调，多功能显示）和车身网络系统（如防盗，安全气囊等），这样较高速率的CAN（塞纳\毕加索250kbit）与较低速率的VAN（塞纳\毕加索62.5kbit）各司其职，并通过BSI（智能服务器）互相通信。

（1）VAN 的特点

在总线结构中不同的控制单元间的通信方式及通信规则由一个通信协议来决定，毕加索采用的通信协议就是 VAN 数据总线。它主要用于车身电器设备的控制。VAN 是一种中等通信速率的通信协议，非常适合车身功能和车辆舒适性控制方面的管理。参见图 9-1。

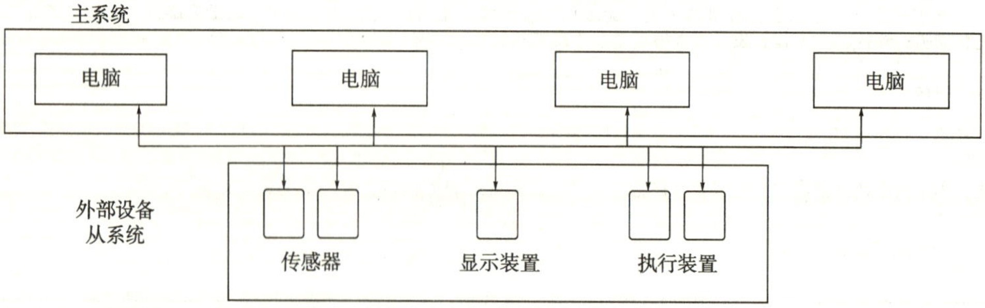

图9-1　VAN数据总线系统的典型结构

（2）VAN 总线系统的拓扑结构

VAN 总线系统为了能够实现对于车载系统的不同要求，通常采用总线—树形—星形的拓扑结构。如图 9-2 所示。

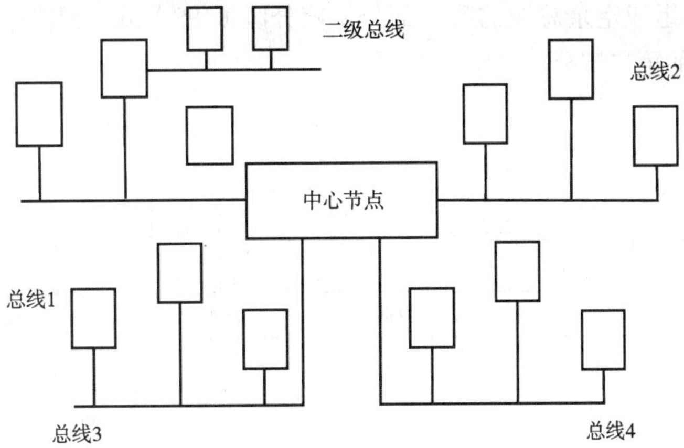

图9-2　VAN总线拓扑结构

（3）VAN 总线系统的传输介质

VAN 总线系统的传输介质并没有强制性规定，一般来说，VAN 总线系统也采用和 CAN 数据总线一样的双绞线作为数据传输介质。这些导线被称作 DATA 和 DATB。任意的一根导线都可以将 VAN 总线数据信息传输到显示器或收放机上。

（4）VAN 总线系统的节点结构

一个 VAN 数据总线系统电控单元拥有一个标准接口（VAN 网标准），以便同其他 VAN 数据总线系统电控单元之间处理信息数据，这种结构由协议控制器和线路接口两个主要部分组成。

① 协议控制器。协议控制器（CPVAN）负责控制 VAN 数据总线系统协议中的下述重要功能：VAN 网信息输入和输出的编码 / 译码；检测到空闲总线之后即进入该总线；冲突管理；错误管理；与微处理器（或者微型控制器）的接口实现运行任务。

② 线路接口。线路接口负责将 VAN 数据总线系统的信号 DATA 和 DATB 翻译成无干扰的 R0、R1 和 R2 信号传入协议控制器（CPVAN）。或者相反，将协议控制器（CPVAN）的 TX 信号翻译成 DATA 和 DATB 传入 VAN 数据总线系统。因此，这个部件有两个重要作用，就是翻译和保护。

（5）VAN 总线系统的帧结构

一个 VAN 数据总线系统的帧由 9 个域组成，如图 9-3 所示。帧始（SOF，Start Of Frame）域：表示 VAN 数据总线系统帧结构的起始，它的作用是允许 VAN 支线外部设备自动适应 VAN 总线的速度；识别（1DEN）域：标明数据的性质和数据的接收者。控制（COM）域：标明帧的类型（读或写）及分类传输模式（点对点或者数据发散，也就是说是否需要签收回复命令）；数据（DAT）域：包含有用的信息；控制区（CRC）域：检验 VAN 帧内容的完整性；数据结束（EOD）域：标明数据域的结束和 CRC 的结束；获知（ACK）域：用于储存数据接收者的数据的签收回复；帧结束（EOF）域：标明

VAN 帧的结束和组成空余总线的第一部分；帧分区（IFS）域：保障帧之间的最小空间及组成空余总线的第二部分。

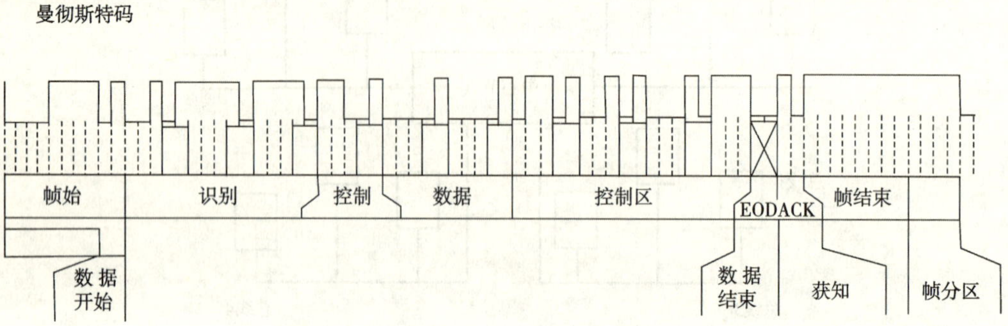

图9-3　VAN数据总线系统的帧结构

（6）VAN 数据总线传输模式

VAN 数据总线系统拥有三种可行的传输模式。

① 定时传输模式：VAN 数据总线系统定期向网络传送信息，在此期间必须保证时间不是太短，以便于这项信息接收者有足够时间取舍每条发送的信息；

② 事件传送模式：适用于传输 VAN 数据总线系统信息数据交换（视使用者的行为而定）；

③ 混合模式：定时模式和事件模式的混合，把前面所说的两种组合起来使用，以便于保证对使用者所有操作的一个最大限度的回应，确保可以随时刷新信息。

VAN 数据总线系统电控单元进入传输媒介依靠随机方式和异步方式。简单地说，这表明这种进入可以根据需要和执行的本地命令随时进行。此时，协议控制器（CPVAN）应遵守最基本的几项准则。在进入 VAN 数据总线系统时必须先检测它是否空闲。如果总线能够连续读取 12 位的隐性数据即被视为空闲。在这种情况下，不论是 VAN 数据总线系统的哪种电控单元都能够传送和接收信息。每个 VAN 电控单元不间断地重新读取和比较它所发出的数据。VAN 数据总线系统按照“与逻辑”的方式运行，以满足以下的功能：如果所有的 VAN 数据总线系统电控单元在总线上同时发送一个 bit 1（隐性），那一个 bit l（隐性）就会在总线上被重新读取；相反的，如果至少一个 VAN 数据总线系统电控单元在总线上发送一个 bit 0（显性），即使所有其他电控单元这时在总线上发送一个 bit l（隐性），那么也只能在总线上读取到一个 bit0（显性）。

在两个或者更多的 VAN 数据总线系统电控单元同时进入网络的情况下，就会有冲突，必须要判断优先性。数字灵敏性最弱的电控单元（强弱权由显性 bit 0 组成）将获得最大优先权，如图 9-4 所示。

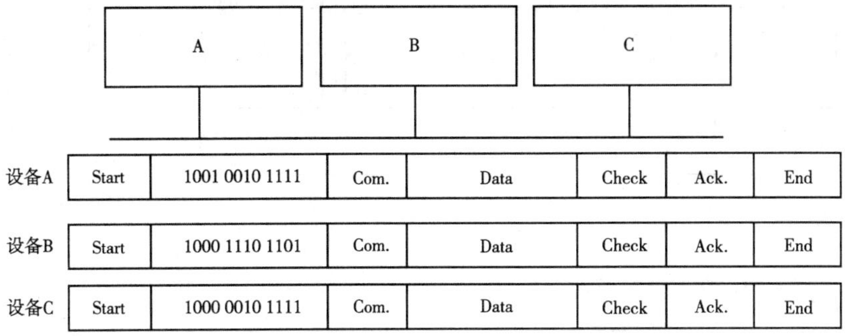

三个同步发送器判断优先权

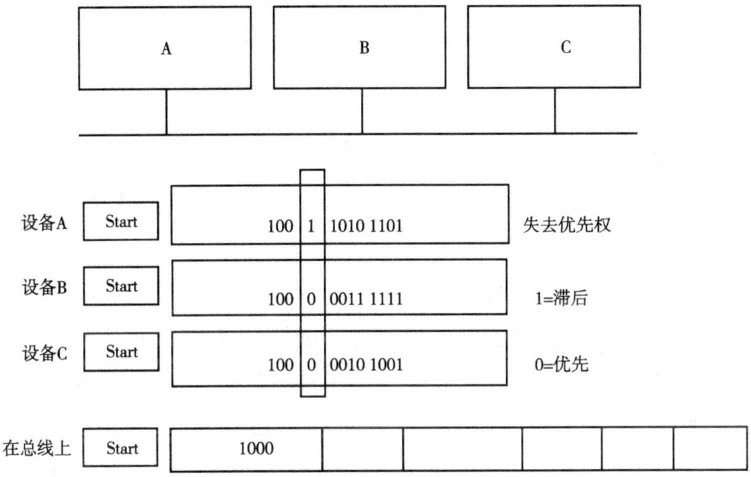

交流冲突第一阶段

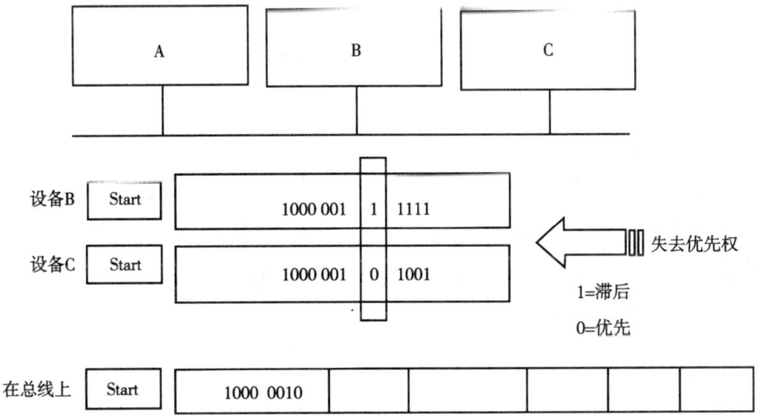

交流冲突第二阶段

图9-4 优先级

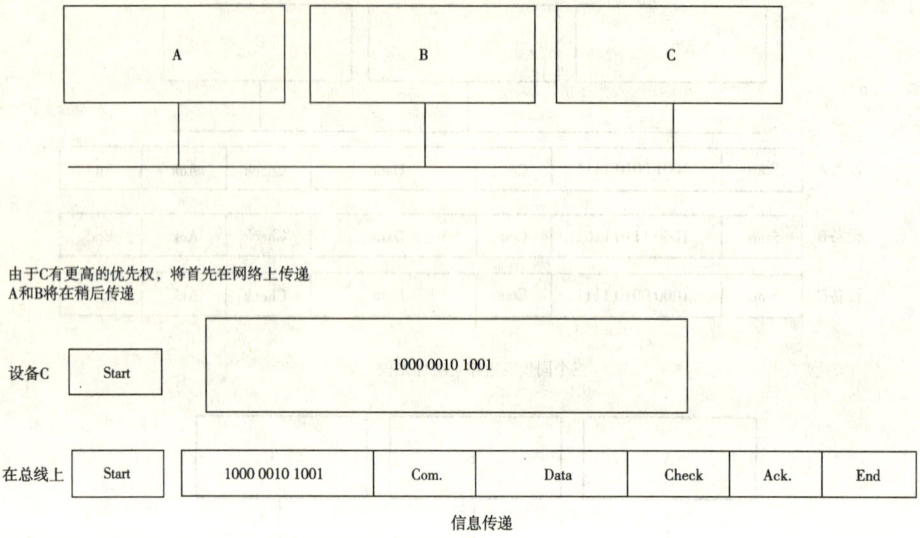

图9-4　优先权（续）

在判断中失利的 VAN 数据总线系统的电控单元将会立刻停止传输，并且等待 VAN 总线重新空闲以进行新一轮的传送。

（7）VAN 数据总线系统签收回复

VAN 数据总线系统的签收回复是由数据发送者激活和实现的。事实上，如果最后一个请求与一个确切的电控单元相连接（“点对点”模式），它将激活签收回复命令。在这种情况下，单一电控单元将会检测帧的格式是否正确，以及回应一个发给它的信息（IDEN 域将进行核实），以产生一个对这个帧的回复。没有涉及此交换的其他电控单元则不应该产生回复。相反，如果最后一个请求与几个电控单元或网络中的电控单元整体相连接，它将取消回复命令。在这种情况下，所有的电控单元将不会产生回复，只有相关电控单元处理这些信息。因此，VAN 数据总线系统协议同样适用于数据发散模式和点对点交换模式。

（8）VAN 数据总线的传输信号

VAN 数据总线系统的数据由互补数据对组成。分别对应为 DATA 和 DATB，在 DATA 和 DATB 同时进行数据传输，由于所传输的信号是相反的，导线所产生的电磁力是相反的，能够实现相互抵消，并且对外界的干扰不敏感。如图 9-5 所示。

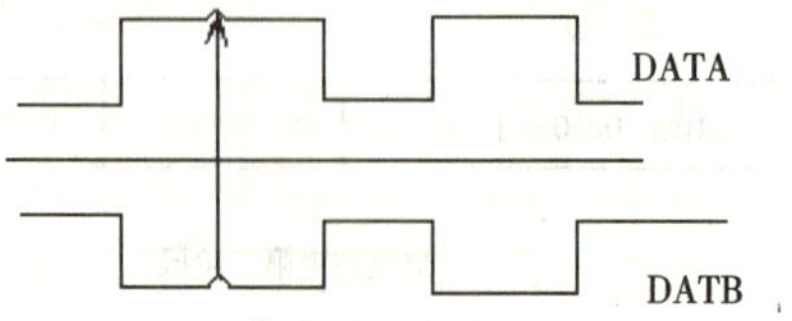

图9-5　VAN数据总线的传输信号

这两根线之间的电位差可以对于两个不同的逻辑状态进行编码，如果 U data – U

dataB > 0，那么比特为 1，如果 U data – U dataB < 0，那么比特为 0。

（9）VAN 数据总线系统的电压水平

VAN 数据总线系统的电压水平是统一的。信号上升和下降时时间如图 9-6 所示。

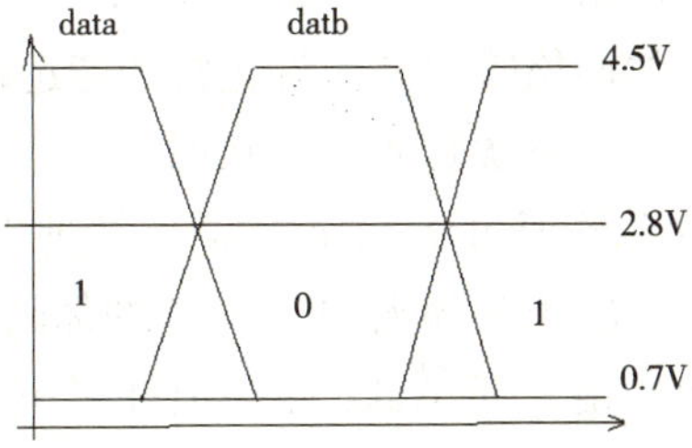

图9-6　VAN数据总线系统的电压水平

VAN 的物理层具备容错能力，因为它拥有 3 个共用模式的比较器，如图 9-7 所示。

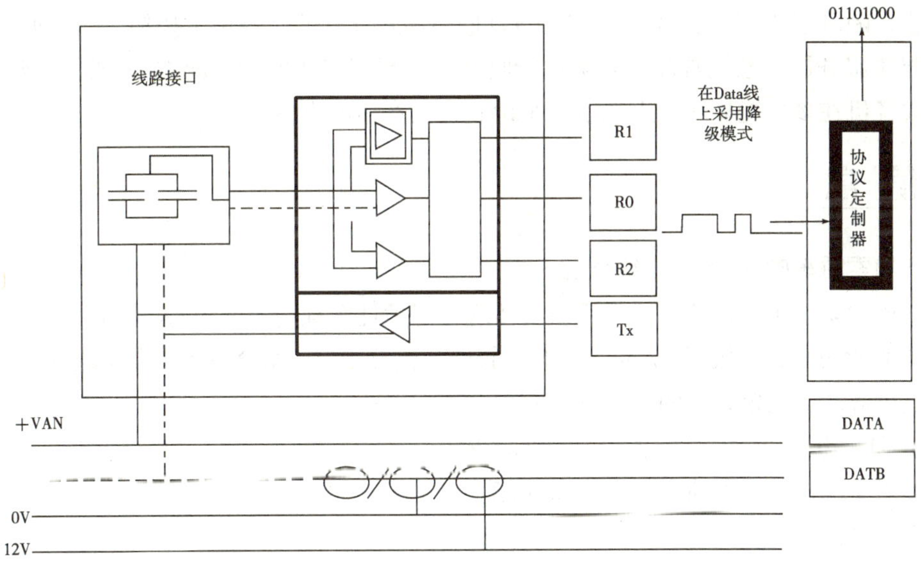

图9-7　VAN入口的3个比较器

这 3 个比较器用来将 DATA 和 DATB 与参照电压进行比较，以确定是否存在故障。在这种情况下，3 个比较器中间至少有一个总是能保持运转的，故障形式如下：

① DATA 地线短路，在 DATB 运行；

② DATA 正极短路，在 DATB 运行；

③ DATB 地线短路，在 DATA 运行；

④ DATB 正极短路，在 DATA 运行；

⑤ DATA 上呈开路，在 DATB 运行；

⑥ DATB 上呈开路，在 DATA 运行。

VAN 的物理层不能容忍的故障为 DATA 和 DATB 出现互相短路，这将导致真正的

VAN 数据总线系统故障。

VAN 的物理层管理 VAN 数据总线的休眠 / 唤醒机制，为实现这种机制，VAN 数据总线的线路接口提供 3 个主要接头以便完成以下功能：

① 主要由顾客操作引起的网络唤醒（如车辆解锁）；

② 检测由另一个电脑造成的网络唤醒和允许正常功能运行；

③ 车辆从休眠状态解除情况下再次转入休眠状态。

当网络处于休眠状态，主系统通过将 SleepB 插头接地以保证 DATB 接上导入蓄电池电压，蓄电池电压是由地线上的插头导入的。VAN 的休眠 / 唤醒策略如图 2-57 所示，电控单元利用 Wake 插头唤醒网络，而 Wake 插头消耗了 VAN 数据总线 DATB 线路上的电流，这就使主系统电控单元先检测到电流。检测到电流之后，主系统电控单元给 SleepB 插头加上 12V 电压以便于离开休眠模式。DATB 线路上不再是蓄电池电压，主系统蓄电池电压转换成 +VAN 信号，VAN 数据总线就被唤醒，通信就可以进行。例如，汽车静止，断开点火开关，驾驶员按下自动收音机的（运行 / 停止）按钮，自动收音机将要求智能服务器（系统监控单元）运行收音机，智能服务器建立起 VAN 数据总线连接，自动收音机在多功能显示器上显示一个由它自己产生的事件。

@ 信 息

毕加索轿车的VAN数据总线系统

在毕加索汽车上，其具体运用主要体现在舒适性车载局域网 VAN 方面。

毕加索的车载局域网 VAN 元件有：智能控制盒 BSI、组合仪表 / 多功能显示屏和汽车收放机等。电控单元间的共享可以实现：

① 多个电控单元可参与同一功能的完成。

② 1 个电控单元可独自管理多项功能。

举例来说：

① 收放机的功能靠如下电控单元来实现：智能控制盒 BSI、收放机和组合仪表 / 多功能显示屏。

② 智能控制盒以独立方式控制着几种功能，如大灯延时熄灭、雨刮停止等。

智能控制盒 BSI（图 9-8）是一个包含下列功用的计算机：

① 电子界面（继电器、熔丝、诊断接口和 HF 接收器）。

② 电子检测（BSI 控制盒是 VAN 网的一个主控元件，管理着各电控单元之间的通信）。

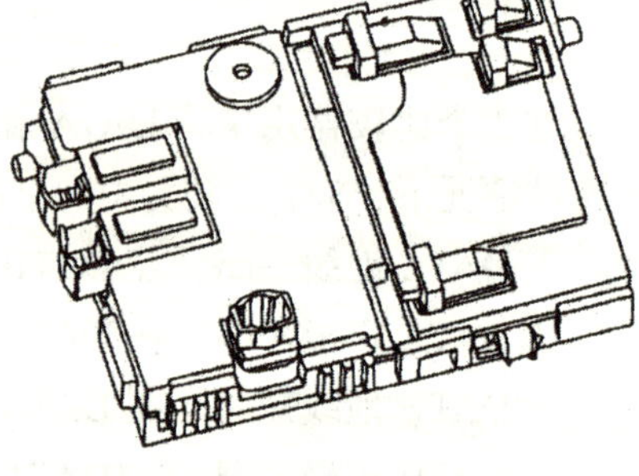

图9-8　智能控制盒BSI

③ 电子计算机（BSI 控制盒自主控制着某些基础功能，如开启件的锁定、指定信号、视野、内部照明和防盗起动等）。

④ 车辆上的某些防盗保护信息（车辆VIN、钥匙编号、HF遥控码和收放机识别号等）。

⑤ 1 个用以整体检测、诊断及编码的程序。BSI 还用作 VAN 网及诊断工具之间的桥梁，以识别某些系统、部件的故障。BSI 同时对能量进行管理，控制自身及其他连接电控单元在低能耗模式下运行。BSI 所管理的功能见表 9-1。

表9-1　BSI所管理的功能

功　　能	功能描述
通过中控锁按钮控制锁止/解锁	通过仪表板上的按钮可以从车内进行锁止/解锁（车门上无钥匙按钮）
通过电动锁控制行李舱门锁开启	行李舱门开启电动锁按钮（外部）；由BSI控制行李舱开启
重新自动锁止	解锁后30s如无车门打开，车辆自动锁止
系统状态显示	报警灯按钮上的二极管可以显示车辆保护状况；当车辆和发动机电控单元锁止且点火开关中没有插钥匙，该显示灯亮
VIN码储存	BSI存储车辆VIN码，可通过诊断工具读取
车辆停驶时，雨刮减速	车辆停驶时，雨刮减速；如果雨刮在高速时，则变为低速；如果雨刮在低速时，则变为间歇方式
大灯延时熄灭	点火开关断开1min之内且灯光熄灭，如拉一下近/远光变光开关并在5s内开门，BSI会让大灯点亮1min，然后熄灭
组合仪表和BSI公里数记忆	公里数存储在BSI和组合仪表内的两处电控单元内
收放机音量随车速变化	收放机音量可以根据车速的变化而变化，可以应用户的要求通过诊断工具取消该功能

组合仪表（图 9-9）是一个与 VAN 网相联的电控单元，包括以下元件：

① 可显示并控制汽车收放机或 CD 机的多功能显示屏（可显示车载电脑的报警信息和计算信息）。

② 可接收、计算和传递 VAN 网上数据的计算子单元（这些数据以数字脉冲形式传递）。

③ 将 VAN 网或传感器采集的车辆状况信息告诉驾驶员的指示灯和指示器。

④ 信息存储（燃油量、行驶公里数和距下次保养的里程数）。组合仪表控制的功能见表 9-2。

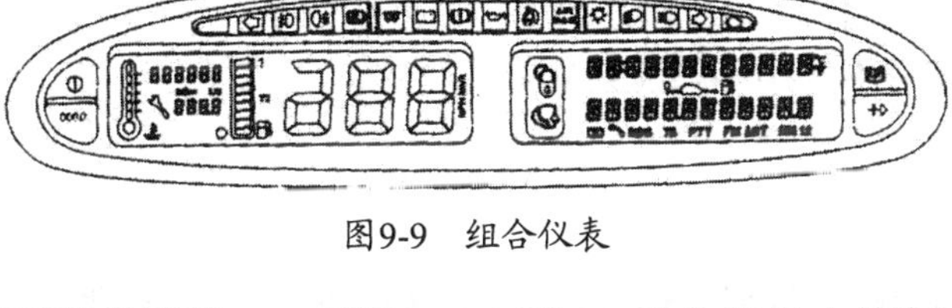

图9-9　组合仪表

汽车收放机有两种类型即 RB2 型和 RD2 型。2 种收放机由控制面板和与组合仪表合成在一起的多功能显示屏幕构成。收放机由组合仪表通过 VAN 网控制，还有可用于 CD 机和导航仪的输入端子。

表9-2　组合仪表控制功能

功　　能	功能描述
夜晚驾驶模式	此功能可以关闭组合仪表和空调的显示；只保留车速显示；报警会自动恢复相应的提示
仪表亮度调整功能	可以调节显示屏亮度（空调和组合仪表）
仪表板电脑功能	可以了解最大行程、平均油耗和即时油耗，里程的平均车速；也可以选择距离、速度的单位、超速限度及显示信息的语种
超速报警功能	当车速超过预先在仪表板电脑设置的限速时，向驾驶员发出报警声
距下次保养的提示功能	可以提示距下次保养的公里和时间；保养间隔里程设定值为10000km；用户可以将保养指示表归零

VAN 系统故障及检测 VAN 多路传输系统的主要故障形式有：传输线缆短路、断路或电源线缆搭铁；BSI 电源输入中断，中央电控单元及内部线路损坏；BSI 连接元件和电控单元传输中断，传输信息失效或失真。

PROXIA 诊断仪以故障清单的形式直接在显示屏上显示故障。故障清单如下：+ACC（附件电源）锁定为 0；+APC（点火开关点火位置）锁定为 0；空洞压缩机—自动空调；除霜—指示灯输出短路接地；照明—右转向指示灯、左转向指示灯；发动机电控单元—接收错误代码或故障；发动机电控单元—继电器短路接地；求救灯按钮短路接地最小油量警示灯短路；遥控器电池耗尽；发动机转速失真；锁定门锁—点火钥匙持续请求；门锁解除—点火钥匙持续请求；警报喇叭失效；蒸发器探头短路；发动机水温失真；应答环套连接短路；发射接收器识别失效；VAN 维护—BSI 失效；VAN 维护—空调失效；VAN 维护—DATA 通信中断；VAN 维护—DATB 通信中断；VAN 维护—多功能屏幕失效；VAN—DATB 短路引起网络禁用。

诊断 VAN 多路传输系统故障时，应注意以下要点：① PROXIA 诊断仪和诊断插座连接要用 4231T 和 4232T 线缆，而不能用 4234T 及 4235T 线缆；② 不能用智能控制盒 BSI 替换法去诊断智能控制盒 BSI 的故障；③ 不能将万用表接入 VAN 系统中检测电压值，但可用数字万用表检查 DATA、DATAB 线缆的通断情况及电阻值（标准值 R 为 60Ω；点火开关关闭时测量）。换智能控制盒 BSI 时的拆装程序是：断开蓄电池正极电缆拆盖板、隔音垫；拆下智能盒连接螺栓、拉出智能盒；拔下智能盒上所有安插器。安装智能盒时与上述程序相反。更换智能盒时必须用 PROXIA 诊断仪将车辆底盘号，防盗密码录入智能盒，同时要进行智能盒与发动机电控单元、点火钥匙遥控器、收放机的对码操作。另外，更换 VAN 系统线缆时不能用一般线束来替代。

计　划

根据上述导向知识与技术信息，在下表中列出 VAN 总线系统的工作计划。

序　号	工作步骤	仪表/辅具	注意事项

续表

序 号	工作步骤	仪表/辅具	注意事项
学生根据实验车辆的具体车型对自己的维修计划做判断			

实 施

学生讨论并作记录

检 验

检查结果分析

教师根据学生的记录进行指导

展 示

实施中的每一组同学随机挑选一名代表根据自己的计划，用 10 分钟时间对本工作任务中 3 个要点的知识进行讲解。

工作任务 10

MOST数据总线光缆的维修

接车单 委托书号：

首次登记 是□否□ 取送车服务 需要□ 不需要□
预约客户 是□否□ 代用车服务 需要□ 不需要□

客户姓名××××××车牌号×××××行驶里程×××××× km
是否检查备胎是□否□需要清洁车辆 是□否□
随车物品贵重物品
取送车地址

客户描述：
奥迪A8轿车碰撞修复后开始出现CD机工作2~3分钟后自动关闭的现象，重新启动后再次出现自动关闭

服务项目：

注：车上贵重物品请客户自行保管 客户签名×××××服务顾问签名×××××××
日期

本人完全了解并同意上述车辆信息
交车时付款维修工料按实际发生计算
第一联交车间流转
第二联交客户保管

导 向

任务描述：

根据客户委托描述车辆故障如下:

一辆奥迪 A8 轿车发生碰撞修复后开始出现 CD 机工作 2~3 分钟后自动关闭的现象，重新启动后再次出现自动关闭的现象，维修人员在更换了一台新的 CD 机后，故障依燃出现，为此，维修人员找来了相关的维修资料，发现该车的舒适娱乐系统搭载了 MOST 总线。为此对于 MOST 总线的维修应该有以下方面的了解。

信 息

1．基础知识——MOST总线概述

由于使用的电子部件越来越多，各个控制单元或电子元件越来越多地进行数据交换，对于现有的数据通信方式的要求越来越高。在车辆的设计中，为了解决数据交换通信问题，引入了 CAN 数据总线的网络通信方式，但是随着车辆的要求越来越高，数据处理量的增加，特别是大信息量媒介的使用，CAN 总线局限性缺点也就是数据传输速率有限的问题，开始显露。这就像在一条标准公路上突然增大 10 倍通行能力的车辆出现塞车并最终导致公路系统瘫痪的道理一样。

在德系车中为了解决高信息流量过大的问题，针对 CAN 数据传输能力不足的先天不足，对于导航、语音控制、收音机、CD 机、电视信号等设备的数据通信通过一种叫做 MOST 的总线系统进行数据交换，这是一种通过光缆传输的总线系统。

20 世纪 80 年代后期，在实现了用于控制设备和传载多重信息的汽车网络时，几乎所有的汽车厂商都开发出自己的总线系统。但随着近 20 年的时间，CAN 数据总线开始被大多数人接受，但是其在传输数据上能力的不足也开始显现出来。1998 年，宝马、奔驰、别克、奥迪等厂商成立了 MOST 合作组织，开始进行关于这项技术的开发并极力促使这项技术成为汽车多媒体网络的全球标准。此外，宝马公司开发的安全总线 byteflight 系统应用在车辆上与安全相关的领域里，主要负责传输紧急的安全气囊系统的数据。

MOST 总线即 Media Oriented Systems Transport，从名字上我们就可以看出来，这是一种主要应用在多媒体数据传输方面的网络总线系统，这种网络系统将符合地址信息的数据传输到某一特定的接收器上并未采用和 CAN 总线系统相同的广播方式，这是它与 CAN 总线系统的一个主要区别。如图 10-1 所示。

MOST 总线系统的一个重要特征就是它的环形结构。控制单元通过光导纤维沿环形方向将数据发送到下一个控制单元。这个过程一直在持续进行，直至首先发出数据的控制单元又接收到这些数据为止。这就形成了一个封闭环。通过数据总线自诊断接口和诊断 CAN 来对 MOST 总线进行诊断。

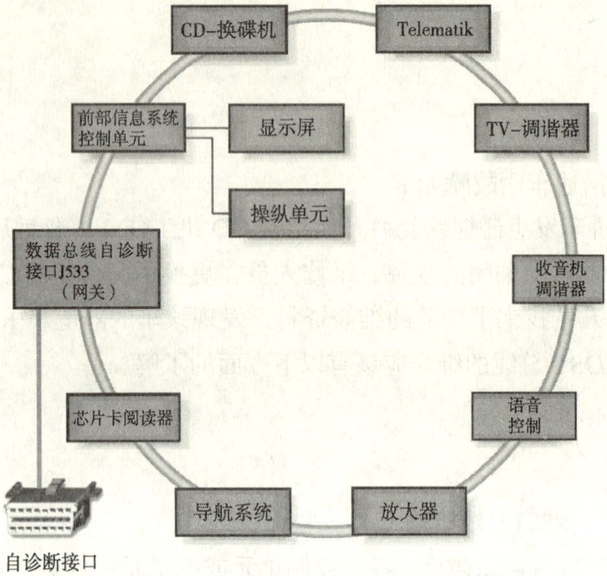

图10-1　MOST典型的特征环形结构

视频数据和音频数据在传输上的传输速率要求系统能达到数 Mbit/s。仅仅是带有立体声的数字电视信号，就需要大约 6 Mbit/s。

2．光缆传输原理

（1）光缆传输的优点

① 能够在较低的成本条件下传输较大的数据流量，最高可以达到 24.8Mbit/s 的传输速率。使用一根光纤可以传输 15 个频道的 CD 质量的非压缩音频数据。在一个局域网上可以最多连接 64 个节点。

② 采用塑料光缆（POF）作为传输介质，重量轻，能够有效减少车辆自重。

③ 使用光波作为数据传输载体，避免出现使用铜质导线时所出现的电磁辐射，减轻对环境的电磁干扰。

④ 提供多种数据的传输平台。可以将音响、电视、全球卫星定位及电话等设备相互连接，给客户提供极大的便利。

⑤ 不需要额外的主控制计算机，系统结构灵活，易于扩展，支持“即插即用”方式，在网络上可以随时添加或删除设备。

⑥ 维修方式简单、方便。

（2）光缆的结构

常见的光缆从材质上分可以分为塑料光缆和玻璃光缆两种类型，由于工作环境的原因只能使用塑料光缆，塑料光缆与玻璃光缆相比具有以下优点：

① 纤维横截面更大。

② 制造工艺简单，成本低。

③ 对灰尘不敏感。

④ 不容易破碎。

⑤ 容易修理，便于剪切、打磨和融合。

塑料光缆的结构如图 10-2 所示。

一般来讲汽车用光线是一根较细的圆柱型纤维，最外层包裹着较薄的护皮，向内是一层缓冲保护层，在光线内芯的外表面附着一层反射率极高的反射涂层，避免光波外溢。

3. 光学传输原理

光学传输系统的数据传输方式和电信号传输方式不同，就是多了一套转换装置。如图 10-3 所示。

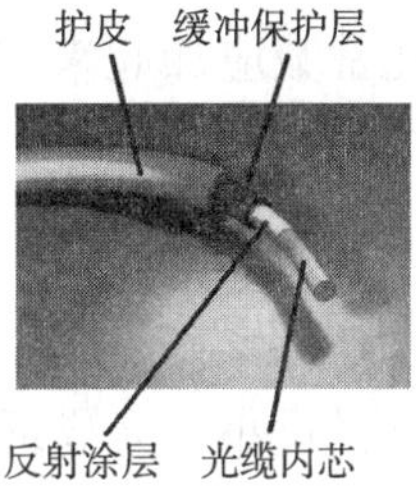

图10-2　光缆结构

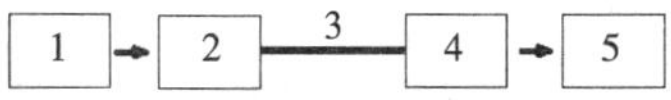

1—信号源；2—发光二级管；
3—光缆；4—光电二极管；5—接收装置

图10-3　光学传输原理

在进行光学信息传输时，通过一个光学发光二极管将数字式电信号转换为光学信号。在光学信号传输到达下一个控制单元接收装置后，下一个控制单元将光信号重新转化为数字式电信号。所以光缆传输的速度不仅仅取决于光缆本身。主要还是在于这种信号转换的速度。

光缆的作用就是提供一种光信号的传输路径。

对于 MOST 总线系统来讲，在 MOST 总线上作为节点的控制单元就必须要能够实现光电信号的转换。其内部构造如图 10-4 所示。

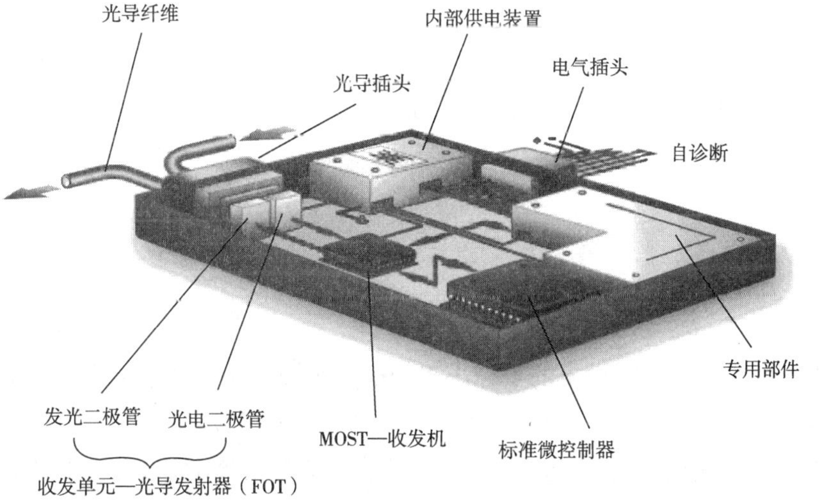

图10-4　MOST节点内部结构

4. 信号传输时常见衰减问题

在光缆中进行光信号传输时，主要的问题就是要防止光信号的衰减问题。光信号在传输时衰减是必然产生的，为了能对光导纤维的状态做出评价，就需要测量信号衰减的情况。如果在传输的过程中，光波的功率减小了，这种情况就称为衰减。衰减（A）用分贝（dB）来表示。分贝不是一个绝对值，它是两个值的比值

$$\text{衰耗常数（A）}=10*\lg\frac{\text{发射功率}}{\text{接收功率}}$$

由公式可知：衰耗常数越大，信号传送的效果就越差。如果有几个部件一同传送光信号，那么与串联的电气部件中的电阻相似，各个部件的衰耗常数应加起来成为一个总的衰减常数。

衰减常数可以评价光信号的传输质量。与铜质导线传输信号的方式不同，光缆传输系统出现问题时可能不会立刻就能产生故障，而是在随后的使用中发生故障。

常见的光缆传输故障主要有以下几种：光缆弯曲的曲率半径过小，光导纤维的包层损坏，端面刮伤，端面脏污，端面错位，插头壳体碎裂），端面未对正（角度不对），拉伸过度，挤压，光缆过热，过长，扭结等。

（1）光缆弯曲的曲率半径过小

一般来讲，光缆平直状态下传输光信号的损失是最小的。如图 10-5 所示。

待传输的数字信号经过转换由发送器转换为光信号，经过发光二极管射入光缆中，绝大多光束被反射层射入接收器中的光电二极管，从而实现光信号的传递。但是光缆在车辆上进行布置时不可避免地要弯曲，如图 10-6 所示。

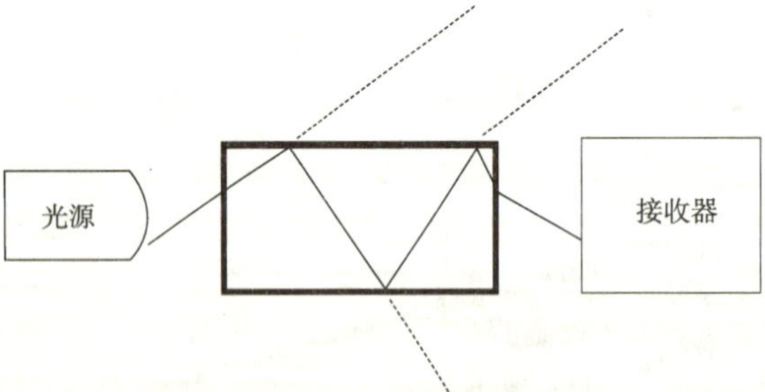

图10-5　光缆平直状态下传输光信号

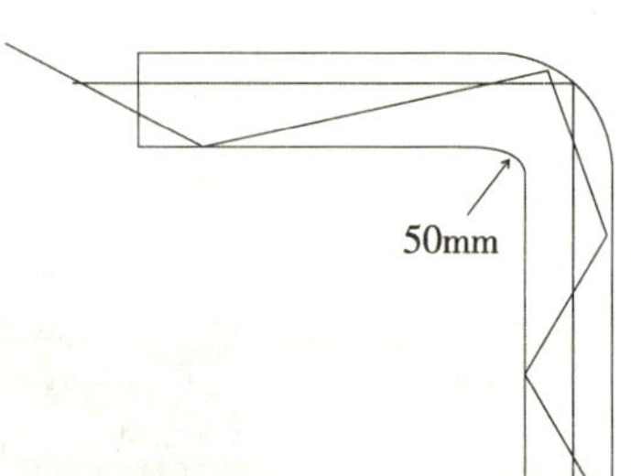

图10-6　正常的光束传输

如果光导纤维弯曲（折叠）的半径小于 5mm，那么在纤芯的拐点处就会产生模糊，甚至发生透射和散射，这时必须更换光导纤维。如图 10-7 所示。

为避免出现上图的情况在布置光缆时必须要在光缆的拐弯处安装曲率半径限制器，如图 10-8 所示。

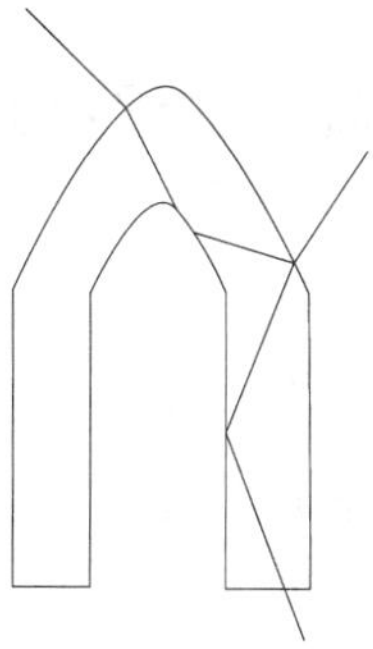

图10-7　半径过小导致光束损失

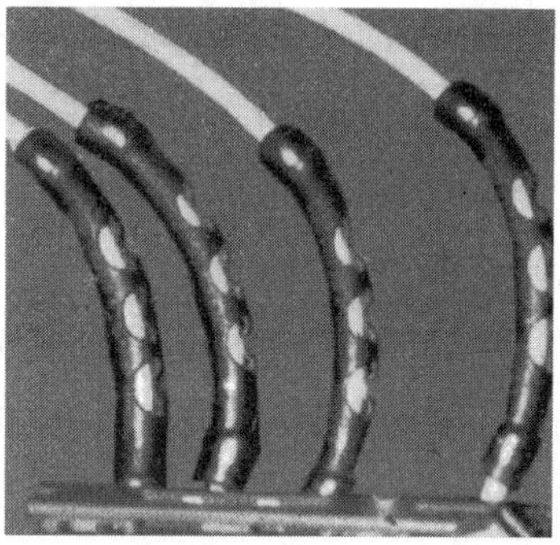

图10-8

（2）光导纤维的包层损坏

在安装和使用过程中如果光缆的外表层发生破损可能会在光信号的反射过程中发生透射或外部光线进入，会严重影响光信号的准确性，系统会受到干扰，严重的甚至失灵。如图 10-9 所示。

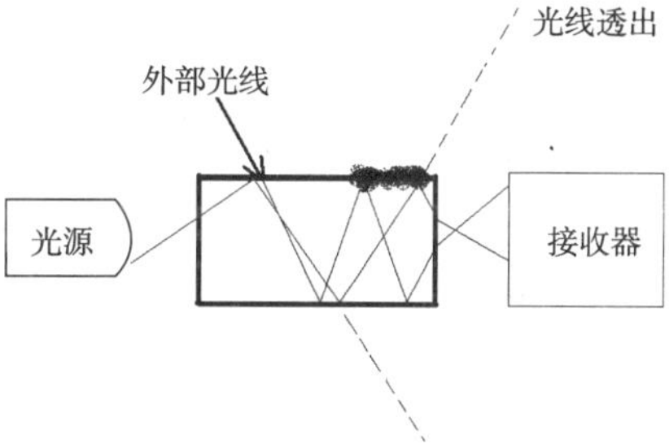

图10-9　包层损坏导致光信号损失

（3）端面刮伤和脏污

在光缆维修过程中脏污会吸收光信号，严重影响光线的射入和射出，造成信号衰减过大。而表面划伤会在光信号的射入和射出时造成光信号散射。如图 10-10 所示。

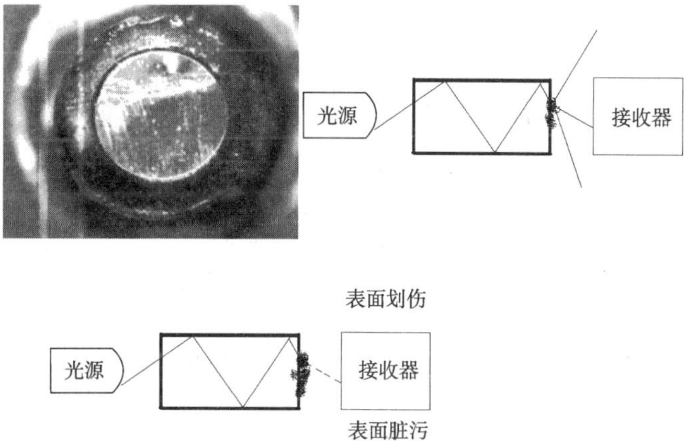

图10-10　表面划伤、脏污导致光信号损失

（4）端面未对正（角度不对）

安装不规范造成光导纤维的端面与控制单元的接触面之间有空隙（插头壳体碎裂或未定位，端套变形等都会造成）。如图 10-11 所示。

（5）光缆过热

光缆在过热的环境下使用，会使光缆中的光导纤维的材料发生改性变化，影响光导纤维的透光性。随着时间的推移，越来越糟糕的光导纤维的透光性最终会使光信号衰减到不能很好地传输光信号。

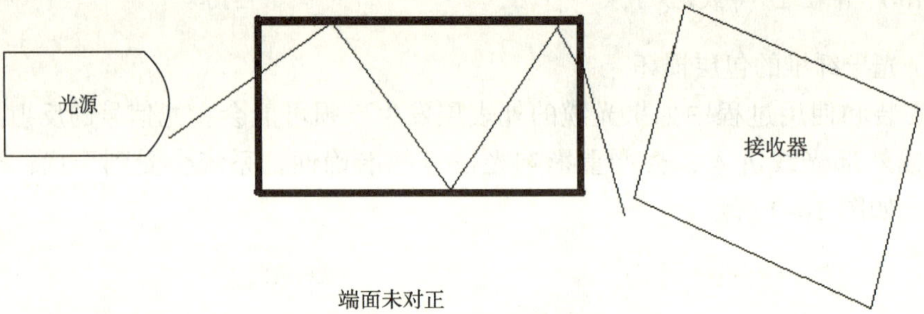

图10-11 安装不正确导致光信号损失

（6）过长

虽然光缆中的光导纤维的透光性很好，但并不能做到绝对的没有任何光线损失，光线的传导路径越长衰减就会越严重。

（7）扭结

扭结会损坏光缆的光导纤维，造成纤维内部发生大量细微的裂痕，阻碍光线的传输，严重影响光信号的传输。如图 10-12 所示。

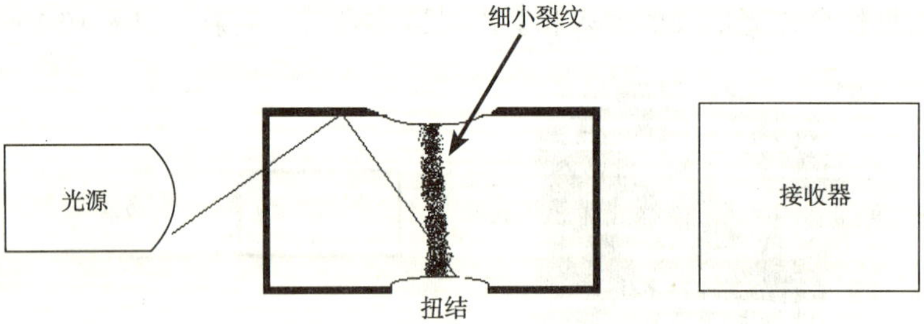

图10-12 扭结导致光信号损失

（8）挤压

光缆受到挤压会造成永久的截面变形，造成光信号的传输困难。如图 10-13 所示。

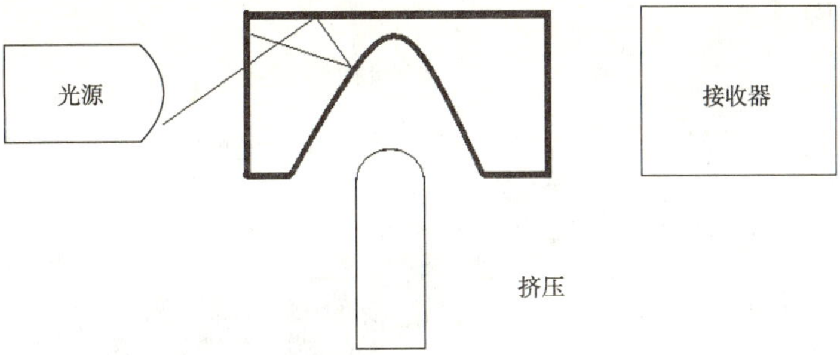

图10-13 挤压导致光信号损失

（9）拉伸过度

过度的拉伸会导致光缆中光导纤维发生缩颈现象，减小光线的通道，严重的甚至会发生断裂，影响光信号的通过。如图 10-14 所示。

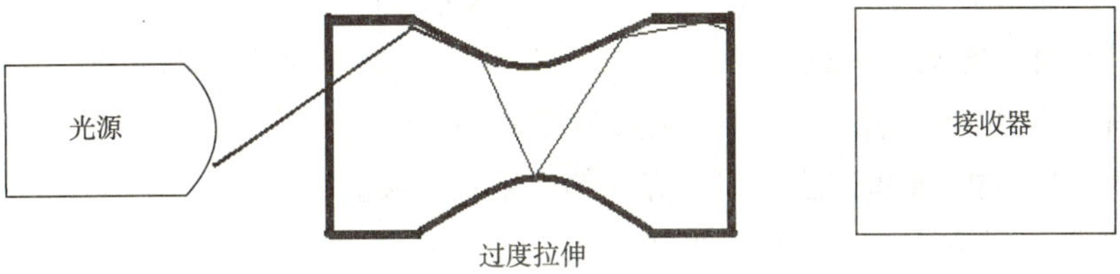

图10-14 拉伸导致光信号损失

@信息

1．光缆维修时的注意事项

为了保证在维修光缆时能够做到避免出现可以避免的光信号衰减，应该注意以下几点。

（1）使用专用的连接设备如图 10-15 和图 10-16 所示。

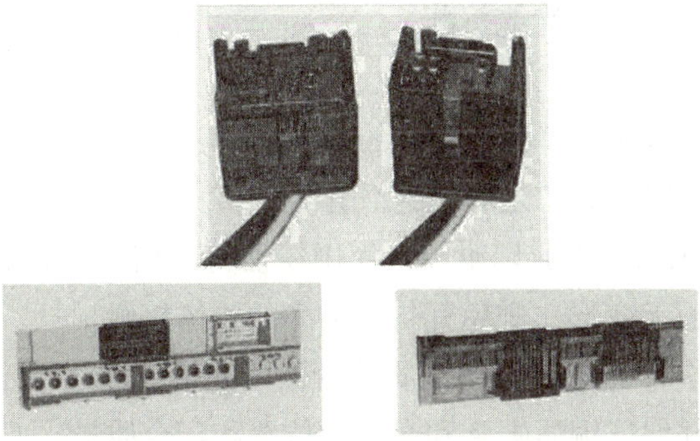

图10-15 专用的连接器

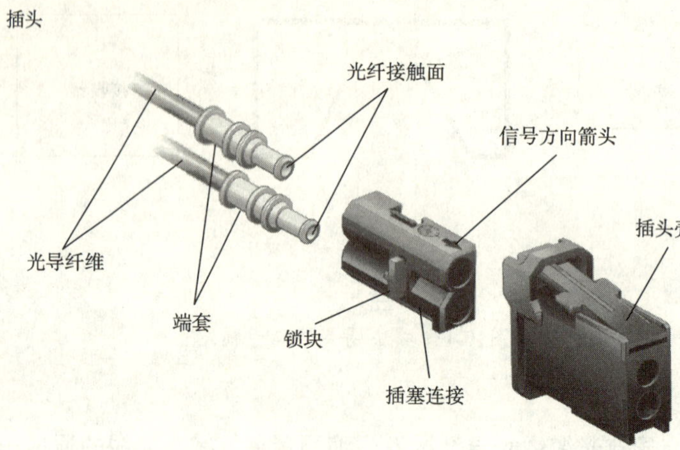

图10-16　专用连接器

注意：在插座接头上有一个信号箭头方向，表示接收器方向，一定要避免接反。

2 使用专用工具 VAS 6223 剪切钳切割和用 VAS 6223 弯曲钳弯曲光缆。

不允许用下述方法维护光导纤维及其构件：

① 热处理之类的维修方法，如钎焊、热粘结及焊接。

② 化学及机械方法，如粘贴、平接对接。

（3）两条光导纤维线绞合在一起，或者一根光导纤维与一根铜线绞合在一起。

（4）包层上打孔、切割、压缩变形等；另外装入车内时不可有物体压到包层。

（5）端面上不可脏污，如有液体、灰尘、工作介质等。只有在插接和检测时才可小心地取下保护盖。

（6）在车内铺设时不可打结，更换光导纤维时注意其正确的长度。

2. 光缆维修的规范维修步骤

在维修前一定要了解光缆的颜色代表什么系统。MOST 组织将三种颜色分别对应为不同系统的总线。黄色：安全总线 byteflight；橙色：保养维修总线；绿色：MOST 总线。在维修过程中一定要注意避免光缆折断。

其维修步骤如下：

① 使用 VAS 6223 剪切钳将光缆粗略的剪开。

② 用 VAS 6223 剪切钳剪切光缆的绝缘套。

③ 将光缆放入 VAS 6223 剪切钳中，使用精切剪剪切光缆。剪切之后切口表面应该平整光滑，干净，截面无变形，避免其与不洁净的物体接触。

④ 使用 VAS 6223 弯曲压接钳将铜质端套嵌入光缆。注意一定要先检查压接钳是否搭起弯曲上锁装置，并保证铜质端套和光缆的位置和配合质量。

计 划

根据上述导向知识与技术信息，维修一段光缆线，在下表完成工作计划。

序　号	工作步骤	仪表/辅具	注意事项

实 施

实践准备。

场地准备： AUDI A8轿车； 若不能满足车型，准备其他车型配置了MOST系统了	工量具准备： 光缆维修工具及耗材； VAG 1551检测仪； 常用及专用拆装工具； 维修损耗品	资料准备： 维修记录表（工单）； AUDI A8轿车维修手册

要求：由学生根据维修资料制定出工作计划。

检 验

根据学生的计划和实际维修的状况由教帅对其进行批改，并就其中的问题进行点评

展 示

1. 实施中的每一组同学随机挑选一名代表根据自己的计划，用 10 分钟时间对本工作任务中 3 个要点的知识进行讲解。

2. 专业会谈：光缆维修时的注意事项。

工作任务 11

MOST总线系统的诊断

导向

基础知识

MOST 总线的功能流程

系统起动（唤醒）

如果 MOST 总线处于休眠模式，那么首先须通过唤醒过程将系统切换到备用模式。MOST 总线的唤醒方式是采用光唤醒。如果某一控制单元（系统管理器除外）唤醒了 MOST 总线，那么该控制单元就会向下一个控制单元发射一种专门调制的光（称为伺服光）。如图 11-1 所示。

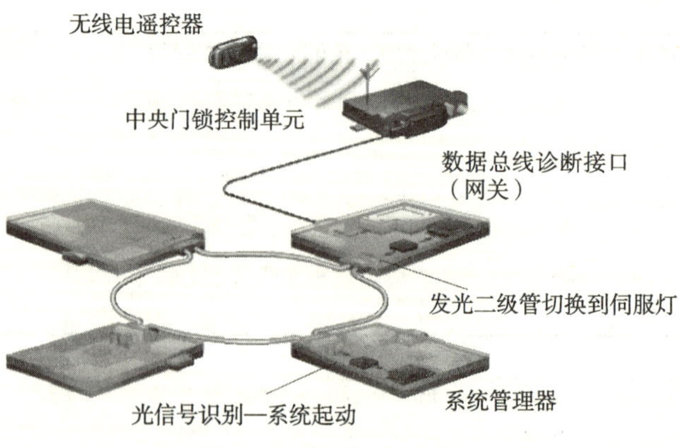

图11-1　系统起动（1）

环状总线上的下一个控制单元通过在休眠模式下工作的光电二极管来接收这个伺服，发光二极管切换到伺服灯光并将此光继续下传。该过程一直进行到系统管理器为止，系统管理器根据传来的伺服光来识别是否有系统起动的请求。然后系统管理器向下一个控制单元发送一种专门调制的光（称为主光）。如图 11-2 所示。

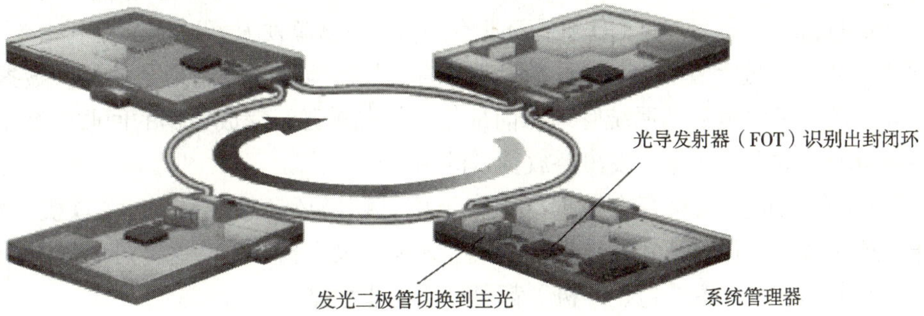

图11-2　系统起动（2）

这个主光由所有的控制单元继续传递，光导发射器（FOT）接收到主光后，系统管理器就可识别出环形总线现在已经封闭了，可以开始发送信息帧了。如图 11-3 所示。

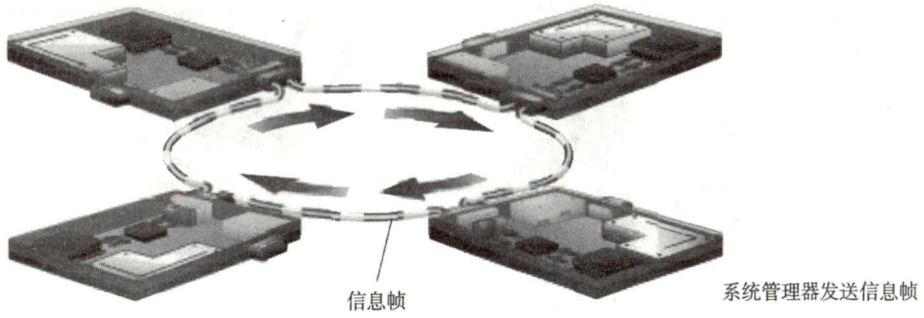

图11-3　系统起动（3）

首批信息帧要求 MOST 总线上的控制单元提供标识符。系统管理器根据标志符向环形总线上的所有控制单元发送实时顺序（实际配置），于是就可以进行根据地址的数据传递了。

诊断管理器将报告上来的控制单元（实际配置）与一个所安装的控制单元存储表（规定配置）进行对比。

如果实际配置与规定配置不相符，诊断管理器就会存储相应的故障码。这时唤醒过程就结束了，可以开始数据传递了。

在数据传递时可分为同步传递和异步传递。

音频和视频通常采用同步数据的传递。

播放 CD 的过程如图 11-4 所示。

如果用户通过多媒体操纵单元和信息显示单元来选择 CD 功能，操纵单元通过一根数据线将控制信号传给前部信息控制单元系统管理器。然后系统管理器在不断发送的信息帧内加入一个带有以下校验数据的 16 帧信息组（包含数据源的接收器地址，发射器地址，控制指令）。CD 机确定数据区中有哪些字节可以用于传送它的数据。然后加入带有包括信息源发射器地址（CD 机，环形位置），信息源发射器地址，控制指令（CD 的数据传送通道，数字音响包），系统管理器的接收器地址和控制指令的校验数据的信息组继续发送，最终返回到系统管理器前部信息控制单元，完成数据的回收向数字式音响包控制单元（数据接收器）发出播放音乐的指示。

CD 上的数据先被保存在数据区，直至信息帧经环形总线又到达 CD 机（数据源）为止。这时这些数据就被新的数据所取代，该循环又重新开始。这样可使得 MOST 总线上的所有输出装置（音响包、耳机）都可使用同步数据。

系统管理器通过发送相应的校验数据来确定哪个装置使用数据。

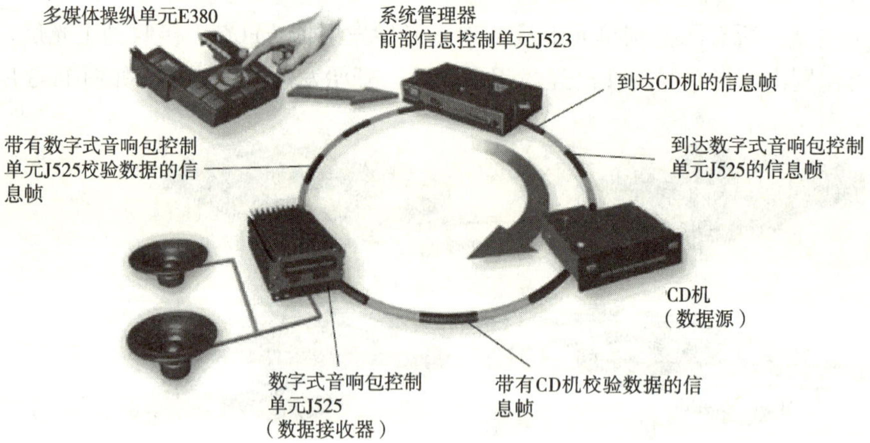

图11-4　播放CD过程

传递通道

音频和视频的传递需使用每个数据区的数个字节。数据源会根据信号类型预定一些字节，这些已被预定的字节就称为通道。一个通道包含一个字节的数据。

传递通道的数量

信号 通道 / 字节

单声道 2

立体声 4

环绕立体声 12

通过这种预定通道的方式，可以同时进行多个数据源的同步数据的传递。

图片、文本和功能则使用异步数据的传递，如图 11-5 所示。

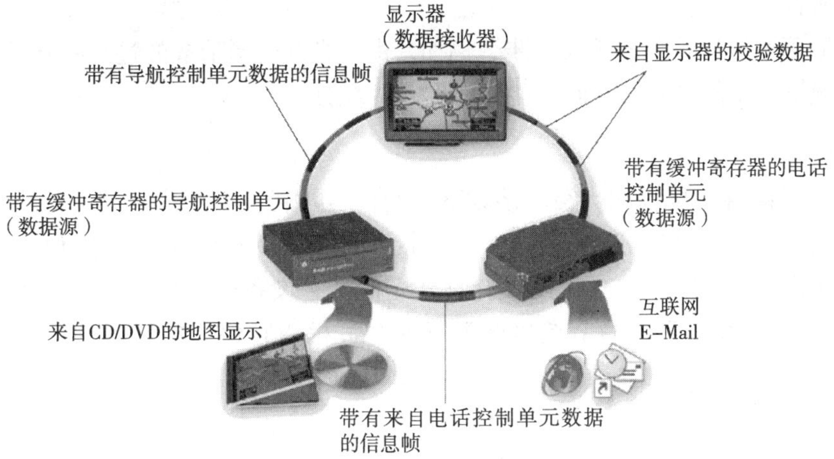

图11-5　图片、文本和功能的传递

异步数据源是以不规则的时间间隔来发送这些数据的。为此每个数据源将其异步数据存储到缓冲寄存器内。然后数据源开始等待，直至接收到带有接收器地址的信息组。数据源将数据记录到该信息组数据区的空闲字节内。记录是以每四个字节为一个数据包的形式进行的。接收器读取数据区中的数据包并处理这些信息。异步数据停留在数据区，直至信息组又到达数据源。数据源从数据区提取数据，在下次启用的时候用新数据取代这些数据。

1．关闭

MOST 系统的关闭基本上分为两个阶段：在第一个阶段，系统中的节点被通知关闭；在第二个阶段，系统关闭并进入休眠模式。两阶段分别被称为关闭的初始化（Initiation）和执行（Execution）。像在启动系统时一样，电源管理（Power Master），承担了关闭过程的控制功能。

关闭的初始化

关闭的初始化常常由外部事件触发，如锁汽车车门。该触发事件通过报文的方式被发送给电源管理。电源管理功能块接着开始通过下面的广播报文进行关闭初始化：系统中的节点可以准备进入休眠模式。如果一个设备需要继续通信，并且没有做好进入休眠模式的准备，它会通知电源管理功能块，电源管理会等待一段时间，然后再重复它的查询。

2．执行关闭

如果电源管理在规定时间内没有收到来自设备的任何异议，它会通过报文来执行关闭：

首先，电源管理在规定时间（一般情况下是 1s）内关断光信号。一收到从输入的光信号后面的节点就切断自己的光信号。

错误管理

在某些情况下，系统必须处理一些严重的错误。下面介绍最重要的错误处理机制。

光学事件

很多原因可以导致设备丢失同步，例如，由于光纤变形造成的过高的衰减。在没有同步的情况下，不同时间段之间可能会产生定时差别。

1．断光

如果一个设备的接收端，突然接收不到光信号（在没有事先关闭初始化行为下），它将自动停止从输出口发送光信号。设备接着准备进入休眠模式（类似于初始化的关闭）。如果接收端在规定时间内没有收到光信号，设备进入休眠状态。因为设备不再发出任何光信号，后面的节点也会重复这个过程。它保证在错误的情况下进入休眠状态。

2．解锁

时钟主节点的系统时钟与从设备的时钟丧失同步被称为解锁。很多原因可以引起解锁，例如，部分组件的故障或没有足够的光强度来检测系统时钟。由于解锁而出现的通信错误与控制信道、异步信道是没有关系的。这些信道的数据丢失可以被检测到，并且会重发。对于同步信道，情况与此不同。数据不能重发，解锁导致的错误操作基本 d 解锁持续时间内被确定。这时，解锁被分为短时解锁与严重解锁。如果同步丢失时间小于规定时间（一般小于 100ms，典型值为 70ms）为短时解锁。一个短时解锁可以通过时钟主节点重新生成信号来进行补偿。

如果同步丢失时间大于规定值为严重解锁。在这种情况下，发现严重解锁的设备网络服务会触发一个程序。它使控制设备关闭输出口的光信号，网络接口进入断电状态。系统可以因此被重新初始化并已消除不稳定状态。另外，所有音频连接被断开，目的是不让同步信道上继续出现错误数据。

过热

车载控制设备的高标准要求的参数之一是其温度。因为物理环境的原因，系统需要的运行温度有时不能得到满足，因此，环中每个节点可能为了保护设备组件而启动一个与温度相关的关闭操作。如果一个设备超过这个特定温度，它会向整个系统广播报文。

电源管理节点接着使所有节点的这个功能无效，通过发送报文唤醒系统。并且启动一个正常的关闭过程，这样系统进入睡眠模式，并且这个过热的设备也就可以冷下来。在一个规定的时间之后，电源管理节点开始再次唤醒系统。

另外，也可以使用 Temp Shut Down 功能块完成过热关闭：

①如果达到规定温度，可以选择性地关闭应用程序的一部分（如一个过热驱动），其他的功能可以继续使用，这可以通过数据帧来实现；

②如果达到规定温度，设备接收到广播报文之后，立即关闭光源并进入睡眠模式。电源管理节点收到广播后注册这个事件，不立即启动唤醒过程，而是在一个特定的时间之后才启动唤醒。

欠电压

车载电源系统中的欠电压不会总是在同一个时间和同样程度上影响所有设备，因此有两种不同的低压阈值：

临界低压

这个电压值定义如下：仍然可以确保网络通信功能，但是不是所有的应用功能都能得到保证。网络服务仍然保持为普通操作模式，不能传输同步数据信道上的数据。当升至正常电压时，才可以再次发送数据。

低压

低压的定义如下：不再保证网络总线的通信功能。设备开始关闭并进入休眠模式。这种状态在电压到达正常后依然保持。只有重新唤醒才可以被取消，之后系统才能够实现正常工作。

MOST 数据帧的结构

MOST 系统管理器以 44.1kHz 脉冲频率向环状总线上的下一个控制单元发送信息帧（Frames)。由于使用了固定的时间光栅，脉冲频率允许传递同步数据。44.1kHz 这个固定的脉冲频率与数字式音频装置（如 CD 机、DVD 机、DAB 收音机）的传递频率是相同的，这样就可以将这些装置连接到 MOST 总线上了。一个信息帧的大小为 64 字节，可分成以下几部分。如图 11-6 所示。

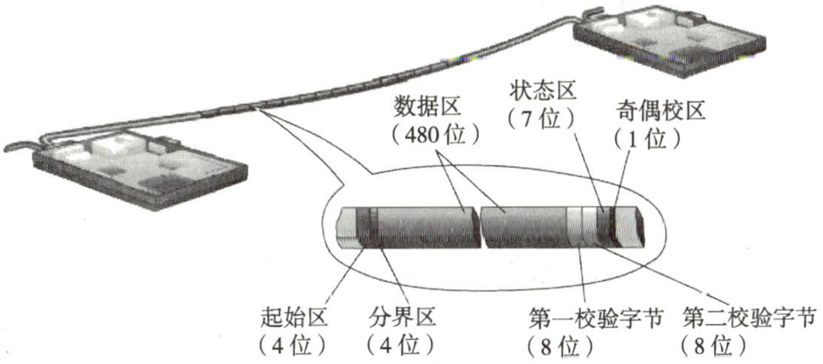

图11-6　信息帧的结构

信息帧的各组成部分

起始区表示一个信息帧的开始，每段信息帧都有自己的起始区。

分界区用于区分起始区和紧跟着的数据区。

MOST 总线在数据区最多可将 60 个字节的有效数据发送到控制单元。

数据分为两种类型：

——声音和视频作为同步数据；

——图片、用于计算的信息及文字作为异步数据。

数据区的分配是可变的，数据区的同步数据在24~60个字节之间，同步数据的传递具有优先权。异步数据根据发射器/接收器的地址（标识符）和可用异步总容量，以4个字节为一个数据包被记录并发送到接收器上。如图11-7所示。

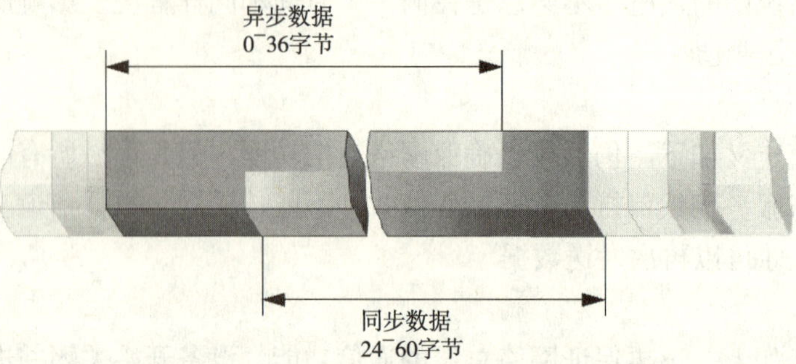

图11-7 数据发送到接收器上

两个校验字节传递以下信息：

——发射器/接收器地址（标识符）；

——接收器的控制指令（如放大器声大/声小）。

一个信息组中的校验字节在控制单元内汇成一个校验信息帧。一个信息组中有16个信息帧。校验信息帧内包含有控制和诊断数据，这些数据由发射器传送到接收器，称之为根据地址进行的数据传递。

信息帧的状态区包含用于给接收器发送信息帧的信息。

奇偶校验区用于最后检查数据的完整性，该区的内容将决定是否需要重复一次发送过程。

@信 息

故障诊断

由于MOST数据总线在结构上的独特结构，在环形通道中断后无法进行数据通信，这样会造成整个总线系统的瘫痪，造成总线系统通信功能的缺失，使故障诊断变得很困难，为此诊断管理器除系统管理器外，MOST总线还有一个诊断管理器。该管理器执行环形中断诊断，并会将MOST总线上的控制单元诊断数据传给诊断控制单元。如图11-8所示。

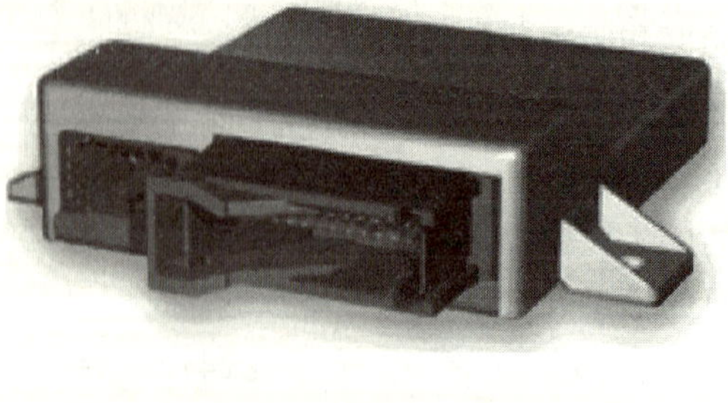

图11-8 诊断管理器

如图 11-9：在 MOST 环状总线中

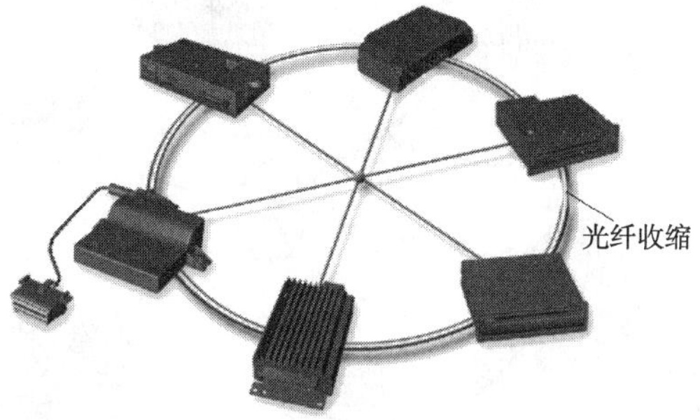

图11-9　信号衰减增大的环形中断诊断

MOST 总线常见的故障包括：

① 环形中断。

② 信号衰减增大的环形中断诊断。

如果数据传递在 MOST 总线上的某一位置处中断，由于总线是环形结构，因此就称之为环形中断。

如果 MOST 总线上出现环形中断，那么就无法进行数据传递了，因此就使用诊断线来进行环形中断诊断。诊断线通过中央导线连接器与 MOST 总线上的各个控制单元相连。要想确定环形中断的具体位置，就必须进行环形中断诊断。环形中断诊断是诊断管理器执行元件诊断内容的一部分。

（1）环形中断的影响

① 音频和视频播放终止。

② 通过多媒体操纵单元无法控制和调整。

③ 诊断管理器的故障存储器中存有故障“光纤数据总线断路”。

（2）发生环形中断的原因

① 光导纤维断路。

② 发射器或接收器控制单元的供电有故障。

③ 发射器或接收器控制单元损坏。

（3）环形中断诊断

在 MOST 总线系统中，诊断线通过中央导线连接器与 MOST 总线上的各个控制单元相联。如图 11-10 所示。

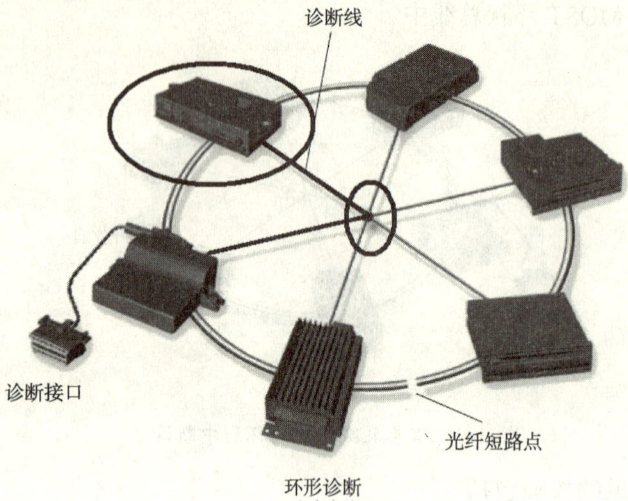

图11-10　环形中断诊断

环形中断诊断开始后，诊断管理器通过诊断线按顺序向各控制单元发送一个脉冲。在规定的时间内每个控制单元经诊断线对诊断管理器应答，在此过程中，所有控制单元检查以下项目：

① 自身的供电及其内部的电控功能。

② 从环形总线上的前一个控制单元接收光信号，MOST 总线上的控制单元在一定时间内会应答，这个时间的长短由控制单元内部软件来确定。环形中断诊断开始后到控制单元作出应答有一段时间间隔，诊断管理器根据这段时间的长短就可判断出哪一个控制单元已经作出了应答。

环形中断诊断开始后，MOST 总线上的控制单元发送以下两种信息：

① 控制单元电气方面正常——也就是说，本控制单元的电控功能正常，如供电情况。

② 控制单元光学方面正常——也就是说，该控制单元的光电二极管接收到环形总线上位于其前面的控制单元发出的光信号。

诊断管理器通过这些信息就可识别以下故障。

① 系统是否有电气故障（供电故障）。

② 哪些控制单元之间的光导数据传递中断了。

诊断管理器监控所有汽车上安装的通信控制单元，故障存储器的记录被区分为两种故障类型“地线短路”和“中断”。见表 11-1。

表11-1　故障存储器标记

编　号	故障部位	故障类型	影响/用户异议	备　注
00470 07	采用单线的舒适功能电脑数据区域控制网络	地线短路	故障存储器记录数据阅读块采用“1线式”	全局单线故障总CAN-Comfort（舒适功能电脑数据区域控制网络）及其所有控制单元采用单结操作
00470 11	采用单线的舒适功能电脑数据区域控制网络	中断	故障存储器记录数据阅读块采用“1线式”	局部单线故障。控制单元采用单线操作。检测数据阅读块，请参阅下文

续表

编　号	故障部位	故障类型	影响/用户异议	备　注
00384 11	光纤数据总线	中断	信息系统无效	进行环断裂式诊断
02066 00	光纤数据总线	减震太大	信息系统无效	进行环断裂式诊断

数据阅读块的分布及含义见表11-2。

表11-2　故障存储器标记

编　号	1	2	3	4
01	舒适功能电脑数据区域控制网络仪表的激发导线	舒适功能电脑数据区域控制网络数据总线	数据总线信息	数据总线驱动
	未激活 / 激活	无显示/数据总线睡眠	无显示 / 数据总线睡眠	无显示 / 数据总线睡眠
02	环断裂式诊断结果			
25	发动机电子设备	电子变速箱	电子制动器	组合仪表
	无显示 / 0 / 1 / S	无显示 / 0 / 1 / S	无显示 / 0 / 1 / S	无显示 / 0 / 1 / S
26	发动机电子设备 2	安全气囊	水平调整	灯宽控制系统
	无显示 / 0 / 1 / S	无显示 / 0 / 1	无显示 / 0 / 1 / S	无显示 / 0 / 1
27	驻车制动器	车距调节器	空	空
	无显示 / 0 / 1 / S	无显示 / 0 / 1		
30	舒适功能电脑数据区域控制网络数据总线	电子中央电器设备	舒适功能电脑数据区域控制网络系统中央模型	驾驶员侧门电子装置
	单线 / 双线	无显示 / 0 / 1 / 1线 / S	无显示 / 0 / 1 / 1线 / S	无显示 / 0 / 1 / 1线 / S
31	副驾驶员侧门电子装置	左后门电子装置	右后门电子装置	驾驶员座椅位置
	无显示 / 0 / 1 / 1线 / S	无显示 / 0 / 1 / 1线 / S	无显示 / 0 / 1 / 1线 / S	无显示 / 0 / 1 / 1线 / S
32	停车辅助装置	后座椅位置	轮胎压力监控	转向盘电子装置
	无显示 / 0 / 1 / 1线 / S	无显示 / 0 / 1 / 1线 / S	无显示 / 0 / 1 / 1线 / S	无显示 / 0 / 1 / 1线 / S
33	蓄电池调节	空调 / 暖风电子装置	进入及起动许可	驾驶员认可
	无显示 / 0 / 1 / 1线 / S	无显示 / 0 / 1 / 1线 / S	无显示 / 0 / 1 / 1线 / S	无显示 / 0 / 1 / 1线 / S
34	加热装置 / 驻车暖风	顶盖电子装置	电子中央电器设备 2	挂车功能
	无显示 / 0 / 1 / 1线 / S	无显示/ 0 / 1 / 1线 / S	无显示/ 0 / 1 / 1线 / S	无显示/ 0 / 1 / 1线 / S
35	副驾驶员座椅位置	后部空调操作元件	空	空
	无显示 / 0 / 1 / 1线 / S	无显示 / 0 / 1 / 1线 / S		
40	无线电	导航装置	电话	通话控制
	无显示 / 0 / 1	无显示 / 0 / 1	无显示 / 0 / 1	无显示 / 0 / 1
41	声音系统	声音系统	紧急呼救模型	显示 / 操纵装置
	无显示 / 0 / 1	无显示 / 0 / 1	无显示 / 0 / 1	无显示 / 0 / 1
42	后部显示 / 操纵装置	左后部显示 / 操纵装置	右后部显示 / 操纵装置	位置 1 媒体播放器装置
	无显示 / 0 / 1	无显示 / 0 / 1	无显示 / 0 / 1	无显示 / 0 / 1
43	位置 2 媒体播放器装置	位置 3 媒体播放器装置	位置 4 媒体播放器装置	空
	无显示 / 0 / 1	无显示 / 0 / 1	无显示 / 0 / 1	
44	数字式无线电调谐	卫星无线电调谐	空	空
	无显示 / 0 / 1	无显示 / 0 / 1		
00	空	接线柱 30 电压	接线柱 15 电压	空

计 划

根据上述导向知识与技术信息，在下表中列出 MOST 总线断裂诊断系统的工作计划。

序　号	工作步骤	仪表/辅具	注意事项

实 施

MOST总线系统维修记录

检 验

通过对MOST总线系统的检查，检验修复后的工作性能。请根据实施记录表、结果分析和获取的有关知识。简要列出对MOST总线系统性能检验的工作计划

展 示

复习与回顾本次任务中学到的知识与技能。

工作任务 12

多路传输系统及网络知识

接车单 委托书号：

首次登记 是□否□ 取送车服务 需要□ 不需要□
预约客户 是□否□ 代用车服务 需要□ 不需要□

客户姓名××××车牌号×××××行驶里程×××× km
是否检查备胎是□否□需要清洁车辆 是□否□
随车物品贵重物品
取送车地址×××××××××

客户描述：
LS400前刮水器不工作。

服务项目：

注：车上贵重物品请客户自行保管 客户签名 ××××服务顾问签名×××××××
日期

本人完全了解并同意上述车辆信息
交车时付款维修工料按实际发生计算
第一联交车间流转
第二联交客户保管

导向

1. 任务描述

一辆LS400行驶12万km，前刮水器不工作且四个车门无法使用中控锁。维修人员对该车检查后，通过阅读维修资料了解到该车辆搭载了SWS数据总线系统。此前，维修人员对该系统并无过多的了解，希望通过下面的学习掌握关于车载网络系统的相关知识。了解SWS总线及一些相关子网络的知识。

2. 基础知识

（1）多路传输系统

SWS（Smart Wiring System）即多路传输系统的缩写，它又叫聪明线路系统或多重通信系统。现代进口汽车使用这种多重通信系统越来越多。多路传输就是在同一通道或线路上同时传输多条信息，如图12-1所示。这听起来好像不可能，但在某种意义上讲是可能的。事实上数据是依次传输的，但速度非常快，似乎就是同时传输的。你从手表上看十分之一秒算是非常快了，但对一台运算速度相对慢的计算机来说，这十分之一秒也太长、太长了。如果将十分之一秒分成段，许多单个的数据都能被传输——每一段传输一段，这就叫做分时多路传输。

从图12-1中可以看出，常规线路要比多路传输线路简单得多，然而请注意，多路传输系统ECU之间所用导线比常规线路系统所用导线少得多。由于ECU可以触发仪表板上的警告灯或灯光故障指示灯等，传输可以通过一根线（数据总线）执行多个指令，因此可以增加许多功能装置。

正如可把无线电广播和移动电话的电波分为不同的频率，我们也可以同时传输不同的数据流。随着现在和未来的汽车无线多路传输装置的增加，基于频率、幅值或其他方法调制调节,同时数据传输也成为可能。汽车上用的是单线或双线制分时多路传输系统。

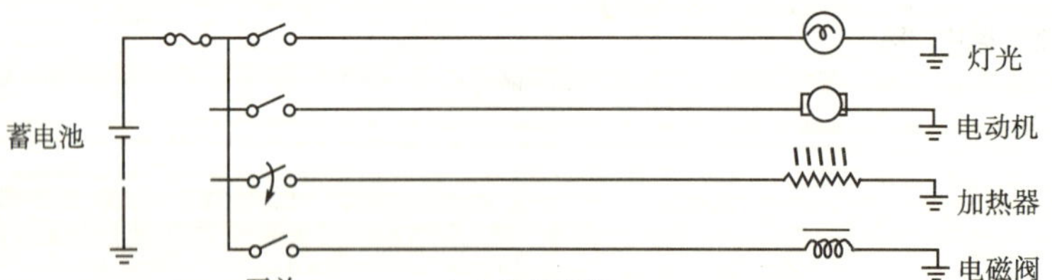

（a）常规线路

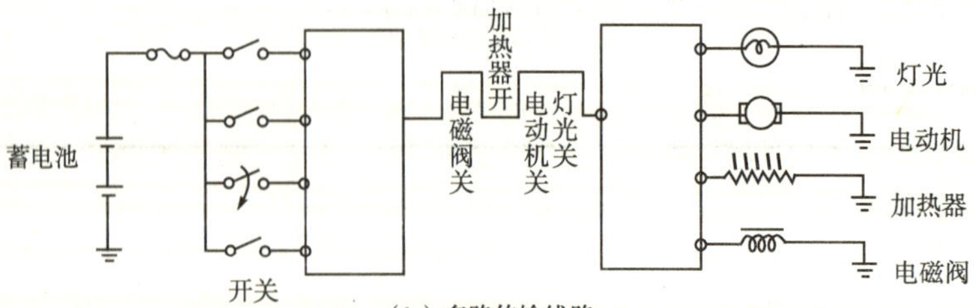

（b）多路传输线路

图12-1　常规线路和多路传输线路的简单对比

（2）模块

模块作为一种装置，简单一点的如温度和压力传感器，复杂的如计算机（微处理器）。传感器是一个模块装置，根据温度和压力的不同产生不同的电压信号。这些电压信号在计算机（一种数字装置）的输入接口被转变成数字信号。在计算机多路传输系统中，一些简单的模块被称为节点。

（3）数据总线

数据总线是模块间运行数据的通道，即所谓的信息高速公路。如果模块可以发送和接收数据，则这样的数据总线就称之为双向数据总线。汽车上的信息高速公路实际是一条导线，或许是两条导线，两线式的其中一条导线不是用作额外的通道，它的作用有点像公路的路肩，上面立有交通标志和信号灯，一旦数据通道出了故障，这“路肩”在有些数据总线中被用来承载“交通”，或者令数据换向通过一条或两条数据总线来发出故障部分的数据。

为了抗电子干扰，双线制数据总线的两条线是绞在一起的。各汽车制造商一直在设计各自的数据总线，如果不兼容，就称为专用数据总线。如果是按照某种国际标准设计的，就是非专用的。但事实上，正如你将了解到的，可能都是专用的数据总线。至此，可以退一步想，模块就是信息高速公路上的进口和出口。

（4）网络

网络为了实现信息共享而把多条数据总线连在一起，或者把数据总线和模块当做一个系统。新型的凌志 LS430 的几条数据总线间共有 29 块相互交换信息的模块，如图 12-2 所示。几条数据总线连接 29 个模块，总线又连接到局域网上，其中还有 3 个接线盒电脑，2 个作为前端模块，一个作为后端模块，其作用是提供诊断支持（包括接插方便的接头及测试点）。从物理意义上讲，汽车上许多模块和数据总线距离很近，因此被称之为 LAN（局域网）。摩托罗拉公司设计的一种智能车身辅助装置网络，被称之为 LIN（局域互联网）。

（5）架构

架构信息是高速公路的配置，其输入和输出端规定了什么信息能进和什么能出，如果指挥交通需要“警察”一种特殊功能的芯片），那么就要有“警局”，也许就在模块的输入 / 输出端。架构通常包括 1 至 2 条线路，采用双线时数据的传输是基于两条线的电压差。当其中的 1 条线传输数据时，它对地有个参考电压。

（6）网关

因为车上用这么多总线和网络，所以必须用一种方法达到信息共享和不产生协议间的冲突。例如，车门打开时发动机控制模块也许需要被唤醒。为了使采用不同协议及速度的数据总线间实现无差错数据传输，必须要用一种特殊功能的计算机，这种计算机就叫做网关。网关实际上作为一种模块，它工作的好坏决定了不同的总线、模块和网络相互间通信的好坏。实际上针对通用协议的 OBD Ⅱ系统，OBD Ⅱ故障扫描仪就是网关，只不过是针对它的屏幕而言。网关就像一个居民小区的门卫，在他让任何客人进大门之前，他得问问客人是否是应邀前来，或者通知某位住户有人来访了。对不兼容但却需要互相通信的总线和网络来说，网关模组所起作用就和门卫一样。但当信息不能传递时，不要单纯地怀疑网关，一个或两个模块的软件或许有问题。

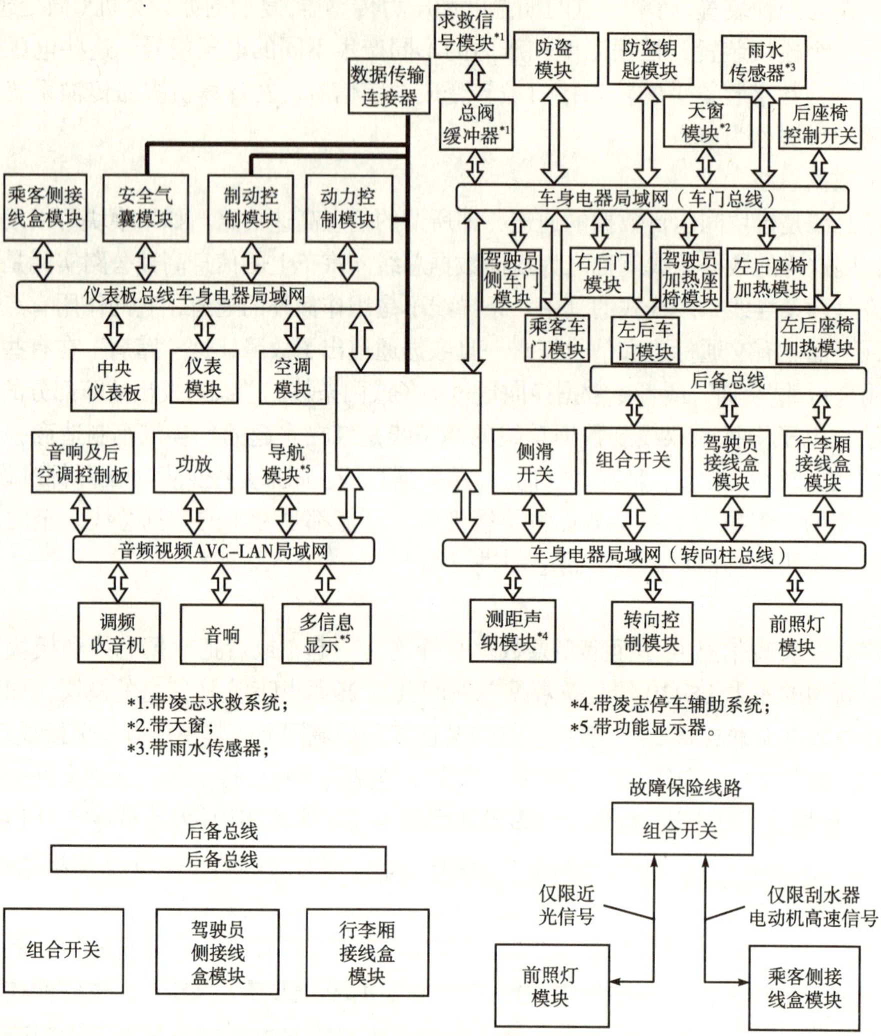

图12-2　凌志LS430轿车的多路传输系统

@ 信 息

该车型的维修资料。

一、诊断电路

1. 检查车身ECU

1	检查车身ECU的运作
备注：检查雨刮的间歇式工作，便可对输出故障码的ECU进行简单的检查。 检查将雨刮开关拨至“INT”（间歇）。 正常间歇工作正常。 注意检查雨刮之前应先将挡风玻璃打湿	

续表

↓不正常	正常→进行第2项检查

2	检查雨刮电路（车身ECU除外）	
↓不正常		正常→更换车身ECU

修理或更换故障部件

2. 检查车门未关紧指示灯

1	检查车门未关紧指示灯	
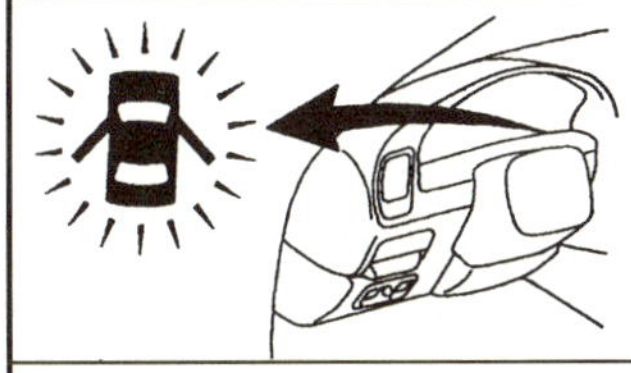		检查打开任何一个车门。 正常车门未关紧指示灯应亮
↓不正常		正常→进行第3项检查

修理车门未关紧指示灯

3. 输出故障码

（1）用 SST 连接 TDCL（丰田诊断通信链路）的端子 Tc 和 E_1。

（2）将点火开关扭至“ON”（通）。

（3）通过车门未关紧指示灯读出故障码。

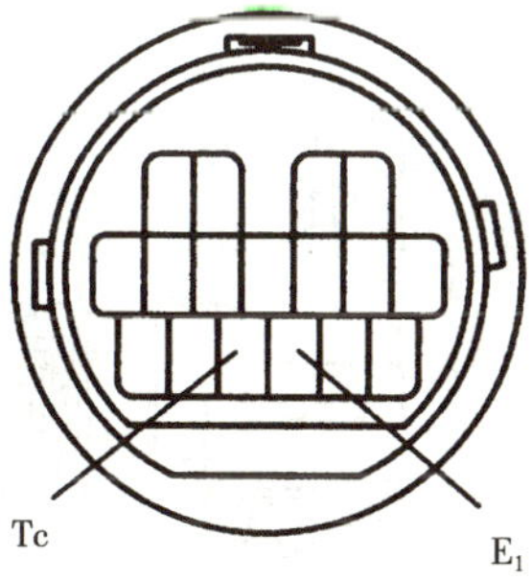

右图中的示例为正常码、12 号故障码及 11 号和 12 号故障码的闪烁方式。

（4）利用表 12-1 检查有无故障。

（5）检查完毕后，断开点火开关，脱开端子 Tc 和 E_1。

正常码

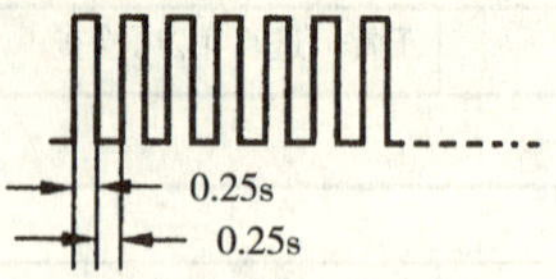

12号故障码

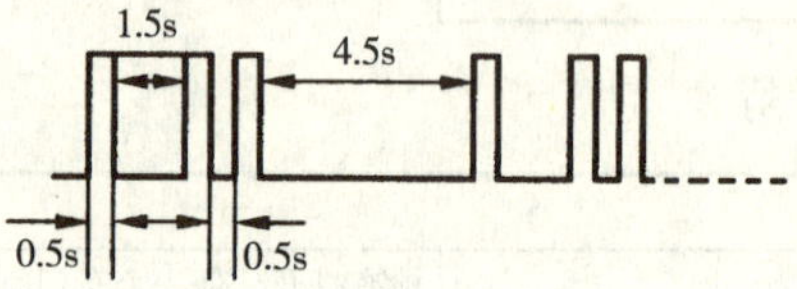

11和12号故障码

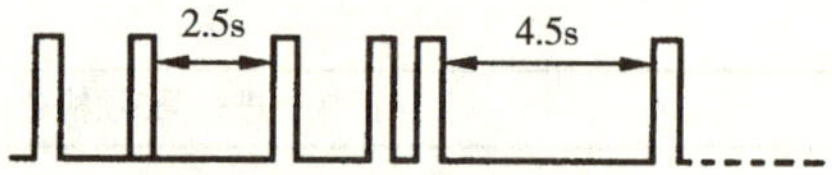

4．用手持式测试器和分接盒测量ECU端子电压

（1）将分接盒和手持式测试器与车辆配线连接起来。

（2）根据测试器显示屏上的提示符读出 ECU 输入 / 输出值（请参阅分接盒操作员手册）。

备注：手持式测试器具有“瞬像”功能。该功能记录下测量数据，可有效地诊断出间歇式故障。

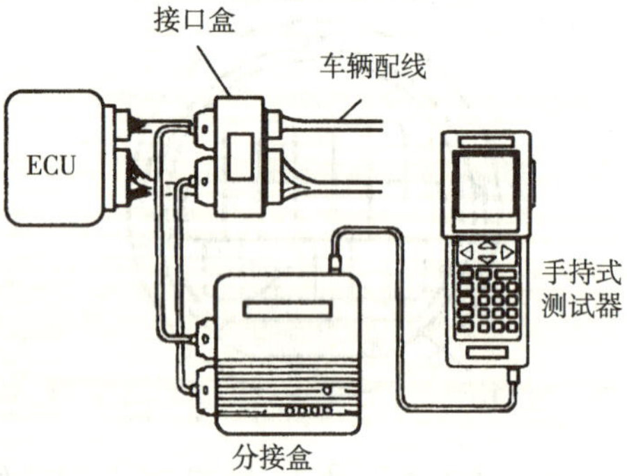

5．故障代码（表12-1）

表12-1　故障代码表

故障代码	车门未关紧指示灯的闪烁方式	故障部件
—	亮 灭 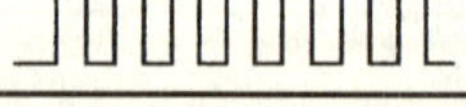	正常

续表

故障代码	车门未关紧指示灯的闪烁方式	故障部件
11	亮 灭 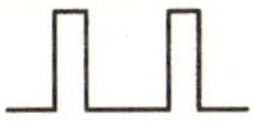	从驾驶员车门ECU至车身ECU的通信被切断
12	亮 灭 	从前座乘客车门ECU至车身ECU的通信被切断
13	亮 灭 	从倾斜及伸缩ECU至车身ECU的通信被切断
14	亮 灭 	通信电路在B+处短路
15	亮 灭 	能通电路接地处短路
21	亮 灭 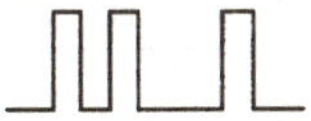	总开关中的任一开关（窗锁开关除外）被卡住，或该开关被操作（开关接通）
22	亮 灭 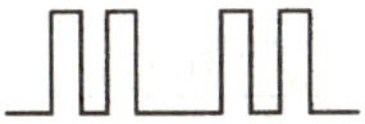	下列任一开关被卡住，或该开关被操作（开关接通） • 车门钥匙锁住及未锁开关（左前） • 存储器开关 • 安全带（肩带）调整开关
31	亮 灭 	下列任一开关被卡住，或该开关被操作（开关接通） • 门锁控制开关（右前） • 车门钥匙锁住及未锁开关（右前）
41	亮 灭 	下列任一开关被卡住，或该开关被操作（开关接通） • 行李厢门开启开关 • 行李厢门钥匙开关 从无线电门锁ECU至车身ECU的信号不正常
51	亮 灭 	后视镜控制开关被卡住，或该开关被操作（开关接通）

6. 故障代码一览表

故障码校核时如显示出故障码，则应检查表 12 2 所列出的电路。

表12-2　故障代码一览表

故 障 码	检查电路
11	驾驶员车门ECU通信电路
12	前座乘客车门ECU通信电路
13	倾斜及伸缩ECU通信电路
14、15	通信电路
21	电动窗总开关电路
22	驾驶员车门上的开关电路
31	前座乘客车门上的门锁控制开关和车门钥匙锁住及未锁开关
41	行李厢门开启电路； 无线电门锁ECU电路
51	电动后视镜控制开关电路

备注：如各电路均正常但故障依然重现，则应作为最后步骤更换ECU。

二、ECU的端子

1．车身ECU的端子

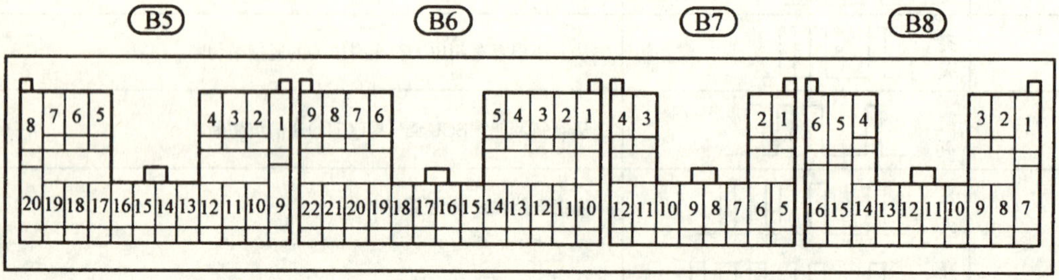

端子号	符　号	连　接	端子号	符　号	连　接
B5—1	S/M	雨刮电机	B6—18	RRU	电动窗开关（右后）
B5—3	KSW	钥匙未锁警告灯开关	B6—19	RRD	↑
B5—4	M/F	变速电机	B6—20	RRCY	门控灯开关（右后）
B5—5	M/B	↑	B6—22	TC	检查连接器TDCL
B5—6	+1	雨刮开关及电机	B7—2	SRLY	启动机继电器
B5—7	2S	雨刮开关	B7—3	TRLY	尾灯控制继电器
B5—8	WIG	雨刮保险丝	B7—4	WACT	所有门控灯无线电信号
B5—9	S/S	雨刮开关	B7—5	LCYL	门控灯（左后）
B5—10	PA1	变速电机	B7—6	TAIL	灯控制开关
B5—11	PA2	↑	B7—7	HEAD	灯控制开关
B5—12	PA3	↑	B7—8	HRLY	大灯控制继电器
B5—13	VR1	雨刮开关	B7—12	IND	安全指示灯
B5—15	ACC	收音机2号保险丝	B8—1	BDR	车门灯保险丝
B5—17	C1	雨刮开关	B8—2	FDCY	发动机舱门控灯开关
B5—18	W	雨刮开关及电机	B8—3	SH	防盗喇叭
B5—20	GND2	地线	B8—4	BECU	防盗喇叭保险丝
B6—1	PWA	电源保险丝	B8—5	ACT+	门锁电机
B6—2	ILE	中间接线盒	B8—6	ACT-	门锁电机
B6—3	ACTY	无线电门锁ECU和组合仪表	B8—7	TR+	行李厢门开启电机
B6—4	LSWA	无线电门锁ECU	B8—8	RLCY	门控灯开关（左后）
B6—5	LOCK	↑	B8—9	DBIL	座椅安全带锁扣灯（左前）
B6—6	RCYL	门控灯（右后）	B8—10	MPX	驾驶员车门ECU
B6—7	PBIL	座椅安全带锁扣灯（右前）	B8—11	TKUL	行李厢门钥匙锁住及未锁开关
B6—9	SIG	仪表保险丝	B8—12	LSR	车门未锁检测开关（左后、右后）
B6—10	SPD	组合仪表	B8—13	RLU	电动窗开关（左后）
B6—13	WTOP	无线电门锁ECU	B8—14	RLD	↑
B6—14	ULCK	↑	B8—15	LGCY	行李厢门控灯开关
B6—16	MPX2	前座乘客车门ECU	B8—16	GND	地线

续表

端子号	符 号	连 接	端子号	符 号	连 接
B6—17	TSW	行李厢门开启开关			

2. 驾驶员车门ECU

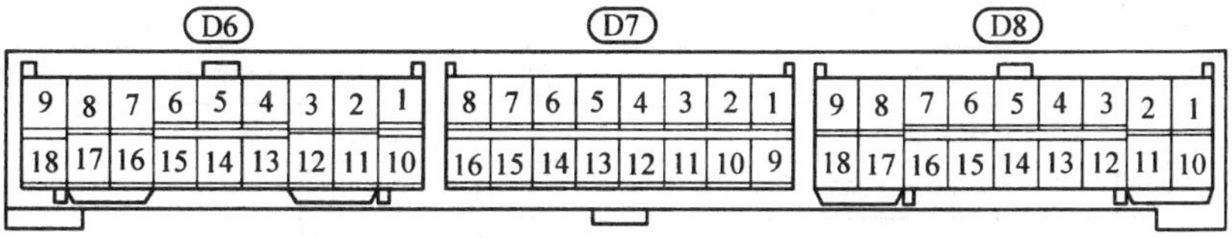

端子号	符 号	连 接	端子号	符 号	连 接
D6—1	MPX1	车身ECU	D7—11	DMUL	↑
D6—2	DM+R	车外后视镜（左）	D7—12	RLD	↑
D6—3	DMHR	↑	D7—13	RRD	↑
D6—4	VSSR	↑	D7—14	PDN	↑
D6—5	DVC	↑	D7—15	DDN	↑
D6—6	DCTY	门控灯开关（左前）	D8—1	BDR	车门灯保险丝
D6—9	PWS	电源主继电器	D8—2	PWR	电源保险丝
D6—10	MPX2	驾驶员车门ECU、倾斜及伸缩ECU	D8—3	LSWD	车门开启检测开关（左前）
D6—11	SIG	仪表保险丝	D8—4	DKL	车门钥匙锁住及未锁开关（左前）
D6—12	DMVR	车外后视镜（左）	D8—5	DSUP	安全带（肩带）调整开关
D6—13	HSSR	↑	D8—6	MM	存储器开关
D6—14	DCYL		D8—7	M1	↑
D6—15	CPUB	第2喇叭保险丝	D8—8	A+	门锁电机（左前）
D6—18	PWL	电源主继电器	D8—9	DMUP	电动窗电机（左前）
D7—1	E2	电动窗总开关	D8—10	GND	地线
D7—2	WLSW	↑	D8—11	GND2	地线
D7—3	DML	↑	D8—12	KLB	车门钥匙锁住及未锁开关（右前）
D7—4	RLU	↑	D8—13	DKUL	↑
D7—5	RRU	↑	D8—14	DSDN	安全带（肩带）调整开关
D7—6	PU	↑	D8—15	DEZ	车外后视镜（左）
D7—7	DU	↑	D8—16	MZ	存储器开关
D7—8	AUTO	↑	D8—17	A-	门锁电机（左前）
D7—10	SWLP	↑	D8—18	DMDN	电动窗电机（左前）

3. 前座乘客车门ECU

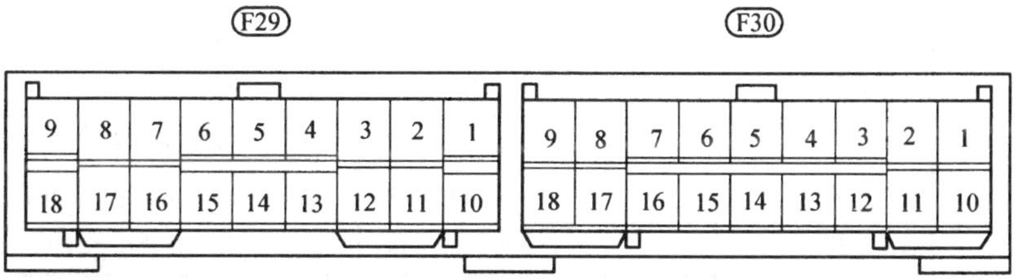

续表

端子号	符　号	连　接	端子号	符　号	连　接
F29—1	MPX1	车身ECU	F30—4	PKL	车门钥匙开关（右）
F29—2	PM+R	车外后视镜（右）	F30—5	PML	门锁手动开关（右）
F29—3	PMHR	↑	F30—6	DLP	↑
F29—4	VSSR	↑	F30—7	PU	电动窗开关
F29—5	PVC	↑	F30—9	PMUP	电动窗电机（前）
F29—6	PCTY	门控灯开关（前）	F30—10	GND	地线
F29—10	MPX2	驾驶员车门ECU、倾斜及伸缩ECU	F30—11	GND2	地线
F29—11	SIG	仪表保险丝	F30—12	PCYL	
F29—12	PMVR	车外后视镜（右）	F30—13	PKUL	车门钥匙开关（右）
F29—13	HSSR	↑	F30—14	PMUL	门锁手动开关（右）
F29—14	PE2	↑	F30—15	PWLP	电动窗开关（前）
F29—15	CPUB	第2喇叭保险丝	F30—16	PDN	↑
F30—2	PCT	电源主继电器	F30—18	PMDN	电动窗电机（前）
F30—3	LSWP	车门未锁检测开关（前）			

4. 倾斜及伸缩ECU

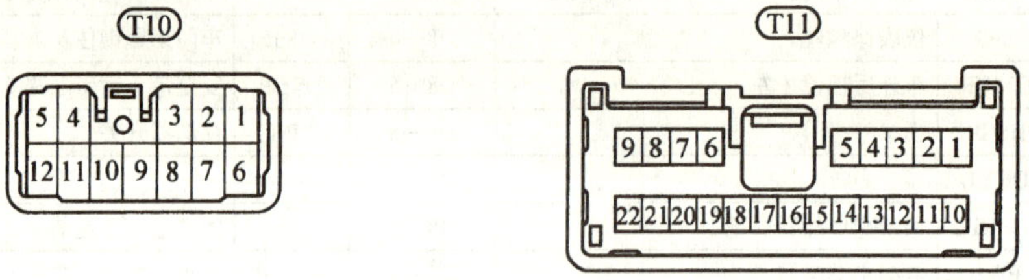

端子号	符　号	连　接	端子号	符　号	连　接
T10—1	E2	地线	T11—6	TES	伸缩位置传感器
T10—2	E1	倾斜及伸缩位置传感器	T11—7	VC3	倾斜及伸缩手动开关
T10—3	TIM-	倾斜度调节电机	T11—8	BES	高度可调系紧件传感器
T10—4	+B	电源保险丝	T11—9	ECUE	地线
T10—6	E3	高度可调式系紧件传感器	T11—10	SO	电动座椅ECU
T10—7	GND	地线	T11—11	MPX	驾驶员车门ECU 前座乘客车门ECU
T10—8	BEM+	高度可调系紧件电机	T11—12	MIRE	后视镜控制开关
T10—9	TEM+	伸缩调节电机	T11—13	MIRB	↑
T10—10	TIM+	倾斜度调节电机	T11—14	P	驻车/空挡位置开关
T10—11	TEM-	伸缩调节电机	T11—15	IG	仪表保险丝
T10—12	BEM+	高度可调系紧件电动机	T11—17	VCS	高度可调系紧件传感器
T11—1	SI	电动座椅ECU	T11—18	NSW	倾斜及伸缩手动开关
T11—2	HR	后视镜控制开关	T11—19	TIS	倾斜位置传感器

续表

端子号	符　号	连　接	端子号	符　号	连　接
T11—3	HL	↑	T11—20	VC2	伸缩位置传感器
T11—4	VR	↑	T11—21	VC	倾斜位置传感器
T11—5	VL	↑	T11—22	ECUB	顶灯保险丝

三、ECU端子标准值

1. 车身ECU端子标准值

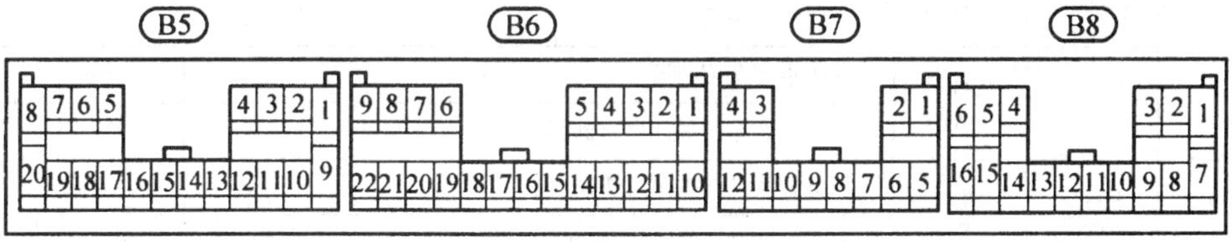

端　子	符　号	配线颜色	条　件		标准值
B5—1← →B8—16	S/M← →GND	W/L← →W/B	点火开关位于“ON”（通）	雨刮开关位于“OFF”（断开）	<1V
				雨刮开关位于“LO”（低速）或“HI”（高速）	电压在10~14V与低于1V之间来回变化
B5—3← →B8—16	KSW← →GND	Y← →W/B	钥匙未锁警告灯开关位于“OFF”（断开）		9.5~14V
			钥匙未锁警告灯开关位于“ON”（接通）。（钥匙插入锁芯）		<1V
B5—6← →B8—16	+1← →GND	L/B← →W/B	点火开关位于“ON”（通）	雨刮开关位于“OFF”（断开）或“HI”（高速）	<1V
				雨刮开关位于“LO”（低速）	10~14V
B5—7← →B8—16	2S← →GND	W/G← →W/B	点火开关位于“ON”（通）	雨刮开关位于“HI”（高速）	<1V
				雨刮开关位于“OFF”（断开）或“LO”（低速）	10~14V
B5—8← →B8—16	WIG← →GND	L← →W/B	点火开关位于“ON”（通）		10~14V
B5—9← →B8—16	S/S← →GND	L/W← →W/B	点火开关位于“ON”（通）	雨刮开关位于“INT”（间歇式）	电压在10~14V与低于1V之间来回变化
				雨刮开关位于“OFF”（断开）	<1V
				喷洗器开关ON→OFF（接通→断开）	10~14V（达到0.25s）
B5—13← →B8—16	VR1← →GND	B← →W/B	点火开关位于“ON”（通）	雨刮开关位于“INT”（间歇）或“LO”（低速）	电压在10~14V与低于1V之间来回变化
B5—15← →B8—16	ACC← →GND	GR← →W/B	点火开关位于“ACC”（附件）		10~14V
B5—17← →B8—16	C1← →GND	LG/R← →W/B	点火开关位于“ON”（通）	雨刮开关位于“INT”（间歇式）	<1V
				雨刮开关位于“OFF”（断）	10~14V
B5—18← →B8—16	W← →GND	L/Y← →W/B	点火开关位于“ON”（通）	喷洗器开关位于“ON”（接通）	<1V
				喷洗器开关位于“OFF”（断开）	10~14V

续表

端　子	符　号	配线颜色	条　件	标准值
B5—20←→车身接地	GND←→车身接地	W/B←→车身接地	恒定	<1V
B6—2←→B8—16	ILE←→GND	R/Y←→W/B	右后车门打开，其他车门关闭	<2V
			左后车门打开，其他车门关闭	
			所有车门关闭，或所有车门锁住	10~14V
B6—6←→B8—16	RCYL←→GND	G/R←→W/B	右后车门打开	<3V
			右后车门关闭	10~14V
B6—7←→B8—16	PBIL←→GND	R/G←→W/B	前座乘客车门打开	2~6V
			前座乘客车门关闭（15s后）	<1V
B6—9←→B8—16	SIG←→GND	R/L←→W/B	点火开关“OFF”（断开）	<2V
			点火开关“ON”（接通）	10~14V
B6—10←→B8—16	SPD←→GND	V/W←→W/B	发动机启动，车辆停下	4.5~7V或<1V
			行驶中	在低于1V与4.5~5.5V之间来回变化
B6—17←→B8—16	TSW←→GND	L←→W/B	*2行李厢门开启开关“ON”（接通）	<1V
			*2行李厢门开启开关“OFF”（断开）	9.5~14V
B6—18←→B8—16	RRU←→GND	R/B←→W/B	*2右后电动窗开关“OFF”（断开）	<1V
			*2右后电动窗开关位于“UP”（上升）	10~14V
B6—19←→B8—16	RRD←→GND	G/R←→W/B	*2右后电动窗开关“OFF”（断开）	<1V
			*2右后电动窗开关位于“DOWN”（上升）	10~14V
B6—20←→B8—16	RRCY←→GND	G←→W/B	*2右后车门门控灯开关“ON”（接通）（车门打开）	<1V
			2右后车门门控灯开关“OFF”（断开）（车门关闭）	9.5~14V
B6—22←→B8—16	TC←→GND	P/B←→W/B	点火开关“OFF”（断开）	<1V
			点火开关“ON”（接通）	10~14V
B7—1←→B8—16	HORN←→GND	G/R←→W/B	防盗装置设定，门锁控制开关LOCK→UNLOCK（锁住→未锁）	10~14V与低于1V之间来回变化
B7—2←→B8—16	SRLY←→GND	R←→W/B	用点火钥匙将点火开关扭至“ACC”（附件）	<1V
			防盗装置设定，门锁控制开关LO CK→UNLOCK（锁住→未锁），点火开关位于“START”（启动）	10~14V
B7—3←→B8—16	TRLY←→GND	G/Y←→W/B	*2灯控制开关位于“TALL”（尾灯）或“HEAD”（大灯）	<2V
			*2灯控制开关位于“OFF”（断开）	10~14V
B7—4←→B8—16	WACT←DCTY←→GND	GR/R←→W/B	驾驶员车门打开	<2V
			驾驶员车门关闭	10~14V
B7—5←→B8—16	LCLY←→GND	G/YK←→W/B	左后车门打开	<2V
			左后车门关闭	10~14V

续表

端　子	符　号	配线颜色	条　件	标 准 值
B7—6←→B8—16	TAIL←→GND	G/W←→W/B	*2灯控制开关位于“TAIL”（尾灯）或“HEAD”（大灯）	<1V
			*2灯控制开关位于“OFF”（断开）	10~14V
B7—7←→B8—16	HEAD←→GND	R←→W/B	*2灯控制开关位于“HEAD”（大灯）	<1V
			*2灯控制开关位于“OFF”（断开）或“TAIL”（尾灯）	10~14V
B7—8←→B8—16	HRLY←→GND	R/Y←→W/B	2灯控制开关位于“HEAD”（大灯）	<2V
			*2灯控制开关位于“OFF”（断开）或“TAIL”（尾灯）	10~14V
B7—12←→B8—16	IND←→GND	V/R←→W/B	安全指示灯亮	在低于1V至3~6V之间来回变化
			安全指示灯不亮	<1V
B8—1←→B8—16	BDR←→GND	L/W←→W/B	恒定	10~14V
B8—2←→B8—16	FDCY←→GND	G/W←→W/B	*2发动机舱门控灯开关“ON”（接通）（发动机舱关闭）	<1V
			*2发动机舱门控灯开关“OFF”（断开）（发动机舱打开）	9.5~14V
B8—3←→B8—16	SH←→GND	W←→W/B	防盗装置设定，门锁控制开关“LOCK”→“UNLOCK”（锁住→未锁）	10~14V 与低于 1V 之间来回变化 *11<1V
B8—4←→B8—16	BECU←→GND	W/L←→W/B	恒定	10~14V
B8—5←→B8—16	ACT+←→GND	L/R←→W/B	门锁控制开关位于“OFF”（断开）	<1V
			门锁控制开关位于“LOCK”（锁住）	10~14V（达0.2~0.3s）
B8—6←→B8—16	ACT←→GND	L/B←→W/B	门锁控制开关位于“OFF”（断开）	<1V
			门锁控制开关“UNLOCK”→“LOCK”（未锁→锁住）	10~14V（达0.2~0.3s）
B8—7←→B8—16	TR[illegible]→GND	B[illegible]→W/B	行李厢门开启开关“OFF”（断开）	<1V
			行李厢门开启开关“ON”（接通）	10~14V（达0.2~0.3s）
B8—8←→B8—16	RLCY←→GND	G/O←→W/B	*2左后车门门控灯开关“ON”（接通）（车门打开）	<1V
			*2左后车门门控灯开关“OFF”（断开）（车门关闭）	9.5~14V
B8—9←→B8—16	DBIL←→GND	R/L←→W/B	驾驶员车门打开	2~6V
			驾驶员车门关闭（15s后）	<1s
B8—11←→B8—16	TKUL←→GND	G/R←→W/B	*2行李厢门钥匙锁住及未锁开关“OFF”（断开）	<1V
			*2行李厢门钥匙锁住及未锁开关“ON”（接通）	9.5~14V
B8—12←→B8—16	LSR←→GND	G/R←→W/B	*2后门开启检测开关“ON”（接通）（任一车门）	<1V
			*2后门开启检测开关“OFF”（断开）（所有后门）	9.5~14V
B8—13←→B8—16	RLU←→GND	L/Y←→W/B	*2左后电动窗开关位于“OFF”（断开）	<1V
			*2左后电动窗开关位于“UP”（上升）	10~14V

续表

端　子	符　号	配线颜色	条　件	标准值
B8—14← →B8—16	RLD← →GND	G/Y← →W/B	[*2]左后电动窗开关位于“OFF”（断开）	<1V
			[*2]左后电动窗开关位于“DOWN”（降下）	10~14V

[*1]：只适用于瑞士车型。
[*2]：点火开关位于“ON”（接通）。

2. 驾驶员车门ECU端子的标准值

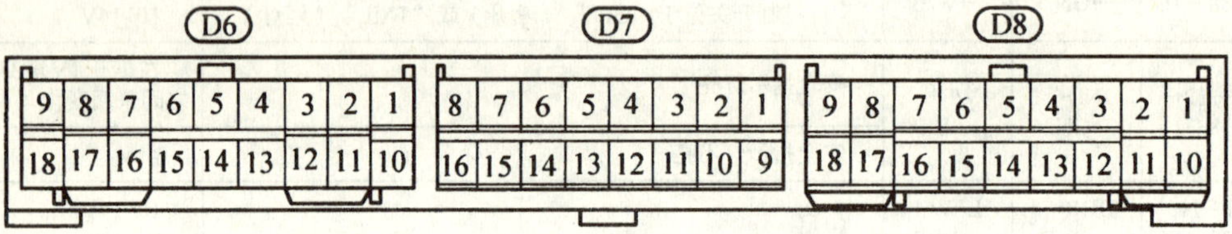

端　子	符　号	配线颜色	条　件	标准值
D6—2← →B8—10	DM—R← →GND	LG/R← →W/B	车外后视镜（驾驶员侧）未工作 车外后视镜（驾驶员侧）向上或向左转动	<1V
			车外后视镜（驾驶员侧）向下或向右转动	10~14V
D6—3← →B8—10	DMHR← →GND	LG← →W/B	车外后视镜（驾驶员侧）未工作 车外后视镜（驾驶员侧）向上、向下或向左转动	<1V
			车外后视镜（驾驶员侧）向左转动	10~14V
D6—5← →B8—10	DVC← →GND	L/O← →W/B	车门关闭 点火开关位于“OFF”（断开） 车门关闭30s后	<1V
			车门关闭 点火开关位于“ON”（接通）	4~6V
D6—6← →B8—10	DCLY← →GND	GR/R← →W/B	驾驶员车门打开	<1V
			驾驶员车门关闭	10~14V
D6—11← →B8—10	SIG← →GND	R/L← →W/B	点火开关位于“ON”（接通）	10~14V
D6—12← →B8—10	DMVR← →GND	LG/L← →W/B	车外后视镜（驾驶员侧）未运作 车外后视镜（驾驶员侧）向下、向右或向左转动	<1V
			车外后视镜（驾驶员侧）向上转动	10~14V
D6—15← →B8—10	CPUB← →GND	W/L← →W/B	恒定	10~14V
D7—2 →B8—10	WLSW← →GND	Y/B← →W/B	[*2]窗锁开关*1位于“UNLOCK”（未锁）	<1V
			[*2]窗锁开关*1位于“LOCK”（锁住）	10~14V
D7—3← →B8—10	DML← →GND	W← →W/B	门锁控制开关位于“LOCK”（锁住）	<1V
			门锁控制开关位于“OFF”（断开）	10~14V
D7—4← →B8—10	RLU← →GND	L/B← →W/B	[*2]电动窗开关（左后）[*1]位于“OFF”（断开）	<1V
			[*2]电动窗开关（左后）[*1]位于“UP”（上升）	10~14V

续表

端　子	符　号	配线颜色	条　件	标准值
D7—5←→B8—10	RRU←→GND	L/R←→W/B	*2电动窗开关（右后）*1位于“OFF”（断开）	<1V
			*2电动窗开关（右后）*1位于“UP”（上升）	10~14V
D7—6←→B8—10	PU←→GND	R/W←→W/B	*2电动窗开关（前座乘客）*1位于“OFF”（断开）	<1V
			*2电动窗开关（前座乘客）*1位于“UP”（上升）	10~14V
D7—7←→B8—10	DU←→GND	R/Y←→W/B	*2电动窗开关（驾驶员侧）*1位于“OFF”（断开）	<1V
			*2电动窗开关（驾驶员侧）*1位于“UP”（上升）	10~14V
D7—8←→B8—10	ATUO←→GND	V/W←→W/B	*2自动降下开关位于“OFF”（断开）*1	<1V
			*2自动降下开关位于“ON”（接通）*1	10~14V
D7—10←→B8—10	SWLP←→GND	O←→W/B	点火开关位于“OFF”（断开）	<1V
			点火开关位于“ON”（接通）	10~14V
D7—11←→B8—10	DMUL←→GND	W/R←→W/B	门锁控制开关*1位于“UNLOCK”（未锁）	<1V
			门锁控制开关*1位于“OFF”（断开）	10~14V
D7—12←→B8—10	RLD←→GND	G/R←→W/B	*2电动窗开关（左后）*1位于“OFF”（断开）	<1V
			*2电动窗开关（左后）*1位于“DOWN”（降下）	10~14V
D7—13←→B8—10	RRD←→GND	G/R←→W/B	*2电动窗开关（右后）*1位于“OFF”（断开）	<1V
			*2电动窗开关（右后）*1位于“DOWN”（降下）	10~14V
D7—14←→B8—10	PDN←→GND	Y/R←→W/B	*2电动窗开关（前座乘客侧）*1位于“OFF”（断开）	<1V
			*2电动窗开关（前座乘客侧）*1位于“DOWN”（降下）	10~14V
D7—15←→B8—10	DDN←→GND	Y/L←→W/B	*2电动窗开关（驾驶员侧）*1位于“OFF”（断开）	<1V
			*2电动窗开关（驾驶员侧）*1位于“DOWN”（降下）	10~14V
D8—1←→B8—10	BDR←→GND	L/W←→W/B	恒定	10~14V
D8—2←→B8—10	PWR←→GND	L/B←→W/B	恒定	10~14V
D8—3←→B8—10	LSWD←→GND	L←→W/B	*2驾驶员门未锁	<1V
			*2驾驶员门锁住	10~14V
D8—4←→B8—10	DKL←→GND	G/Y←→W/B	*2车门钥匙锁住及未锁开关（驾驶员侧）位于“OFF”（断开）	<1V
			*2车门钥匙锁住及未锁开关（驾驶员侧）位于“LOCK”（锁住）	10~14V
D8—5←→B8—10	BSUP←→GND	L/W←→W/B	*2肩带调整开关位于“UP”（上升）	<1V
			*2肩带调整开关位于“OFF”（断开）	10~14V
D8—6←→B8—10	MM←→GND	GR←→W/B	*2设定开关位于“ON”（接通）	<1V
			*2设定开关位于“OFF”（断开）	10~14V

续表

端　子	符　号	配线颜色	条　件	标准值
D8—7←→B8—10	M1←→GND	P←→W/B	*2存储器1开关位于“ON”（接通）	<1V
			*2存储器1开关位于“OFF”（断开）	10~14V
D8—8←→B8—10	A+←→GND	L/R←→W/B	电动门锁（驾驶员侧）未运作 电动门锁（驾驶员侧）正运作至未锁	<1V
			电动门锁（驾驶员侧）正工作至未锁	10~14V
D8—9←→B8—10	DMUP←→GND	R←→W/B	电动窗（驾驶员侧）未运作	<1V
			电动窗（驾驶员侧）正向上转动	10~14V
D8—10←→车身接地	GND←→车身接地	W—B←→车身接地	恒定	<1V
D8—11←→车身接地	GND2←→车身接地	W—B←→车身接地	恒定	<1V
D8—12←→B8—10	KLB←→GND	BR/Y←→W/B	点火开关位于“ON”（接通）	10~14V
D8—13←→B8—10	DKUL←→GND	G←→W/B	*2车门钥匙锁住及未锁开关（驾驶员侧）位于“OFF”（断开）	<1V
			*2车门钥匙锁住及未锁开关（驾驶员侧）位于“UNLOCK”（未锁）	10~14V
D8—14←→B8—10	DSDN←→GND	L/Y←→W/B	*2安全带（肩带）调节开关位于“UP”（上升）	<1V
			*2安全带（肩带）调节开关位于“OFF”（断开）	10~14V
D8—16←→B8—10	M2←→GND	P/B←→W/B	*2存储器2开关位于“ON”（接通）	<1V
			*2存储器2开关位于“OFF”（断开）	10~14V
D8—17←→B8—10	A—←→GND	L/B←→W/B	电动门窗（驾驶员侧）未运作 电动门窗（驾驶员侧）正运作至锁住	<1V
			电动门窗（驾驶员侧）正运作至未锁	10~14V
D8—←→B8—10	DMDN←→GND	G←→W/B	电动窗（驾驶员侧）未运作	<1V
			电动窗（驾驶员侧）正向下转动	10~14V

*1：电动窗总开关。
*2：点火开关位于“ON”（接通）。

3. 前乘客车门ECU端子的标准值

四、电路检查

1. 驾驶员车门ECU通信电路

故障代码	故障部件
11	车身ECU与驾驶员车门ECU之间的配线或连接器 驾驶员车门ECU

（1）电路说明

如图12-3所示，驾驶员车门ECU与车身ECU之间的通信中断时，便会输出该故障码。

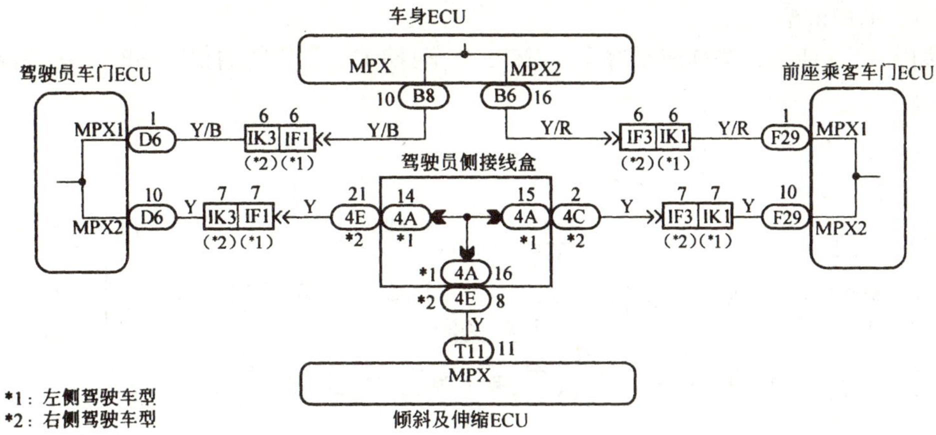

图12-3　驾驶员车门ECU通信电路

（2）检查程序

1	检查驾驶员车门ECU
 	准备①用总开关检查驾驶员侧电动窗是否正常工作。 ②钥匙不插入点火钥匙锁芯，关上驾驶员侧车窗和车门。 检查用钥匙将车门钥匙锁住及未锁开关 （左前）保持在未锁侧不少于1.5s。 正常驾驶员侧车窗玻璃降下
↓正常	不正常→更换驾驶员车门ECU

2	检查车身ECU的端子MPX与驾驶员车门ECU的端子MPX1之间是否导通
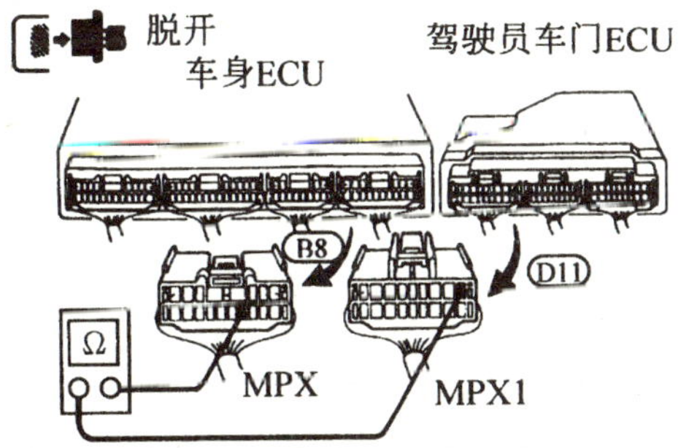 	准备脱开车身ECU的连接器B8和驾驶员车门ECU的连接器D11。 检查车身ECU的端子MPX与驾驶员车门ECU的端子MPX1之间是否导通。 正常导通
↓不正常	正常→更换驾驶员车门ECU

修理或更换车身ECU与驾驶员车门ECU之间的配线或连接器

2. 前座乘客车门ECU通信电路

故障代码	故障部件
12	车身ECU与前座乘客车门ECU之间的配线或连接器 前座乘客车门ECU

（1）电路说明

如图 12-4 所示，当前座乘客车门 ECU 与车身 ECU 之间的通信中断时，便会输出该故障码。

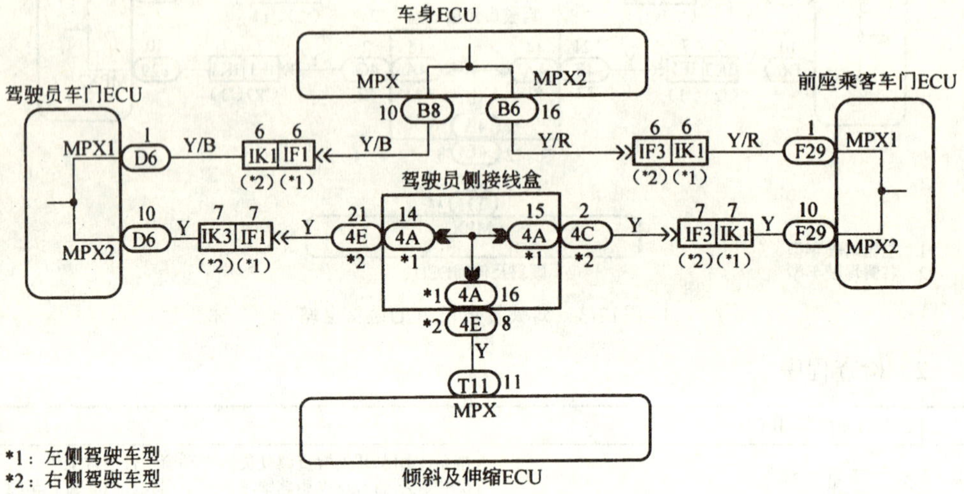

图12-4　前座乘客车门ECU通信电路

（2）检查程序

<table>
<tr><td>1</td><td colspan="2">检查车身ECU的端子MPX2与驾驶员车门ECU的端子MPX1之间是否导通</td></tr>
<tr><td colspan="2">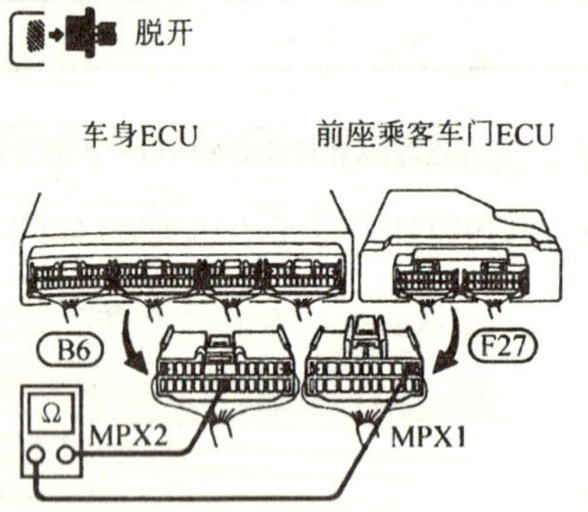
</td><td>准备脱开车身ECU的连接器B6和驾驶员车门ECU的连接器D27。
检查车身ECU的端子MPX2与驾驶员车门ECU的端子MPX1之间是否导通。
正常导通</td></tr>
<tr><td colspan="2">↓不正常</td><td>正常→更换驾驶员车门ECU</td></tr>
</table>

修理或更换车身ECU与驾驶员车门ECU之间的配线或连接器

3. 倾斜及伸缩ECU通信电路

故障代码	故障部件
13	车身ECU的端子MPX（MPX2）与倾斜及伸缩ECU的MPX之间的配线或连接器 倾斜及伸缩ECU

（1）电路说明

如图 12-5 所示，当倾斜及伸缩 ECU 与车身 ECU 之间的通信切断时，便会输出该故障码。

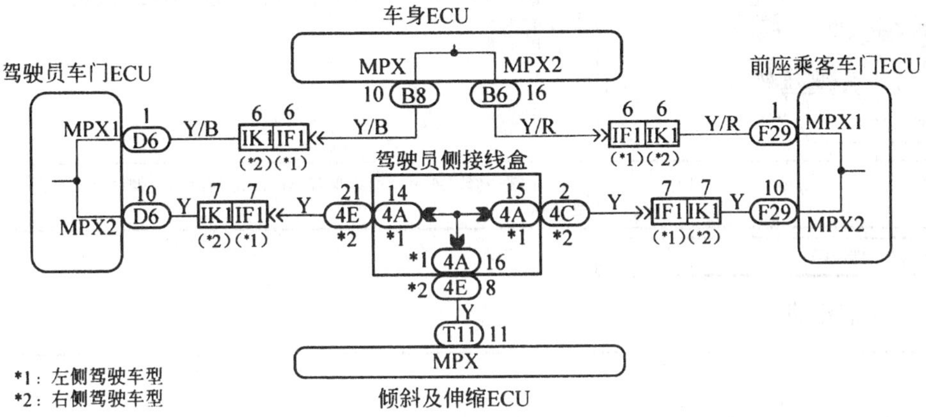

图12-5　倾斜及伸缩ECU通信电路

（2）检查程序

1	检查手动倾斜及伸缩运作
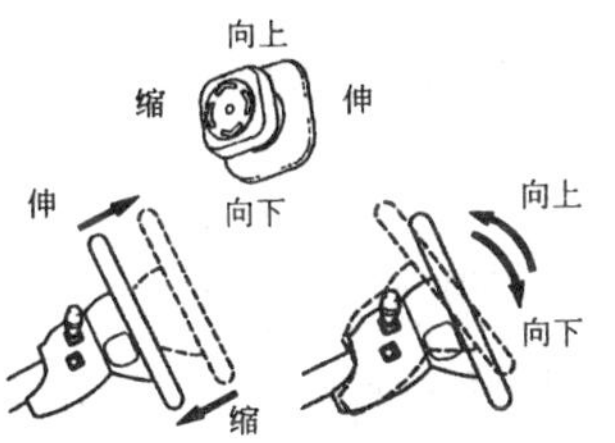 	准备将点火开关扭至“ON”（接通）。 检查检查手动倾斜及伸缩运作。 正常运作正常。
↓不正常	正常→进行步骤3

进行步骤2

2	检查和修理电动倾斜及电动伸缩转向柱

3	检查驾驶员车门ECU的端子MPX2与倾斜及伸缩ECU的端子MPX之间是否导通
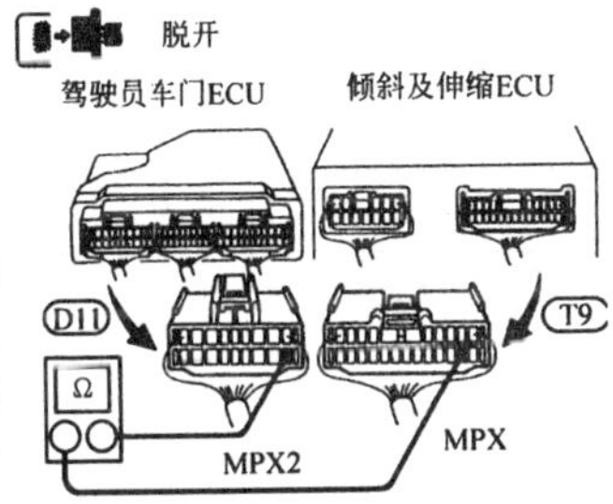 	准备脱开驾驶员车门ECU的连接器D11和倾斜及伸缩ECU的连接器T9。 检查驾驶员车门ECU的端子MPX2与倾斜及伸缩ECU的端子MPX之间是否导通。 正常导通
↓正常	不正常→修理或更换驾驶员车门ECU与倾斜及伸缩ECU之间的配线和连接器

4	检查前座乘客侧车门ECU的端子MPX2与倾斜及伸缩ECU的端子MPX之间是否导通

续表

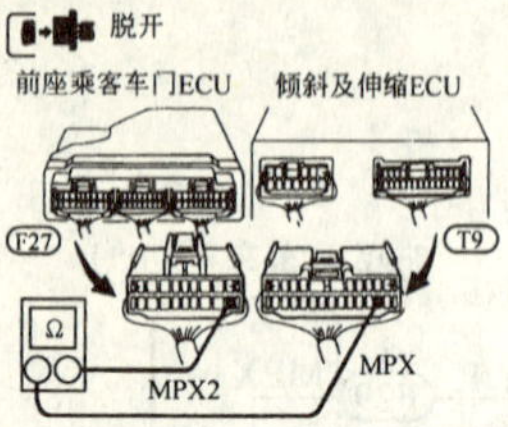	准备脱开前座乘客车门ECU的连接器F27和倾斜及伸缩ECU的连接器T9。 检查前座乘客车门ECU的端子MPX2与倾斜及伸缩ECU的端子MPX之间是否导通。 正常导通
↓正常	不正常→修理或更换前座乘客车门ECU与倾斜及伸缩ECU之间的配线和连接器

更换倾斜及伸缩ECU

4. 通信电路

故障代码	诊　断	故障部位
14	B+短路	配线 驾驶员车门ECU 前座乘客车门ECU 倾斜及伸缩ECU
15	接地短路	

（1）电路说明

如图 12-6 所示，通信电路在 B+ 短路或接地短路时，便会输出 14、15 号故障码。

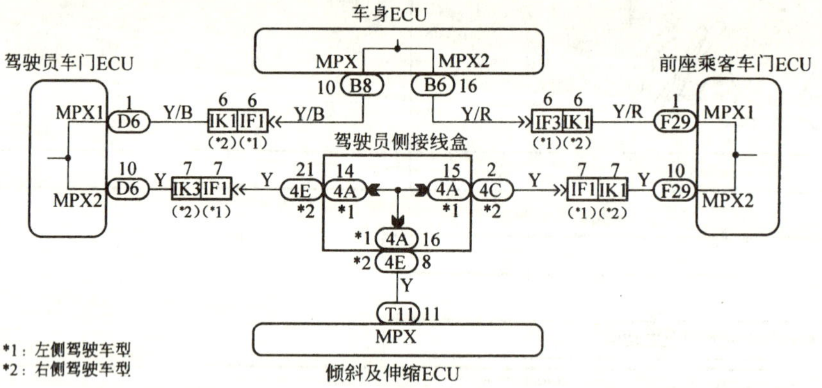

图12-6　通信电路

（2）检查程序

1	检查倾斜及伸缩ECU内的通信电路
准备① 脱开倾斜及伸缩ECU的连接器。 ② 用维修专用工具（SST）连接TDCL的端子Tc和E_1。 维修专用工具SST 09843-18020 ③ 将点火开关扭至“ON”（接通）。 检查通过车门未关紧指示灯读出故障码。 正常不输出14、15号故障码	
↓不正常	正常→更换倾斜及伸缩ECU

进行步骤2至4

2	检查驾驶员车门ECU内的通信电路
准备①脱开驾驶员车门ECU的连接器。 ②用维修专用工具（SST）连接TDCL的端子Tc和E_1。 维修专用工具（SST）09843-18020。 ③将点火开关扭至“ON”（接通）。 检查通过车门未关紧指示灯读出故障码。 正常不输出14、15号故障码	
↓不正常	正常→更换倾斜及伸缩ECU

3	检查前座乘客车门ECU内的通信电路
准备①脱开驾驶员车门ECU连接器。 ②用维修专用工具（SST）连接TDCL的端子Tc和El。 维修专用工具（SST）09843-18020 ③将点火开关扭至“ON”（接通）。 检查通过车门未关紧指示灯读出故障码。 正常不输出14、15号诊断码	
↓不正常	正常→更换倾斜及伸缩ECU

4	检查通信电路是否短路
准备①脱开驾驶员车门ECU的连接器和前座乘客车门ECU连接器。 ②用维修专用工具（SST）连接TDCL的端子Tc和E_1。 维修专用工具（SST）09843-18020。 ③将点火开关扭至“ON”（接通）。 检查通过车门未关紧指示灯读出故障码。 正常不输出14、15号诊断码	
↓不正常	正常→更换驾驶员车门ECU、倾斜及伸缩ECU与前座乘客车门ECU之间的配线

更换驾驶员车门ECU、车身ECU与前座乘客车门ECU之间的配线

5．驾驶员车门的开关电路

故障代码	故障部件
22	• 车门钥匙锁住及未锁开关（驾驶员侧） • 存储器开关 • 安全带（肩带）调节开关 • 开关与驾驶员车门ECU之间的配线

（1）电路说明

如图 12-7 所示，车门钥匙锁住及未锁开关（驾驶员侧）、存储器开关或安全带（肩带）调节开关卡住时，便会输出该故障码。操纵上述 3 个开关中任一开关时（开关接通），也会输出该故障码。

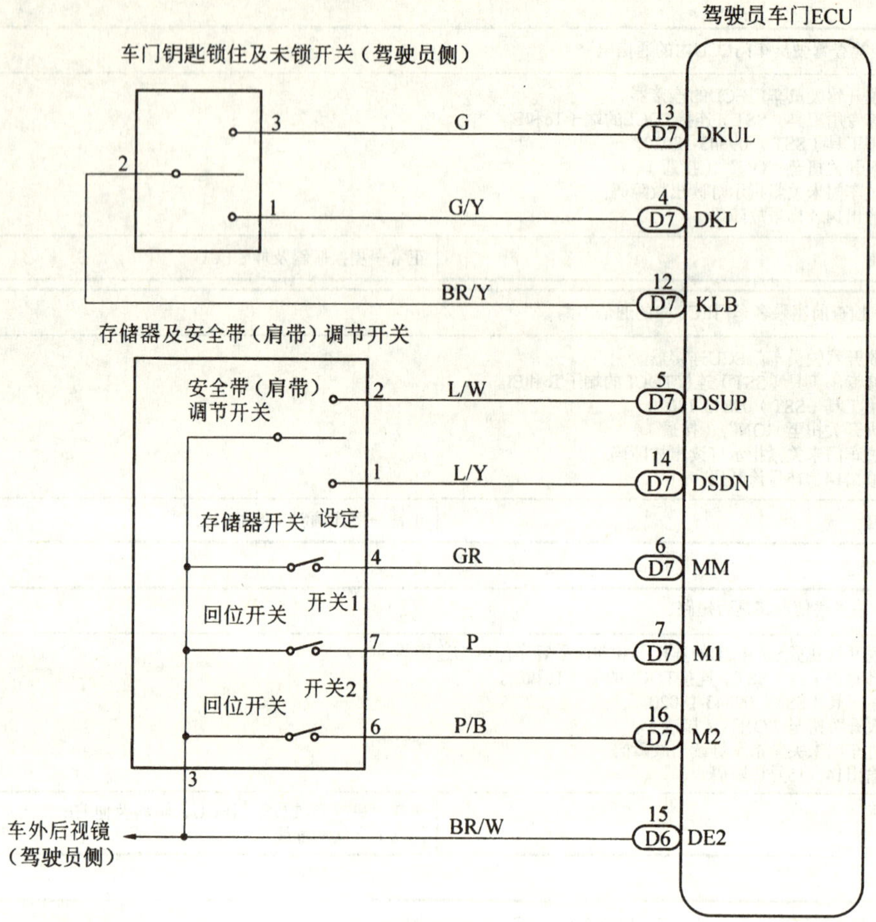

图12-7　驾驶员车门的开关电路

（2）检查程序

1	检查车门钥匙锁住及未锁开关（左侧）的导通情况
↓正常	不正常→更换车门钥匙锁住及未锁开关

2	检查存储器开关的导通情况
↓正常	不正常→更换存储器开关

3	检查安全带（肩带）调节开关
↓正常	不正常→更换安全带（肩带）调节开关

检查和修理每个开关与驾驶员车门ECU之间的配线和连接器

6. 前座乘客车门上的门锁控制开关和车门钥匙锁住及未锁开关

故障代码	故障部件
31	门锁控制开关（乘客侧） 车门钥匙锁住及未锁开关（乘客侧） 开关与前座乘客车门ECU之间的配线或连接器

（1）电路说明

如图 12-8 所示，门锁控制开关（乘客侧）或车门钥匙锁住及未锁开关（右前）中任一开关卡住，便会输出该故障码。操纵任一开关（开关接通），也会输出该故障码。

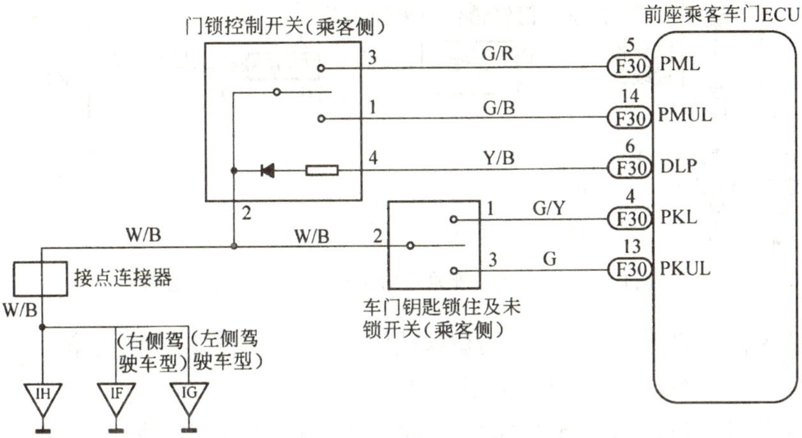

图12-8 前乘客侧门锁控制开关和车门钥匙锁住及未锁开关电路

（2）检查程序

1	检查门锁控制开关（乘客侧）的导通情况
↓正常	不正常→更换车门钥匙锁住及未锁开关

2	检查车门钥匙锁住及未锁开关（乘客侧）
↓正常	不正常→更换车门钥匙锁住及未锁开关（右侧）

检查和修理开关与前座乘客侧车门ECU之间的配线和连接器

7. 行李厢门开启电路、无线遥控门锁ECU电路

故障代码	故障部件
41	• 行李厢门开启开关 • 行李厢门钥匙锁住及未锁开关 • 无线电门锁电路 • 开关与车身ECU之间的配线或连接器

（1）电路说明

如图 12-9 所示，在如下两种情况下会输出该故障码。

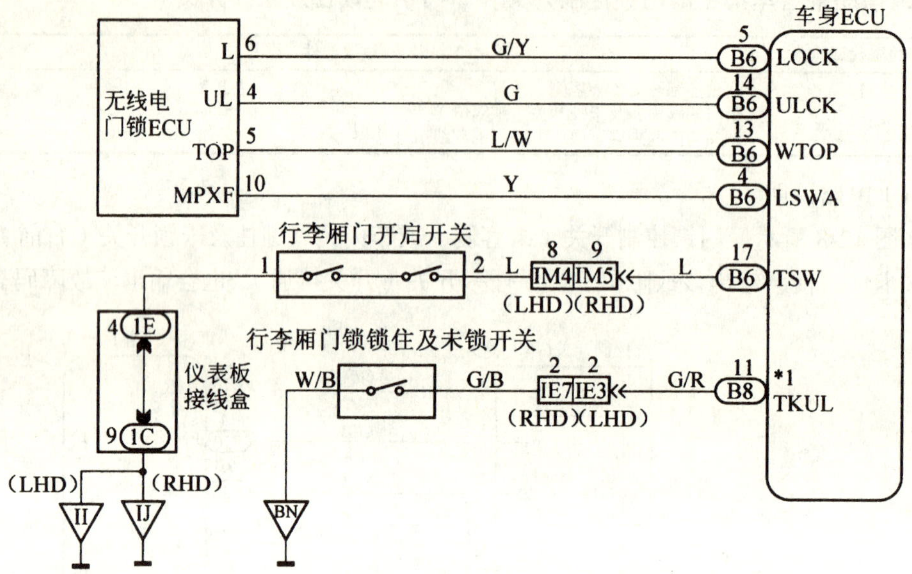

图12-9　行李厢门开启电路无线遥控门锁ECU电路

① 行李厢门开启开关或行李厢门钥匙锁住及未锁开关卡住，便会输出该故障码。操纵任一开关（开关接通），也会输出该故障码。

② 无线电门锁 ECU 输入至车身 ECU 的信号不正常时，也会输出该故障码。

（2）检查程序

1	检查无线遥控门锁的工作
用发射器检查无线遥控门锁的工作。 正常钥匙锁住及未锁功能、行李厢门开启工作均正常	
↓正常	不正常→检查和修理无线遥控门锁电路

2	检查行李厢门开启开关
↓正常	不正常→更换行李厢门开启开关

3	检查行李厢门钥匙锁住及未锁开关
↓正常	不正常→更换行李厢门钥匙锁住及未锁开关

修理或更换开关与车身ECU之间的配线和连接器

计　划

根据上述导向知识与技术信息，在下表完成工作计划。

序　号	工作步骤	仪表/辅具	注意事项

实 施

1．实践准备

场地准备： LS400轿车； 举升器	工量具准备： 手持式测试仪； 常用及专用拆装工具； 维修损耗品	资料准备： 维修记录表（工单）； LS400维修手册

2．检查和修理SWS总线网络系统记录表。

序　号	检查项目	标准值	检测值	结果分析
1				
2				
3				
4				
5				
6				
7				
8				
诊断分析				

通过手持式检测仪连接到车上可以很快地显示出车辆元件的故障状态。

检 验

教师对学生的计划进行点评

展 示

1. 实施中的每一组同学随机挑选一名代表根据自己的计划，用 10 分钟时间对本工作任务中 3 个要点的知识进行讲解。

2. 专业会谈：LS400 网关图的分析。

工作任务13

LIN数据总线

导向

要求学生通过工作任务的学习了解 LIN 数据总线的基础知识。

基础知识

汽车中CAN（Controller Area Network）主要用于车载各电子控制装置ECU之间交换信息，形成汽车电子控制网络。各控制单元使用特定的总线技术来实现数字/模拟信号在中央控制单元和执行器件、传感器之间的传输。每一个状态或事件的传输都有专门的通道。为了将信息从中央控制单元传输到各子单元，每一个子单元都应该有通用、标准的开放式接口。控制执行器件和传感器模块对于传输速率要求不是很高，比如后视镜定位等，所有这些低速率的模块都不需要使用CAN总线，而可选择一种相比CAN总线来说价格更低廉而有效的方式——LIN总线。

LIN（Local Interconnect Network）是一种用于汽车中分布式电子系统的新型低成本串行通信网络。它由汽车厂商开发，专门应用于低端系统，作为 CAN 的辅助网络或子网络。在不需要 CAN 总线的带宽和多功能的场合，比如智能传感器和制动装置之间的通信，使用 LIN 总线可以大大节省成本。

当前汽车应用开发人员正面临着众多设计挑战，由于现代汽车增加了更多电子功能，对低功耗和更小印刷电路板的需求也越来越强烈，所有这些都表明在诸如车身控制和传动系统等应用领域中这样的特性将日益重要。

如今汽车中的绝大多数电子控制单元相互之间都有连接，但汽车制造商对不同的应用使用了不同的总线系统。例如传动系统和制动系统多数通过控制器局域网络（CAN）来联系，而通信不太密集的应用（如车窗升降电机和控制车镜的按键）则可能使用局域互联网络（LIN）协议。本文将论述怎样利用 LIN 总线来满足汽车业所需要的新增电子功能，并同时确保低功耗及使用较小面积的 PCB。

LIN 协议

LIN 协议由欧洲汽车制造商协会设计，是一种低成本短距离低速网络。它旨在传送开关设置和传感器输入等状态的变化，并对这类变化做出响应，因此可用于传送发生时间约为几分之一秒的事件，并不适用于汽车应用中的高速事件（如引擎管理）。LIN 的另一个目的是利用该协议的简单性降低系统成本，以便能够方便地在质优价廉的 8 位单片机中实现。LIN 总线协议的最新版本是 V2.0，可以在 LIN 联盟的网站（www.lin-subbus.de）上得到。

LIN 支持单线双向通信，采用廉价的由 RC 振荡器驱动的单片机，可省掉晶体振荡器或陶瓷振荡器的费用。虽然 LIN 降低了系统总成本，但在时间和软件上却要付出代价，每条报文都必须经过一个自动确定波特率的过程。LIN 协议支持最高 20kbps 传输速率，以及一个低功耗休眠模式，此时总线将被关闭，不再消耗汽车电池。采用 8 位单片机并结合外部或内部 RC 有助于降低系统成本，并减少 PCB 实际的面积，如图 13-1 所示。

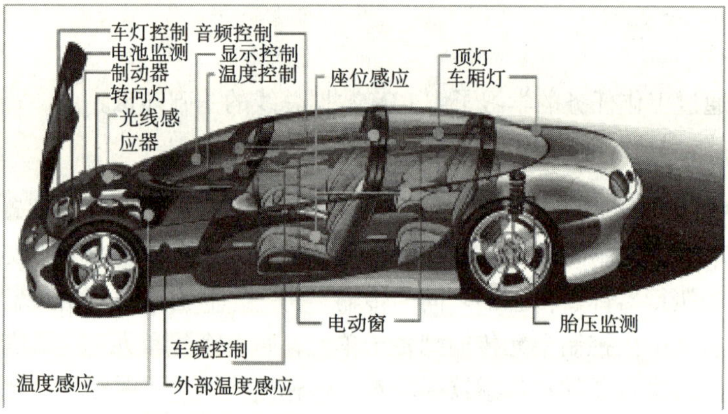

图13-1　LIN在汽车中的典型应用

总线上的低电位信号为显性状态，只要任何节点将总线电压拉低，就会出现这一状态。当总线处于电池电压且所有节点都使总线处于悬空状态时，会出现隐性状态。在空闲状态下，总线通过上拉电阻悬空为高电平。

LIN总线的工作电压范围为9~18V，但总线上所有部件都必须能够承受40V电压。通常，控制单元通过线路驱动器/接收器与总线隔离，这种方案下总线每个节点都端接为VBAT电平，主节点通过1kΩ电阻端接，从节点则通过20~47kΩ的电阻端接。总线最大设计长度为40m。总线采用上拉电阻作为终端，主节点的上拉电阻为1kΩ，从节点的上拉电阻为30kΩ。电阻需串联一个二极管以防止由于本地电源泄漏对总线产生的干扰。从节点的终端电容通常值为C_{Slave}= 220pF，主节点的电容要更高以使整个总线的电容小于从节点的值。

由于采用单线媒质传输，最大的传输波特率被限定在 20kbit/s 以内。该值为从满足信号同步而不产生冲突的最高值，到为满足电磁兼容性要求而要达到的传输最低值之间的实验中间值。

每个字节都利用起始位和停止位作为头尾标志位。起始位与空闲状态相反，为 0，而停止位则等同空闲状态（即 1）。在每个字节内，数据从最低位（LSB）开始传送。

LIN 协议

用 LIN 可实现车内网络分级，从而成为车辆制造商提供更高的质量及更低成本的重要因素。它可以为工业领域的软件开发提供最好的实现方式：抽象及更好的组合能力。LIN 可以简化很多现有的低端复合解决方案，并且可以降低车辆电子系统的开发、生产、服务及后勤成本。

LIN 总线为单线传输，“与”总线通过终端电阻由电池正极节点（VBAT）提供。总线可以取两个互补的逻辑值：主控值其电压接近于接地端，代表逻辑值“0”，退让值其电压与电池电压接近，代表逻辑值“1”。如图 13-2 所示。

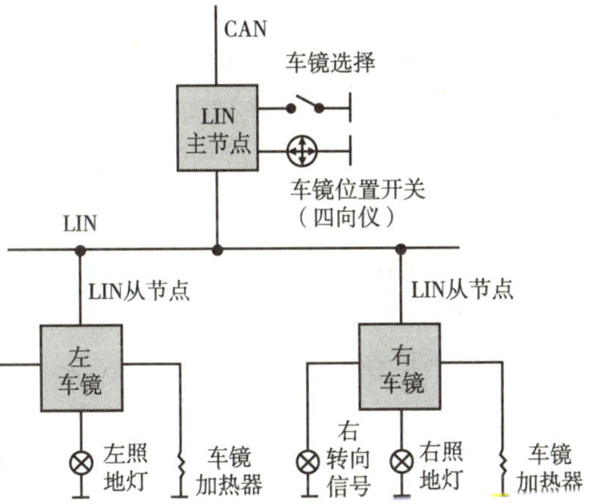

图13-2　LIN网络在车镜控制上的应用

主节点用于控制 LIN 总线，它通过对从节点进行查询，将数据发布到总线上。从节点仅在主节点的命令下发送数据，从而在无须仲裁的情况下实现双向通信。报文的传送是在主节点发出一个同步间隔脉冲后开始的，然后跟随的是同步字段和报文字段。主节点通过在每个报文的开始处发送同步字段可设定整个总线时钟。

通过 LIN 总线传输的实体为帧。一个报文帧由帧头及回应（数据）部分组成。在一个激活的 LIN 网络中，通信通常由主节点启动，主节点任务发送包含有同步间隙的报文头，同步字节及报文标志符（ID）。一个从节点的任务通过接收并过滤标志符被激活，并启动回应报文的传送。回应中包含了 1 到 8 个字节的数据及一个字节的校验码。

传输一帧所花费的总时间是发送每个字节所用的时间，加上从节点的回应间隙，再加上传输每个字节的间隙时间（inter-byte space）。字节间隙是指发送完前一个字节的停止位后到发送下一个字节的启动位之间的时间。

帧内部间隔（inter-frame space）是从上一帧发送完毕后到下一帧启动发送间的时间间隔。

帧的结构如图 13-3 所示。帧由帧间间隔及接下来的 4 到 11 个字节域组成

图13-3　帧结构

信号在帧的数据域中传送。多个信号可以打包在一个帧中传送，只要这些信号不彼此重叠即可。

每个信号只有一个明确的传输者，例如，通常由一簇（cluster）节点中的一个来写，0、1 或多个节点订阅该信号。

LIN 协议的核心特性是使用进度表（schedule table）。进度表有助于保证总线不出现过载的情况，它们同样是保证信号定期传输的核心组件。

在一组 LIN 节点中只有主节点任务才可以启动通信保证了行为的确定性。主节点有责任保证与操作模式相关的所有帧都必须分配足够长的传输时间。

每条报文的第二字节是一个标识符字节，它告诉 LIN 总线随后将发送的是什么数据，并指明哪个节点应该应答及应答的长度是多少。对于给定的命令，只有一个从节点可以应答，从节点仅在主节点的控制下在 LIN 总线上发送数据。一旦数据发布到总线上，任何节点都可以接收该数据。因此，一个从节点向其他从节点发送数据无须主节点干预。

由于 LIN 协议使用低成本 RC 振荡器，因此从节点必须检测主节点每次发送的波特率，并调整为当前速率，所以每次通信都以同步字段开始，它是一个 0、1 交替出现的字节。

步字段之后是标识符字段，它告诉 LIN 总线接着出现的内容。该字段进一步分为三个子字段：4 位（0~3）用于对总线上的设备进行寻址；2 位（4~5）指明此后报文的长度；最后 2 位（6~7）用于奇偶校验。

除休眠命令之外，LIN 协议没有定义任何报文的内容，其他命令是在具体应用中定义的。

错误检测

以下错误必须在每一节点处进行检测和计数，一旦出现错误，该命令就要被丢弃，并记录这一错误事件。

位错误——正在发送的节点应该对希望发送的数据与总线上实际出现的数据进行比较，控制器必须等待足够时间以确保总线对发出的数据做出反应，然后才可测试这一数据。假定总线响应信号的最小边沿变化速率为 1V/μs，最大总线电压为 18V，那么发送器应等待 18μs 后才可进行测试。

校验和错误——每条报文的数据内容都受到校验和字节的保护，该字节是数据字节相加后取 256 模的余数再取反的结果。

奇偶校验——命令字节使用 2 个奇偶位来保护其他 6 个数位，这两个数位在接收后要重新计算，再与接收结果进行比较。

该协议没有定义直接错误报告机制，然而由于每个从节点都应自行追踪各自的错误，因此主节点可利用正常的报文协议来请求获得错误状态。

LIN 和系统要求

那么 LIN 是如何满足对低功耗、低系统成本、功能增加甚至减少汽车总重量的要求呢?

首先它可以方便地用软件实现 LIN 协议，该协议不需要单片机给予过多的硬件支持，通过使用一个简单的 USART 或增强型 USART 就可以实现。USART 支持诸如自动波特率检测等功能，这意味着在 LIN 应用中可以使用一个简单的质优价廉的 8 位单片机。还有一个优点就是 LIN 在协议层不需要复杂的操作系统，不多的软件开销还使得设计人员能够选择存储器容量较小的单片机。

如何运用像 LIN 这样的简单协议对汽车进行控制呢? 以车镜控制为例，许多汽车的车镜相互之间仍是硬连接，或者在豪华型汽车中通过 CAN 这样的昂贵协议连接，其实利用 LIN 总线就可以方便地将左右车镜和四向仪（可以改变车镜位置的四方向开关）连接起来。在典型的 LIN 方案中，四向仪是主节点，两个车镜是从节点。四向仪读取按键的状态，将报文发送给相应的车镜。

那么使用 LIN 能够为诸如车镜控制等应用增加新功能吗? 回答是不需要额外连线，就可以方便地添加其他功能，如集成式转向信号、集成式照地灯或车镜加热器。这里车镜只需要与地电位、VBAT 和 LIN 总线连接，需要改动的只有主节点，它必须知道要实现哪些车镜功能。

图 13-2 说明了用于车镜应用的 LIN 网络。为了更清楚地理解这个例子，让我们更深入地研究一下。该网络中的主节点是一个 PIC18F4680 8 位闪存单片机，它读取车镜选择开关和四向仪，还通过 CAN 总线接收报文。从 CAN 总线发送给主控 LIN 节点的报文包括左右转向信号和开门，接收到来自 CAN 总线的报文后，主节点通过 LIN 总线向从节点发出命令，如"左车镜上升或左车镜下降"。

在此例中，从节点由 PIC16F688 8 位闪存单片机组成。PIC16F688 具有一个集成的 LIN 收发器和一个增强型 USART，其中 USART 能自动执行自动波特率检测。从节点收到报文并利用步进电机使车镜上升或下降。假设车镜模块没有集成式转向信号等其他功能，当从节点从 LIN 总线上接收到一条诸如"左转向信号"的报文时，它就会忽略这一报文或者触发 I/O 用于转向信号（这部分内容已超出本文讨论范围）。触发 I/O 的好处是无论车镜是否集成了转向信号都可应用相同的软件，只需要对硬件做适当更改即可运行，也就是说功能不同的各种车镜都可以使用同一软件。

LIN 的通信规则

一个 LIN 网络通常由一个主节点、一个或多个从节点组成。所有节点都有一个从通信任务，该通信任务分为发送任务和接收任务。主节点除此之外还有一个主发送任务。一个 LIN 网络上的通信总是由主发送任务所发起的。主控制器发送一个起始报文，该起始报文由同步断点、同步字、消息标志符所组成。相应的，在接收并且滤除消息标志符后，一个从任务被激活并且开始消息的应答传输。该应答由 2/4/8 个数据字节和一个校验码所组成。起始报文和应答部分构成一个完整的报文帧。通常由报文标志符指示该报文的组成。这种通信规则可以用多种方式来交换数据，可以由主节点到一个或多个从节点，也可以由一个从节点到主节点或其他的从节点。通信信号可以在从节点之间传播，而不经过主节点，或者主节点广播消息到网络中的所有节点，报文帧的时序受主控制器控制。图 13-4 为 LIN 通信概念示意图。

LIN 的报文帧结构

报文传输是由报文帧的格式形成和控制的，报文帧由主机任务向从机任务传送同步和标识符信息，并将一个从机任务的信息传送到所有的其他从机任务。主机任务位于主机节点内部，负责报文的进度表，发送报文头。从机任务位于所有的（主机或从机）节点间，其中一个（主机节点或从机节点）发送报文的响应。报文帧结构如图 13-5 所示，一个报文帧由一个主机节点发送的报文头和一个主机或从机节点发送的响应组成。报文帧的报文头包括一个同步间隔场、一个同步场和一个标识符场。报文帧的响应则由 3 个到 9 个字节场组成：2、4 或 8 字节数据场和 1 个校验和场。

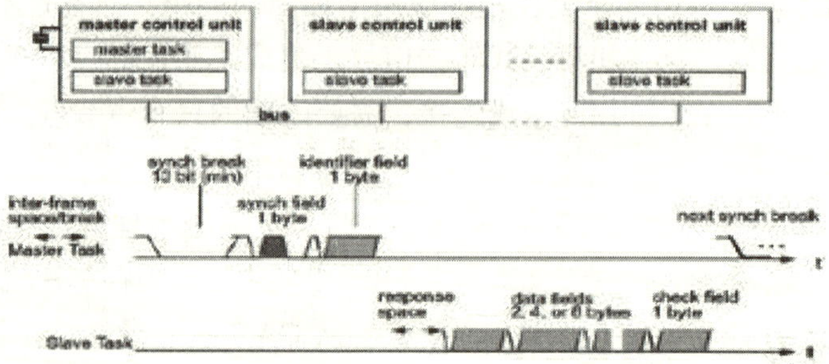

图13-4　LIN通信概念

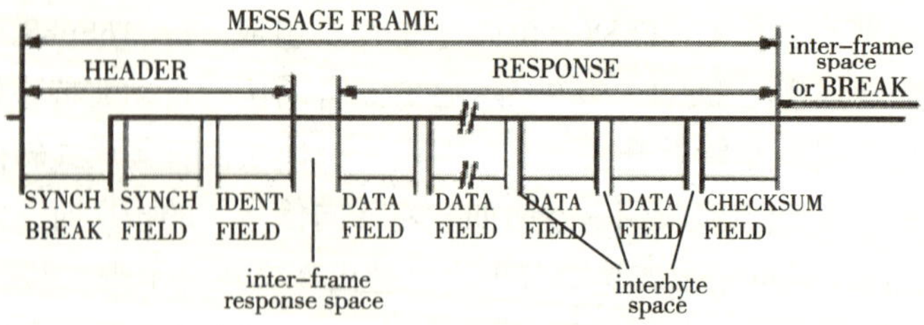

图13-5　LIN报文帧结构

@信息

LIN 总线

LIN 网络在汽车电子控制中的应用

在汽车电子控制单元的设计中应该首先考虑的是安全问题，所以对于那些关键控制部分如：汽车发动机、自动变速箱、刹车装置、安全气囊等单元应该采用分散式控制；而对于那些与安全无关的单元比如：汽车的门窗、方向盘、座椅、空调、照明、湿度传感器、交流发电机控制单元等，出于成本的考虑可以采用 CAN 与 LIN 混合的集中控制方式。对于这些成本比较敏感的单元，LIN 可以使那些机械元件，如智能传感器、制动器或光敏器件得到较广泛的应用。这些器件可以很容易地连接到汽车网络中，并得到十分方便的维护和服务。在 LIN 实现的系统中，通常将模拟信号量用数字信号量替换，这将使总线性能得到优化。图 13-6 是 LIN 在汽车车身控制网络解决方案中的应用。

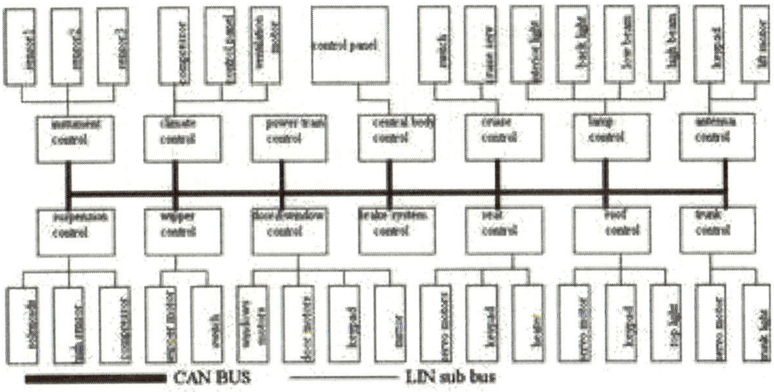

图13-6　LIN在汽车网络全套解决方案中应用图

图中 CAN 总线连接了传动装置控制单元、灯控单元、门控单元、座椅控制单元及仪表系控制单元等。而 LIN 总线构成的 LIN 网络作为 CAN 网络的辅助网络，连接了车门窗控制单元、雨刷控制单元、天线控制单元等低速设备。可以看出，作为 CAN 网络的辅助网络，目标应用主要在低端系统，不需要 CAN 的性能、带宽及复杂性。与 CAN 相比使系统成本更低。

尽管 LIN 最初的设计目的是应用于汽车电子控制系统，由于其特有的性能，LIN 也正广泛应用于工业化传感器总线、民用消费电子产品中。

LIN 总线与 MCU 的接口设计

一般的微控制器 MCU（Microcontroller Unit）的 LIN 总线是通过其 SCI 串行通信接口经过一个 LIN 总线接口芯片来实现的。MC33399 就是 Motorola 公司专为汽车辅助总线 LIN 的应用而设计的物理层器件，它适应于 LIN 的规范，MC33399 的主要特性如下：通信速率从 1kbit/s~20kbit/s；正常工作电压 8~18V；有正常与睡眠两种工作模式，无源节点不会打扰网络，非常低的睡眠待机电流，与 MCU 的接口可控制外部电压调节器，

LIN BUS 极限电压完全同 LIN 协议特性参数兼容，它可从 LIN 总线、MCU 命令和高压唤醒输入被唤醒，内部有上拉电阻，较高的电磁兼容免疫性能。总线回转率控制根据 LIN 协议规范（推荐值为 2V。US）。如果采用 MC33399 LIN 总线物理接口电路实现微处理器MCU的LIN总线接口设计。那么它们在车辆控制之中的接口设计如图13-7所示。MC33399 的 RXD 和 TXD 分别与 MCU 的 SCI 连接，其使能端 EN 与 MCU 的任意一个 I/O 线连接并受 MCU 的控制。VSUP 接电源正极，WAKE 受一个外部开关控制，INH 控制 MCU 的电源调节器。LIN 端搭接 LIN sub bus 辅助总线。

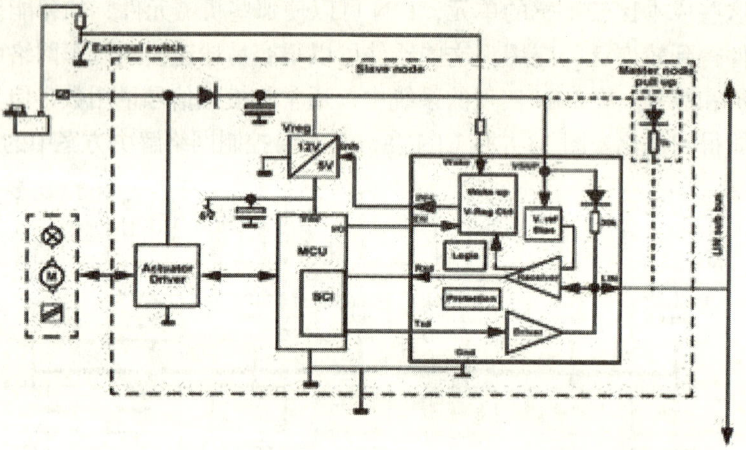

图13-7　LIN接口芯片MC33993与MCU的典型接口方式

LIN 网络节点的最大数量不仅由标识符的数量限制上面的信息路由也由总线的物理特性限制。

LIN 网络的节点数量不应超过 16，否则节点增加将减少网络阻抗会导致环境条件变差，禁止无错误的通信，每一个增加的节点都可以减少约网络阻抗的 30k~1kΩ

网络中总的电线通信导线长度应少于或等于 40m，主机节点的总线端电阻典型值是 1kΩ，从机节点是 30kΩ。

LIN 总线主控制单元作为自网络连接到 CAN 数据总线上，在 LIN 与 CAN 之间起翻译作用，将二者的通信协议相互转换保证不同网络之间的通信。它也是 LIN 总线中唯一与 CAN 总线连接的元件。该元件设定了一个周期决定何时发送数据到 LIN 总线上多少次。通过 LIN 总线主控制单元进行 LIN 总线系统的自诊断。

此外还包括 LIN 总线从控制单元，单个的控制单元或传感器和执行器（智能型）都可以看做从控制单元。在主控制单元发出指令后从控制单元才会做出响应。

在 AUDI 轿车上 LIN 的传输速度为 1~20bit/s，最快可达舒适 CAN 数据总线速度的 1/5。

计 划

根据上述导向知识与技术信息，维修一段双绞线在下表完成工作计划。

序　号	工作步骤	仪表/辅具	注意事项

实 施

实践准备

场地准备： 奥迪A8轿车	工量具准备： VAS 5051检测仪	资料准备： 维修记录表（工单）； 奥迪A8轿车维修手册；

要求：由学生根据维修资料制定出工作计划。

检查多功能方向盘

检 验

根据学生的计划和实际维修的状况由教师对其进行批改，并就其中的问题进行点评

展 示

1．实施中的每一组同学随机挑选一名代表根据自己的计划，用 10 分钟时间对本工作任务中 3 个要点的知识进行讲解。

2．专业会谈：LIN 数据总线在应用时的特点。

工作任务 14

汽车无源光学星形网络系统

导 向

基础知识

使用光纤进行数据传输适用于汽车电子控制系统的高速通信，它是除了采用金属线芯的双绞线和同轴电缆等传输媒体之外，又一种在技术上日趋成熟的传输方式。它是一种纯介质网络，避免了外部设备的电磁干扰和雷电影响，减少了线路和外部设备的故障率，提高了系统可靠性，同时节省了维护成本，原则上可适用于任何制式和速率信号。

它主要分为有源 AON 和无源 PON 两种，一般来讲，有源光纤在组成上为解决长距离传输中光路损失较大的问题使用中继装置增强光信号，在数据传输过程中始终保持中继器对于光束的放大作用。通常有源光网络采用星形网络结构，但它也可以是环形网络，它将一些网络管理功能（如倒换结口、宽带管理）和高速复分接功能在远端终端中完成，端局和远端间通过光纤通信系统传输，然后再从远端将信号分配给用户。目前由于成本问题主要应用在电信等领域。

1．无源光网络PON

“无源”是指 ODN 全部由光分路器（Splitter）等无源器件组成，不含有任何电子器件及电源。汽车无源光学星形网络主要由以下四部分组成:无源光学星形，光发送器（光二极管 LED），节点上的光接收器，节点与星形之间的发送和接收光纤。在传输过程中不能放大或产生能量的传输系统。无源光纤系统的优点：

① 高可靠性。

② 可适用于任何制式和速率的信号。

③ 可升级性好、低成本，接入网中去掉了有源设备，从而避免了电磁干扰和雷电影

响，减少了线路和外部设备的故障率，降低了相应的维护成本。

④ 免去了金属导线常见的绝缘问题。

⑤ 尺寸小，质量轻，能耗小。

目前在汽车上的光纤介质主要采用价格和质量较轻的塑料，这种传输方式决定了其在未来的汽车上前还是较有发展前景的。

图 14-1 是双端星形和单端星形路由模式。双端星形［14-1（a）］设置有纤维缠结，将输入和输出光纤有序地连通至各个节点。图中的有效尺寸主要是指纤维缠结构成的光纤张紧区。该张紧区和有效的封装尺寸可以通过收紧路由光纤使其减小，但路由光纤的弯曲半径不能小于 25mm，否则会增加光源损耗和星形接入损耗。单端星形［14-1（b）］与双端星形相比较，输入和输出纤维与各个节点的路由简单得多。

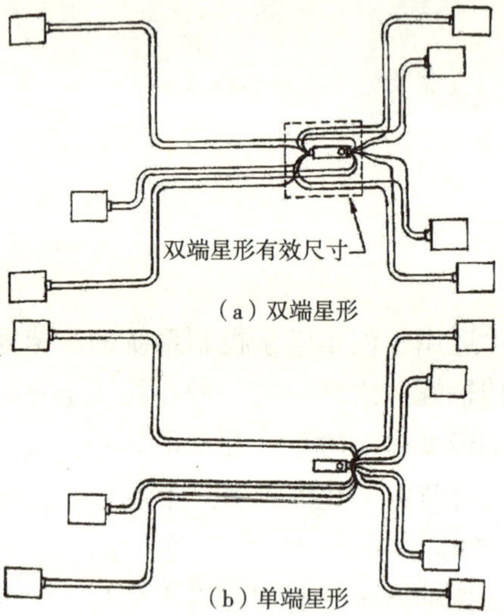

图14-1　双瑞星形和单瑞星形路由模式

混合线元星形是通过齐平式连接的纤维来向混合线元的输入和输出面散布光信号（图 14-2）。从任一根发送光纤传送出的光被耦合到耦合线元的输入侧，当光通过混合线元传播时，光源被同时均匀地散布到输出端，所有的接收光纤再在输出端耦合。

图14-2　混合线星形

双锥形星形指由数根光纤重新组成交叉式的热或化学熔结，构成混合的短锥形区（图 14-3）。光从任一根输入光纤射入短锥形区，传播到短锥形区的输出端，同时均匀地散布到输出光纤束的各根纤维上。

熔丝对星形基本上是一种格栅串联的许多个 2×2 耦合接头，每个耦合接头由光纤束采用热、化学或声波焊接成对，再形成一个混合区（图 14-4）。通过这些格栅串联的耦合接头，光从其中的一根光纤输入，然后散布至全部的输出光纤。

图14-3　双锥形星形

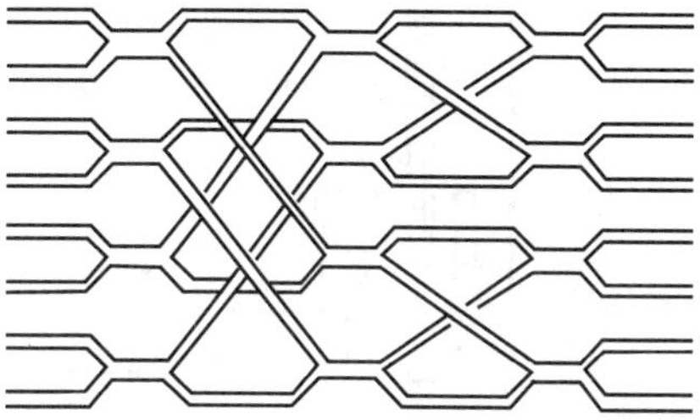

图14-4　熔丝对星形

2．新型汽车采用的光学星形网络类型

一种是不带成簇连接的星形网络，如图 14-5 所示，其特征如下：5 个节点都安置在座舱内；所有的节点已连成汽车的主线束，无须成簇连接；断损的纤维只能更换不能修理；线束上两个节点之间的距离最长不超过 l0m；无须作特殊的路由选择；使用 NRZ 信号。

针对所有的节点，该系统允许使用 85℃的光缆和 85℃的光电元件。由于路由弯曲半径不超过 25mm，故不含路由损耗，当然也不包括成簇连接或绞接（处）损耗，但毕竟少不了接入损耗。这种星形网络的最大损耗如下：纤维（长 10m）衰减损耗 2.5dB，星形接入损耗（5 个节点分离损耗和 3.0dB 超量损耗）10dB，安全储备损耗 3dB，总损耗 15.5dB。

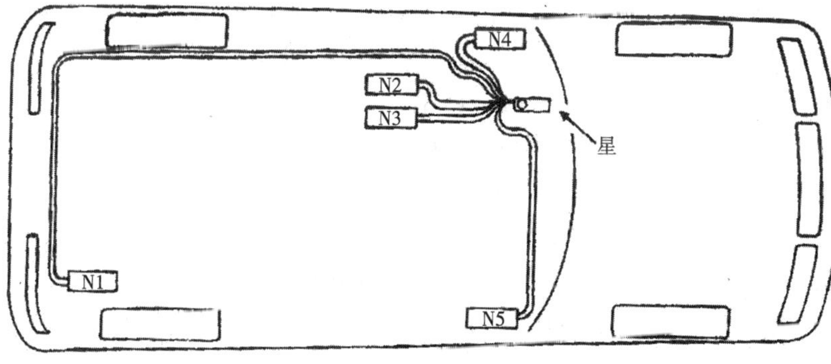

图14-5　不带成簇连接的星形网络

另一种是带成簇连接的星形网络，如图 14-6 所示：其网络特征如下：网络要求有 10 个节点，其中 6 个（Nl~N6）安置在座舱中，4 个安置在发动机舱内；主线束与发动机罩下线束之间需要一组成簇连接；成簇线束的每根光纤允许维修 1 次；节点之间的最长距离为 14m；8 个节点中必须的光纤路由弯曲半径不能小于 10mm。

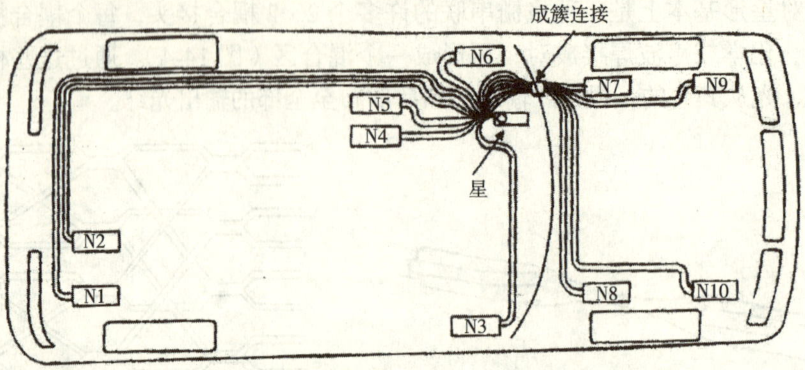

图14-6　带成簇连接的星形网络

由于有节点安置在发动机舱内，因此，这部分光缆和光电元件的使用温度比前一种高，为125℃。与此同时，发动机舱内线束光纤的衰减较大。这种星形网络的最大损耗如下：纤维（6m长的125℃纤维与10m长的85℃纤维）衰减损耗4.9dB，星形接入损耗（10dB分离损耗和3.5dB超量损耗）13.5dB，路由损耗1dB，成簇连接处损耗（2个成簇连接）3dB，成簇线束维修（2个成簇连接维修）损耗3dB，安全储备损耗3dB，总损耗28.4dB。

@信息

无源光学星形网络的故障种类主要有以下4种。

（1）网络故障。与铜导线相比，光纤更为耐用，但其物理层时常有故障发生。节点与星之间的光纤长度方向、成簇连接的光纤与光纤之间和无源光学星形自身潜在的故障会使光衰减增多，一旦超过链路通信总损耗限值，就会导致链路断路。

（2）光纤故障。光缆虽然非常耐用，但物理方面的误用可能导致光纤衰减增大。例如，特别绷紧的光纤路由会使链路衰减增大；光缆路由张紧的弯曲半径小于最小的25mm规定，光纤张紧的弯曲处的光线就会超出临界角，光纤的衰减也会增大。如果所用的链路操作在敏感限值附近，那么，从光纤的过量弯曲处附加的衰减可能引发通信错误。其他物理误用的例子还有光纤紧压变薄会改变光纤芯部几何尺寸，造成部分光逃逸；光缆被擦伤，擦伤点的护套脱开或芯部接口和芯的包层界面损坏等都会造成光逃逸。这些都会增加光纤衰减，影响链路工作。

如果是单根光纤损坏或折断，通信只在一根链路上潜在着障碍；如果光纤损坏是从节点到星的发送路径，那么，网络上的每个接收器会查出受影响的节点减弱的信号，并将错误首先通知链路中最不敏感的接收器；如果光纤损坏是从星到某个节点的接收路径，那么，网络上各个节点的接收器会获知该节点上的接收器减弱的信号，并将错误首先通知网络上最弱的发送器；如果光纤损坏严重，所有节点的通信都将受到影响。

（3）成簇连接故障。成簇连接指光纤到光纤的连接区，汽车线束在该连接区被分段（如在仪表板交接处或发动机舱壁板交接处分段）。典型的成簇连接是在发动机舱壁交界处由两个接头配对构成。光束基本上是由严格校直的两组纤维散布成圆柱形。

虽然光纤连接系统的可靠性高于铜线连接，但由于每个接头不可能只由一个总装厂配对，因此不易形成零概率故障，即衰减难以避免。光学成簇连接的两组光纤只有保持齐平式连接，才能确保两组光纤之间良好的光耦合。光纤中的某一根发生扭曲或拉长等，都会增加链路衰减。成簇组合不当，也会增加衰减，并沿着接收和发送路径影响节点的操作。

（4）光学星形故障。光学星形潜在的故障在于星形线元，而星形线元的问题主要又取决于星形结构。前述 3 种无源星形结构故障模式不尽相同。

1）混合线元星形故障。如果在某个节点的发送光纤与混合线元之间发生损耗，造成的影响与前述的光纤故障很相似，所有接收器可以查出受影响的那个节点减弱的信号，并首先将错误通知最不敏感的接收器；同样，如果损耗发生在某个节点的接收光纤与混合线元之间，那么，网络上所有发送器发送的信号将在受影响的节点的接收器上显示减弱，并首先将错误显示在最弱的发送器的节点链路中。如果混合线元发生诸如断裂等的严重损坏，网络通信则中断。

2）双锥形星形故障。双锥形星形若在中心接头组合不当，则故障概率比输入光纤引起的损耗大得多。若是星形引出端接头上光纤到光纤的连接受到干扰，沿着受影响的节点的发送和接收路径的衰减就增大。若在混合区出现断裂点，则会造成网络通信全部中断。对于双锥形星形故障尤其要注意的是，由于短锥形混合区极脆，如果该区受载容易碎裂。

3）熔丝对星形故障。为了便于汇集成汽车线束，熔丝对星形也需要有引出端，让光纤成束连通至各个节点。熔丝对的耦合点较多，因此，潜在的故障点和衰减的可能性也较其他星形结构多些。另外，光纤束的各个焊点也较脆，受载极易碎裂，所以故障率较其他星形结构高。

诊断和维修汽车无源光学网络媒体的故障，不能用传统的“手摸”或“耳听”等经验维修方法，而需要用光学网络检测设备帮助查找故障部位。用于汽车上的网络故障诊断仪应具备以下特点：易使用，尺寸应小和携带方便，能直接指明故障源，通用性好，能检测各种型号的无源星形网络汽车的故障，最后应是价格低。

市场上有许多光学测试设备，从简单的功率计到光时域反射计等，都不能用于汽车光学星形网络的测试诊断，原因是这些仪器是针对电信或实验室用的，尤其是各种接头标准是围绕电信工业拟定的。

汽车网络所用的测试仪的各种接头是按汽车工业标准设计的，而且，提供给用户的检测诊断模式是比较灵活的——既能测出任一节点的衰减，也能测出网络中任意两个节点之间的衰减。当然，汽车光学网络诊断仪也并非是万能的。它不可能包含各种车型的维修数据和光衰减值，若要将世界上各种光学星形网络的汽车资料都存储在诊断仪中，这种仪器就失去了“尺寸小、携带方便和价格低”等特点。所以，使用诊断仪的同时，还必须找到该车型的维修手册，因为光学网络的第一手资料是“沿着网络路径的光源的衰减值”。诊断仪上测出的衰减值多少为合格必须与维修手册上规定的衰减值相对比才行。

汽车光学网络故障诊断仪如图 14-7 所示。它按两条基本通信路径测试：模式 I 可测量链路中任一节点自身的衰减；模式Ⅱ可测量链路中沿着发送和接收两条路径的任何两个节点之间的衰减。不管哪种诊断模式，第一步都必须对诊断仪定标。原因是这类诊断仪主要是测量相对功率，通过定标可以先了解链路的衰减特性，如0.5m长的参考纤维可以将仪器标定为"零"刻度。通过定标过程，可以消除以下一些误差和损耗：用于诊断仪中的LED与接收器最重要的性能就是在整个测量时间或所处环境温度发生改变时会出现误差，通过定标，以当时的环境条件为LED输出功率和接收器灵敏度的参考标准，这样能保证测量误差极小；由于作连接用的参考光纤参与了定标，诊断仪的"零"刻度包括了光纤至电子器件的耦合损耗。

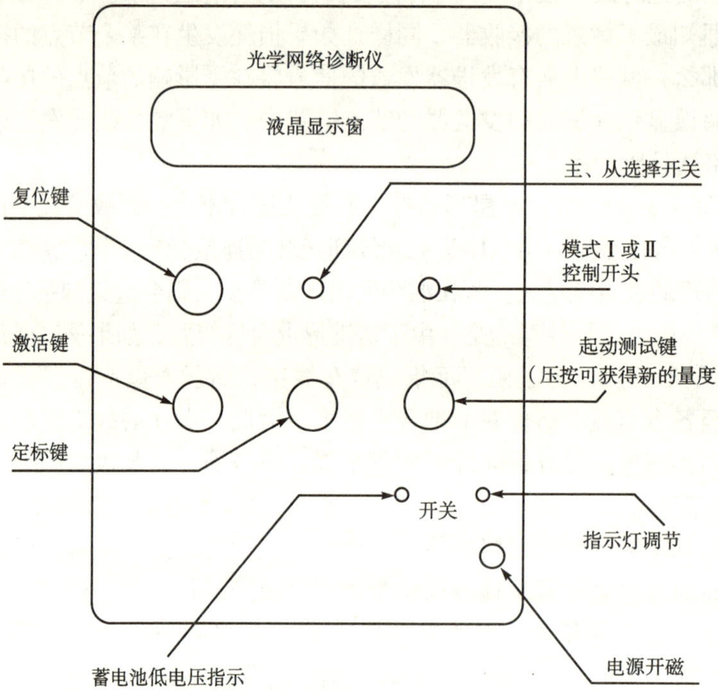

图14-7　光学网络诊断仪

诊断仪的使用方法如下：

（1）诊断模式I（自测试）。在此模式下（图14-8），同一节点的发送线（TX）和接收线（RX）受到检测。所测到的功率损耗代表3种故障情况：发送光纤到星的衰减，星的接入损耗，从星到接收纤维的衰减。如果上述衰减接近维修手册中表列的最大值，那么，被测的节点自身及与该节点之间的通信可能发生错误。

（2）诊断模式Ⅱ（全部路径测试）。在此模式下（图14-9），必须同时采用两个光学诊断仪。两个诊断仪测量从节点A发送器到节点B接收器路径的衰减（包括节点A的发送纤维的衰减、星形的接入损耗和节点B的接收纤维的衰减），以及从节点B发送器到节点A接收器路径的衰减（包括节点B的发送纤维的衰减、星形的接入损耗和节点A的接收纤维的衰减）。如果沿两条路径的衰减大于允许值，则链路可能出现通信错误。

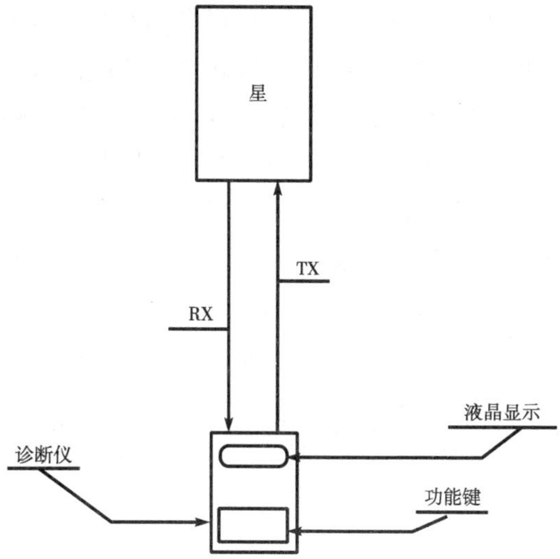

图14-8　诊断模式Ⅰ

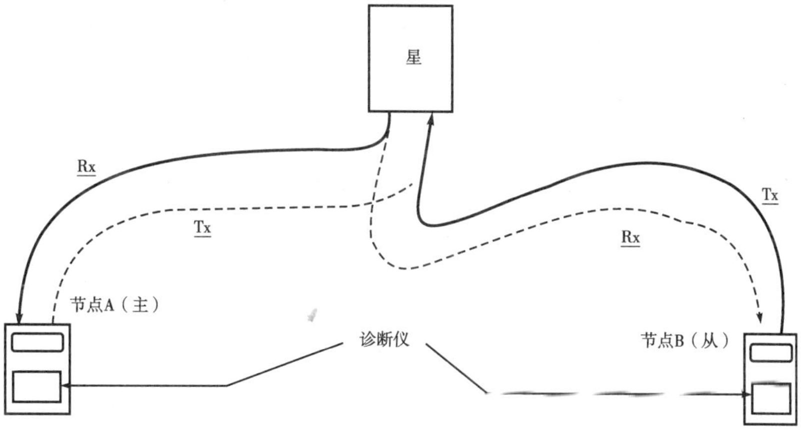

图14-9　诊断模式Ⅱ

（3）测试过程。无论是周期性故障（间歇或断续故障引起的衰减使系统操作在超出规范的较高位误码率）还是全系统故障（链路全部衰减），都可通过存取网络出错记录的较高等级诊断程序，由维修人员查找出节点间的通信问题。简略的测试过程如下：

① 诊断仪与被怀疑的节点相连接，将模式开关调至Ⅰ位置，即可像图14-8那样开始检测可疑节点的链路衰减，若衰减在规范内，则可进行下一步骤。

② 诊断仪仍然以模式Ⅰ方式测试第二个被怀疑有故障的节点，方法同①。若链路衰减也在规范内，则可进行下一步骤。

③ 将诊断仪模式开关调至Ⅰ位置，即可测试节点A到节点B（或从节点B到节点A）的通信路径。如果链路衰减仍在规范内，但仍觉汽车有毛病，即可判定故障存在于被怀疑节点的电子线路中。

④ 按上述测试，若链路衰减超出规定，则可沿被测路径查找问题。最简单的方法是更换发送和接收光纤，然后重新测试，如果链路衰减仍然超出规定，则应更换无源光学星形。也可利用所有“三定点”测到的信息来分析问题。例如，测到从节点A回到自身的衰减高于规范，故障就可能存在于节点A发送和接收路径的某个地方。但如果从节点A回到自身与从节点B回到自身的两条路径的衰减都高于规范，那么，故障大多存在于星形中。简单地说，A和B的不正常（衰耗）根源在于C（星形）。

按此“三定点”测试理论，可得到如图14-10所示的故障诊断流程图，结合该车型的维修手册中规定的链路衰减（损耗）规范，则可帮助维修人员迅速查找到故障部位。

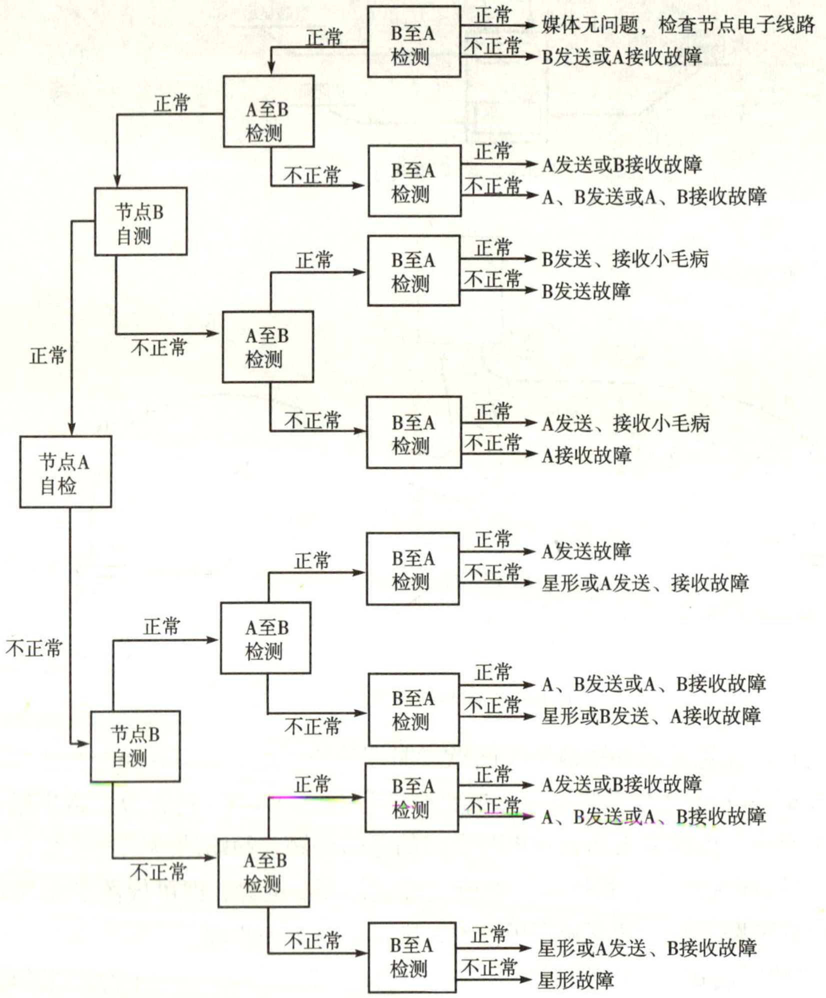

注：A发送故障指沿A发送器到星形的路径有故障，包括A发送纤维，成簇接头（指有成簇连接的星形网络和A发送纤维到星形的接口）。

图14-10 光学网络故障诊断流程

当今，光通信技术正在往单波长的大容量及密集波分复用方向发展，作为下一代接入网中首选的PON技术也有朝着这两个方向发展的趋势，其在汽车上的应用也必将越来越广。

计 划

根据上述导向知识与技术信息，学生完成下表。

无源光学型网络的故障有几类

实 施

无源光星形网络中光缆的使用条件是什么

检 验

根据学生的计划和实施的状况由教师对其进行批改，并就其中的问题进行点评

展 示

1. 实施中的每一组同学随机挑选一名代表根据自己的计划，用10分钟时间对本工作任务中3个要点的知识进行讲解。

2. 专业会谈：无源光学星形网络的特点是什么？

工作任务 15

车载蓝牙技术的学习

导向

基础知识

车载蓝牙技术概述

针对不同领域在应用时的需要，目前出现了无限多种无线通信技术，见表15-1，来简化和规避有限通信的一些不足。如Bluetooth蓝牙通信技术，UWB（Ultra-Wideband）超宽带通信技术，紫蜂（Zigbee）通信技术，无线宽带（WIFI）通信技术，WiMAX全球微波互联接入通信技术等。由于各自有不同的特性和成本问题，在汽车的无线通信领域主要还是采用蓝牙通信技术。

表15-1　无线通信技术特点

类　型	频段/GHz	传输速率	通信距离	发射功率/MW	成　本
Bluetooth	2.4	≤3	10m	1	低
UWB	3.1	≥480	≤10m	<1	低
Zigbee	2.4	0.01~25	10~75m	极低	很低
WIFI	2.4	54	10~100m	100	低
WiMAX	2 ~ 11	<74.7	<500Km	高	高

所谓蓝牙（Bluetooth）技术，实际上是一种短距离无线电技术，支持点对点及点对多点通信，工作在全球通用的2.4GHz，其实质内容是建立通用的无线电空中接口，使通信和计算进一步结合，使便携式设备在没有线缆或很难建立可靠线缆连接的条件下，能够实现在较近的物理空间范围内实现相互间的信息传输或操作的可能。1998年2月，5个跨国大公司，包括爱立信、诺基亚、IBM、东芝及Intel组成了一个特殊兴趣小组（SIG），他们共同的目标是建立一个全球性的小范围无线通信技术，即现在的蓝牙。

蓝牙来源于 10 世纪丹麦国王 Harald Blatand—英译为 Harald Bluetooth（因为他十分喜欢吃蓝梅，所以牙齿每天都带着蓝色）。在行业协会筹备阶段，需要一个极具有表现力的名字来命名这项高新技术。行业组织人员，在经过一夜关于欧洲历史和未来无线技术发展的讨论后，有些人认为用 Blatand 国王的名字命名再合适不过了。Blatand 国王将现在的挪威、瑞典和丹麦统一起来；他的口齿伶俐，善于交际，就如同这项即将面世的技术，技术将被定义为允许不同工业领域之间的协调工作，保持着各个系统领域之间的良好交流。例如计算机、手机和汽车行业之间的工作。而在汽车邻域，以手机为无线网关，车载系统通过蓝牙无线链路和手机连接，再连入外部无线网络。利用该方案，用户通过一部蓝牙手机就可以方便地使用以下功能：

免提电话。用户进入车内，车载系统自动连接上用户手机。用户在驾车时，无须用手操作就可以用声控完成拨号、接听、挂断和音量调节等功能，通过车内麦克风和音响系统进行全双工免提通话。

汽车遥控。用户可以在 10m 范围内用手机控制车门和车中的各类开关。

音乐下载。用户可以通过手机下载音乐到汽车音响中播放。

电子导航。用户可以通过手机下载电子地图等数据到车载 GPS 导航系统中，导航系统得到当前坐标参数再通过手机短信传回导航中心。

汽车自动故障诊断系统。车载系统可以通过手机将故障代码等信息发往维修中心，维修中心派人前来修理时可以按故障代码等信息准备好相应的配件和修理工具。

蓝牙技术应用在 AUDI A8 车上，该车的电话 /TELEMATIK 装置的听筒和控制单元间就是通过蓝牙技术进行无线联系的。如图 15-1 所示。

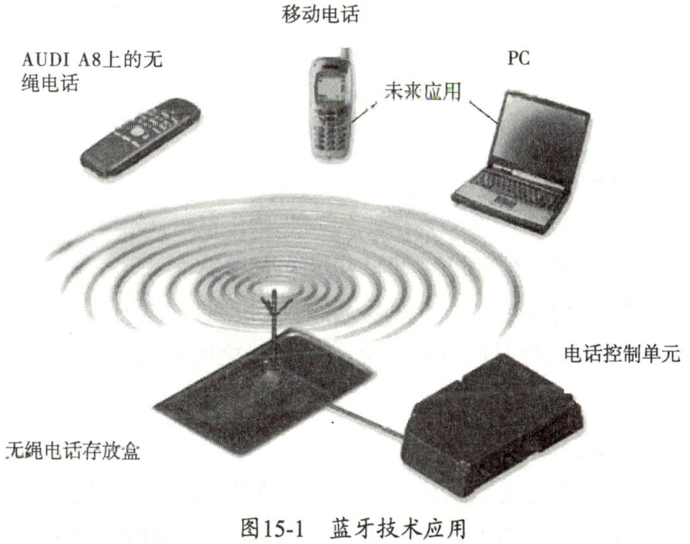

图15-1　蓝牙技术应用

在现代的商业和个人领域，移动通信和信息系统的应用显得越来越重要了。一个人使用几个移动装置，如移动电话、掌上电脑（PDA）或笔记本电脑，是很常见的。在过去，移动装置之间的信息交换只能通过导线或红外线技术来实现。这种非标准连接严重限制了移动的范围，且使用也很复杂。Bluetooth（蓝牙）技术弥补了这方面的不足，该技术可为不同厂家生产的移动装置提供一个标准的无线连接方式。

今后还将有如下应用：

① 在车的后部安装第二个听筒。

② 笔记本电脑与互联网的的联接，以实现信息传递和娱乐。

③ 通过用户的笔记本电脑和掌上电脑收发 E-mail。

④ 从用户的笔记本电脑和掌上电脑向多媒体接口系统（MMI）传送地址和电话号码。

⑤ 移动电话的免提装置（无附加的适配器）。

⑥ Bluetooth（蓝牙）技术在汽车的其他系统上的使用（如驻车加热装置的遥控等）。

⑦ 此外 VSA 5054A 诊断仪也采用了蓝牙技术，减少了诊断接头数据传输线的长度和疲劳折断问题。如图 15-2 所示。

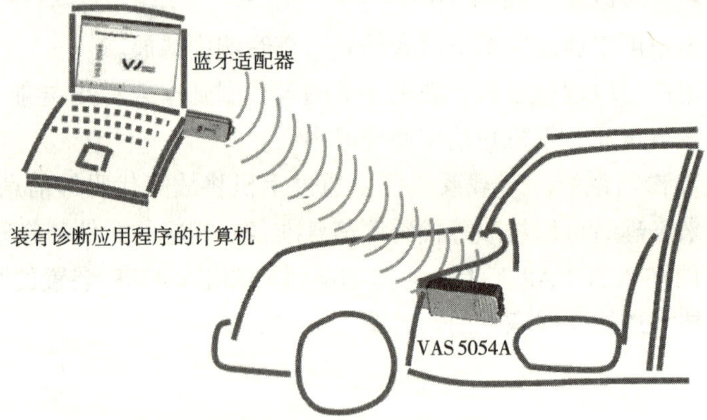

图15-2 蓝牙通信技术功能

蓝牙通信技术使用中首要的功能就是能够随时在设备之间建立连接，并且能够保证其随时能够将这种连接拆除。

其次通信时的操作中能够实现主从转换。

在没有进行数据通信时保持连接，并自动进入省电状态。

在一方由于距离问题脱离连接后，距离又回复到通信距离内时能够保证自动连接。

保证在多个蓝牙设备同时出现在通信距离内相互之间不受干扰，保证点对点的正确传输。

蓝牙技术的工作方式可根据不同的工作环境，采取不同的工作模式，其工作方式的分类根据蓝牙协议在芯片中的运行状态，主要分为虚拟机方式、混合方式。

虚拟机方式。由于蓝牙芯片具有微处理器和 RAM，可将蓝牙协议和用户的应用程序嵌入芯片内，这样的工作方式称为虚拟机工作方式。该方式下，由于蓝牙芯片的存储器容量有限，蓝牙协议和应用软件的运行，占用了大量的存储空间，因此，其应用软件的大小和实现蓝牙通信的数量受到极大的限制，仅适用于如鼠标、键盘、耳机等终端设备的应用场所。

主机控制方式：设备通过蓝牙芯片与主机连接，将蓝牙协议软件和用户应用程序在主机上运行，在这种方式下，可以充分地发挥蓝牙协议的优点，在应用程序和蓝牙通信的数目上，将不再受到限制，但这种工作方式必须要求外接主机设备，但增加了蓝牙开发成本。

混合方式：根据应用的场所和程序的大小不同，将部分应用程序和蓝牙协议软件在主机中运行，其余部分在蓝牙芯片中运行，这样的工作称为混合工作方式。

用户可根据不同的需要，将蓝牙芯片工作在不同的工作模式，可以最大限度地提高系统的性能和降低设备成本。从应用的情况来看，在虚拟机工作方式下，可连接的蓝牙设备数为3~5个，不能实现7个蓝牙设备所组成的微微网，并且，许多蓝牙协议在其上不能得到实现；只有在主机控制方式下，该蓝牙芯片才能实现蓝牙协议的所有功能，最多可连接256个蓝牙设备，可组成微微网；而混合工作方式，介于虚拟机和主机控制方式之间，因此，其性能也介于两者之间。蓝牙芯片工作方式的选择在蓝牙芯片的应用中是非常重要的，必须高度重视。

@信息

蓝牙设备结构组成

短距离无线电收发器（发射器和接收器）直接安装在所选用的移动装置内或集成在适配器（如PC卡、USB等）内。如图15-3所示。

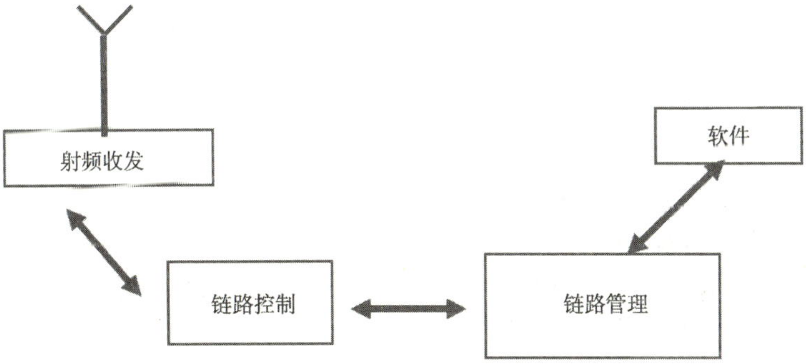

图15-3 蓝牙系统结构

蓝牙技术在应用领域比较广。现有的频段并不太统一，目前各国对其频段的规定也略有差异。这些微小差异可能会导致蓝牙技术在设备接入时产生一些问题，见表15-2。所以在使用蓝牙设备时首先应弄明白设备的产地和使用的频率标准。

表15-2　一些国家或地区对蓝牙系统的频率规定

国　别	频率/GHz
美国	2.4~2.4835
欧洲	2.4~2.4835
西班牙	2.445~2.475
法国	2.4465~2.4835
日本	2.471~2.497

车载蓝牙系统使用 2.45GHz 的波段来进行无线通信，该波段在全世界范围内都是免费的。由于该频率的波长非常短，因此可将装置① 天线、② 控制装置和编码器、③ 整个发送和接收系统集成到 BluetoothTM- 模块上。BluetoothTM- 模块结构小巧，和硬币差不多大。可以很方便地将其安装在很小的电子装置内，如图 15-4 所示。

蓝牙通信系统传输速率高，最高可达 1 Mbit/s，可同时传送 3 个语音通道的信号。

通信距离短。BluetoothTM- 发射器的有效距离为 10m，如果某些装置外加放大器的话，有效距离可达 100 米。

图15-4　BluetoothTM-模块

使用简单，数据的传送不需要进行复杂的设定。

实现自动通信，如果两个 BluetoothTM- 装置相遇，它们之间会自动建立起联系。这种联系建立前，须输入 PIN 来进行两装置间的适配（只能进行一次）。在此过程中会产生无线微元，称为“Piconet”，从而使装置协调工作。

每个 Piconet 最多可为 8 个 BluetoothTM- 装置提供位置，而每个装置又可同时从属于多个 Piconet。另外，最多可将 256 个不工作的装置分配到一个 Piconet 上。在每个 Piconet 上，有一个装置执行以下的主控功能：

① 主控装置先建立起联系。

② 其他装置与主控装置进行同步设定。

③ 只有收到主控装置数据包的装置才会作出应答。

示例：

在 Audi A8 轿车上，电话 /Telematik 控制单元就是 BluetoothTM- 主控制装置。

为了避免在创建 Piconet 时产生混乱，每个装置都可进行设定，用以决定它可与哪个装置进行通信联系。每个装置有一个 48 位长的地址，它在全世界范围是唯一的，也就是说可识别 281 万亿个不同的装置。

BluetoothTM- 系统内的数据传送采用无线电波的方式，其频率为 2.40~2.48 GHz。这样同时还能提高保护数据流免受干扰的能力。这个频率范围还用于其他方面。

示例：

① 车库门开启。

② 微波炉。

③ 医用器械抗干扰性。

由于采用了能提高抗干扰性的措施，因此 BluetoothTM- 技术可减少各种装置所产生的干扰。

控制模块作用

① 将数据分成短而灵活的数据包，其长度为 625μs。

② 用一个 16 位大小的校验和数来检查数据包的完整性。

③ 如有干扰，自动再次发送数据包。

④ 使用一个稳定的语言编码将语言转换成数字信号。

无线电模块在每个数据包发送后，以随机的方式改变发送和接收的频率（每秒 1600 次），称为跳频。

数据安全性

在 BluetoothTM- 技术的开发过程中，非常重视对传送数据的保护，如数据的处理和防窃听，以及在传输过程中蓝牙设备的相互干扰问题。在每次建立连接时需要核对密钥，确保传输和接收数据的正确性。

密钥数据是用 128 位长的电码来编制代码的。接收器的真实性也由一个 128 位电码来校验，这时各装置用一个密码来彼此识别。每个联接都会产生新的电码。由于有效的作用距离只有 10m，因此对数据的处理操作也就只能在这个范围内进行，故还可提高数据的安全性。此外，生产厂家还可以通过使用更为严密高级的编码方式，使用不同的安全等级及网络协议等来提高数据的安全性。在使用车载电话时首先进行的是初始化，初始化时特别应该注意以下的情况：

① 初始化时不能将手机插入适配器中。

② 不能在点火后才将适配器插头插入车内预留的插座内。

③ 插入和拔出适配器插头时，要按释放键。

④ 正确地放置和取出手机。

在点火之前，将适配器的插头插入车内预留的插座内，并将适配器卡入固定底板，如图 15-5 和图 15-6 所示。免提系统将立即进行初始化，整个过程大约 10 秒，这期间，收音机被静音，在收音机的 LCD 显示屏上将出现“TELEFON”或类似的字样。

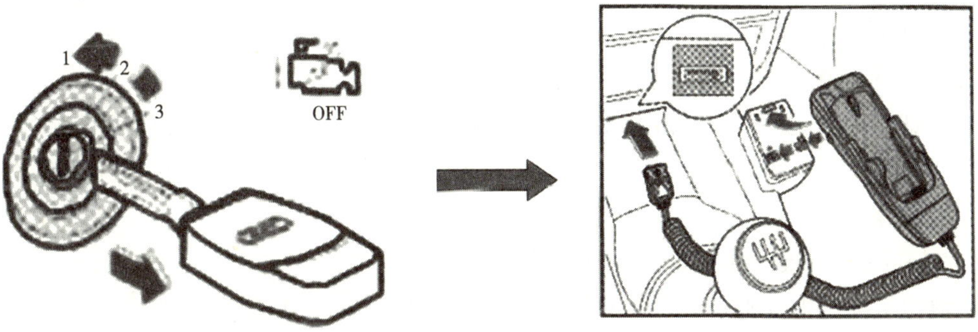

图15-5 连接适配器

图15-6　初始化时LCD上的显示

将与适配器相匹配的手机正确地放置在适配器中，此时手机开始充电。可以通过手动输入电话号码或从手机的地址薄中调用号码来测试通话效果，以验证初始化是否成功。

适配电话——手持话机

如果更换过电话发射器和接收器，必须重新适配控制单元和手持话机之间的蓝牙联系。适配过程可以通过手持话机的菜单进行。

接通 MMI 和手持话机。把手持话机放在适配器支架中。如图 15-7 所示。

按下手持话机上的“Menu（菜单）”按钮，

选择“Bluetooth（蓝牙）”。

按下“OK”按钮。

选择“Vehicle base station（汽车电话机座）”，

然后按下“OK”按钮。

选择“New Scan（重新查找）”，然后按下“OK”按钮。开始查找过程。查找过程大约持续 30s。如果识别到蓝牙单元，则其名称显示在手持话机的显示屏上，在奥迪 A8 车型上显示:“BT-Audi D3”选择“CONNECT（连接）”。在手持话机的显示屏上显示“连接成功”后进行一次电话功能测试。

诊断

BluetoothTM- 总线连接系统在诊断时用的是主控制单元的地址码。

示例：

在 Audi A8“03”车上,电话 /Telematik 控制单元 J526 就是 BluetoothTM- 主控装置。

地址码 电话 77

紧急呼叫模块 75

电话听筒和 J526 之间的 Bluetooth 总线联接通过检查 Bluetooth 天线来进行监控。如果天线接线断路，故障存储器内会记录下述故障：

BluetoothTM-Antenne（蓝牙 - 天线）

1 kein Signal/keine Kommunikation（无信号 / 无法通信）

测量数据块中可能显示通过主控制单元相连的各个袖珍装置的：

1. 数量

2. 装置代码

3．无线连接的场强

在 BluetoothTM- 主控装置的自适应过程中，可以接通或关闭 BluetoothTM- 功能。

图15-7　蓝牙手机及其适配器的安装

计 划

根据上述导向知识与技术信息，进行一次手机适配器的更换并在下表中完成工作计划。

序　号	工作步骤	仪表/辅具	注意事项

实 施

实施准备

场地工具准备： 一辆奥迪A8轿车（应具备无线电话），足够8人使用的实习场地一块。 车辆防护用具； 若不能满足车型，准备其他车型配置了（蓝牙手机系统）也可以	工具及设备： 数字式万用表； VAG 1551检测仪； 常用及专用拆装工具； 维修损耗品	资料： 维修记录表（工单）； AUDI A8轿车电路图资料（收音机电话维修部分91组收音机、电话、导航部分）； （如使用车型与示例不符应准备相应的维修手册）

要求：由学生根据维修资料制定出工作计划。

检 验

根据在实习中完成的表格由教师对其进行批改，并就其中的问题进行点评

展 示

1. 写出蓝牙系统的组成。

2. 实施中每一组同学随机挑选一名代表根据自己的计划，用 10 分钟时间对本工作任务中 3 个要点的知识进行讲解。

① 蓝牙系统传输的特点。

② 蓝牙设备使用前为何要进行初始化。

③ AUDI A8 进行初始化的方法。

工作任务16

检查和维修网络系统（CAN）

导向

1．任务描述

一辆上海 Passat B5 轿车，用户抱怨室内全部照明灯、行李厢灯不亮。

维修人员 A 接车后，考虑到此故障应为典型的线路故障，应当对相关的电路进行分析，学生通过车间任务的分析，能够对诊断的流程和方式手段进行理解。

基础知识

车载网络系统的 OBD 适配器

（1）OBD 适配器简介

OBD 是英文 On-Board Diagnostics 的缩写，中文翻译为“车载自动诊断系统”。这个系统将从发动机的运行状况随时监控汽车是否尾气超标，一旦超标，会马上发出警示。当系统出现故障时，故障（MIL）灯或检查发动机（Check Engine）警告灯亮，同时动力总成控制模块（PCM）将故障信息存入存储器，通过一定的程序可以将故障码从 PCM 中读出。根据故障码的提示，维修人员能迅速准确地确定故障的性质和部位。

从 20 世纪 80 年代起，美、日、欧等各大汽车制造企业开始在其生产的电喷汽车上配备 OBD，初期的 OBD 没有自检功能。比 OBD 更先进的 OBD - Ⅱ在 20 世纪 90 年代中期产生，美国汽车工程师协会（SAE）制定了一套标准规范，要求各汽车制造企业按照 OBD - Ⅱ的标准提供统一的诊断模式，在 20 世纪 90 年末期，进入北美市场的汽车都按照新标准设置 OBD 适配器。OBD - Ⅱ与以前的所有车载自诊断系统不同之处在于对于废气排放的针对性，其实质性能就是通过检测三元催化转换器、氧传感器、二次空气喷射和曲轴箱通风系统工作是否正常来监测汽车排放。当汽车排放的一氧化碳（CO）、碳氢化合物（HC）、氮氧化合物（NO_x）或燃油蒸发污染量超过设定的标准，故障灯就会点亮报警。

OBD - Ⅱ作为随车诊断适配器，美国通过立法将它作为降低废气排放和进行废气检测的必备部件之后，2000 年 1 月 1 日开始，欧盟也开始进行 EOBD 的标准推广。而这二者的区别主要在于使 EOBD 满足欧盟排放标准，它的显著标志在于设置有中央诊断适配器和自诊断故障警告灯。虽然 OBD - Ⅱ对监测汽车排放十分有效，但当 MIL 灯亮时驾驶员会否接受警告，则又是另一回事。为此，一种比 OBD - Ⅱ更先进的 OBD - Ⅲ产生了，OBD - Ⅲ主要目的是使汽车的检测、维护和管理合为一体，以满足环境保护的要求。OBD - Ⅲ系统会分别进入发动机、变速箱、ABS 等系统 ECU（电脑）中去读取故障码和其他相关数据，并利用小型车载通信系统，例如 GPS 导航系统或无线通信方式将车辆的身份代码、故障码及所在位置等信息自动通告管理部门，管理部门根据该车辆排放问题的等级对其发出指令，包括去哪里维修的建议，解决排放问题的时限等，还可对超出时限的违规者的车辆发出禁行指令。因此，OBD - Ⅲ系统不仅能对车辆排放问题向驾驶者发出警告，而且还能对违规者进行惩罚。

我国国内合资汽车厂引进的一些车型在欧洲也有生产销售，它们本身就配备有 OBD 并达到了欧Ⅲ甚至欧Ⅳ标准，国产后往往会减去或关闭 OBD，一方面节约成本，另一方面为了避免在油品质量不达标的情况下因 OBD 而报警。但随着我国对于环境保护的日益重视，国内的很多城市开始通过行政法规的形式强制推行 OBD - Ⅱ的加装。目前在我国市场上的车型主要采用 OBD - Ⅱ诊断适配器。

使用车载网络系统的车辆，在诊断适配器的选用上一般普遍采用符合 OBD - Ⅱ诊断适配器标准规范，但这并不意味着不同车型在适配器上的功能设置采用同样的形式。对于一些厂商的保密需要，通常会设置诊断需求条件的限制，所以应该通过查询相应的维修资料来确定在适配器上同一位置的端子在功能上是否一样。通常诊断适配器在外形上采用 16 针梯形诊断座的形式，这种外观形状的适配器被称为 ISO—J1962—DLC 适配器，其最基本的功能就是能够与诊断仪器进行连接。

为了进行车辆电子设备间的通信，不论在车辆的什么部位，这种通信均可由网关来实现。网关同时还可将诊断仪器与汽车内部设备进行数据交换。如图 16-1 所示。

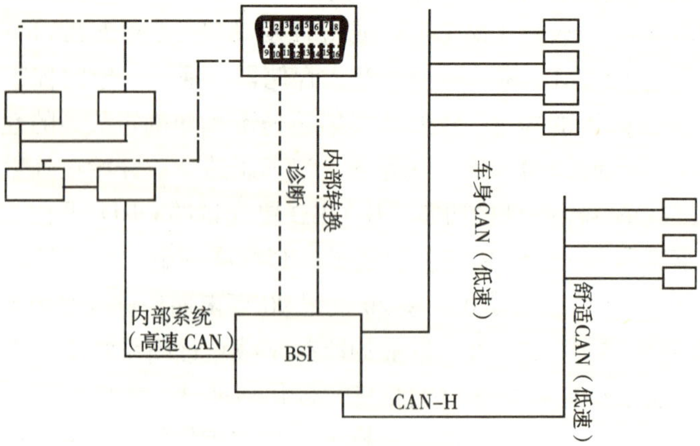

图16-1　网关实现通信

在通信方面，OBD-Ⅱ通常采用的是J1979标准协议，它是SAE组织制定的一个通信标准，但要注意，并不是所有的OBD-Ⅱ诊断适配器都支持J1979，如德国大众，最明显的就是如果采用统称的OBD-Ⅱ适配器去检测时，通常是无法检测的。在北美通常采用的是SAE标准，而在欧洲和亚洲多采用ISO标准。这些协议一般有ISO—J1962，ISO—J1979, ISO—J2190, ISO—J9141—2, KWP2000及KWP1281等。在实际的工作中应注意区分。

（2）常见车型的OBD-Ⅱ诊断适配器标准

① 标准的OBD-Ⅱ诊断适配器（不含CAN）

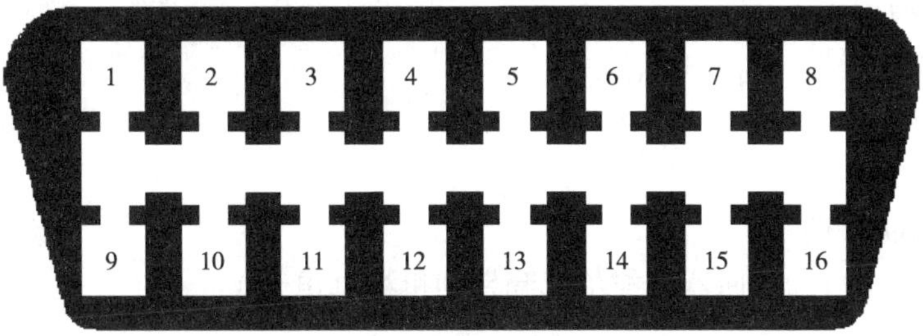

图16-2　诊断端子

诊断端子如图16-2所示，其功能解释如下：

1#——提供制造厂应用；

2#——SAEJ 1850所制定的资料传输线；

3#——提供制造厂应用；

4#——直接车身搭铁；

5#——信号回路搭铁；

6#——提供制造厂应用；

7#——ISO—9141—2所制定的资料传输线K线；

8#——提供制造厂应用；

9#——提供制造厂应用；

10#——SAE制造厂所制定的资料传输线；

11#——提供制造厂应用；

12#——提供制造厂应用；

13#——提供制造厂应用；

14#——提供制造厂应用；

15#——ISO—9141—2所制定的资料传输线L；

16#——直接蓄电池正电源12V。

② 典型的OBD-Ⅱ诊断适配器（含CAN）如图16-3所示，其功能解释如下：

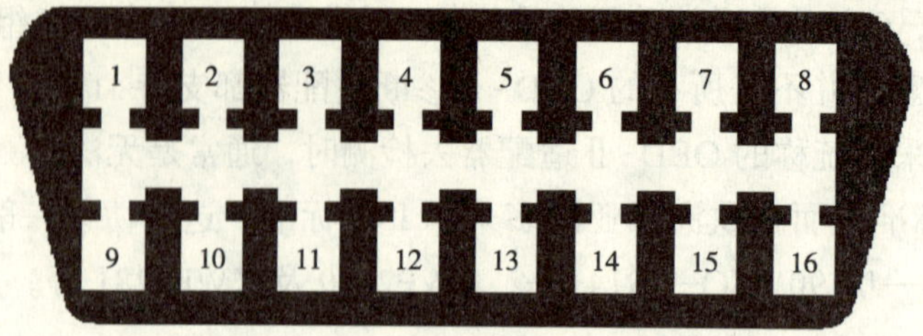

图16-3 OBD-Ⅱ诊断适配器

1#——直接蓄电池正电源 12V；
2#——未启用；
3#——CAN—H；
4#——地线；
5#——地线；
6#——CAN—H；
7#——K 线（自动变速器电控单元和发动机控制单元）；
8#——CAN—L；
9#——未启用；
10#——未启用；
11#——未启用；
12#——CAN 网络 K 线（连接 ABS 或 ESP 或 BHI）；
13#——未启用；
14#——CAN—L；
15#——未启用；
16#——直接蓄电池正电源 12V。

③ 大众车系的 OBD-Ⅱ诊断适配器

1、16 号脚——蓄电池正电源 12V；
4、5 号脚——接地；
7 号脚——K 线；
其余脚——未启用。

④ 奥迪车系的 OBD-Ⅱ诊断适配器

1、16 号脚——蓄电池正电源 12V；
3、4 号脚——接地；
7 号脚——K 线；
15 脚——跨接读取闪码；
13 脚——连接 PCM43 号脚；
其余脚——未启用。

新接脚形式

诊断插头的针脚布置：

针脚——导线；

1 号脚——15 号接线柱；

4 号脚——接地；

5 号脚——接地；

6 号脚——诊断 CAN 总线（High）；

7 号脚——K- 线；

14 号脚——诊断 CAN 总线（Low）；

15 号脚——L- 线；

16 号脚——30 号接线柱；

其余——未启用。

⑤ 主要车系的诊断适配器如图 16-4~ 图 16-8 所示。

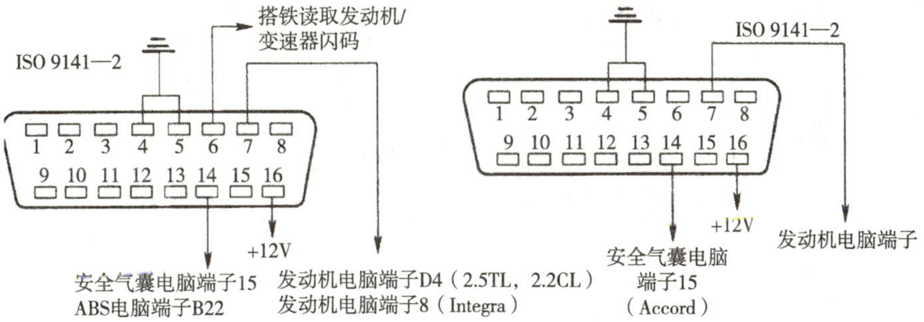

图16-4　福特车系的OBD-Ⅱ诊断适配器

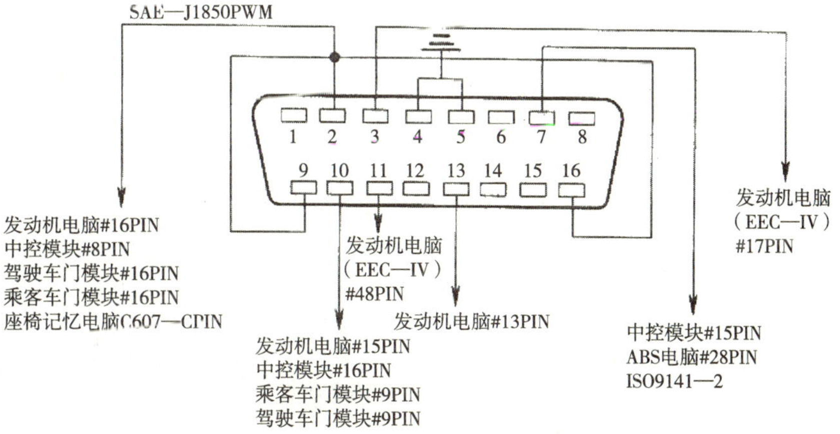

图16-5　宝马车系的OBD-Ⅱ诊断适配器

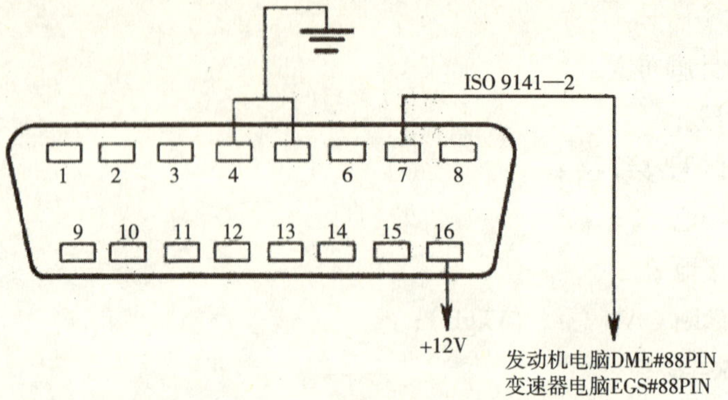

图16-6 克莱斯勒车系的OBD-Ⅱ诊断适配器

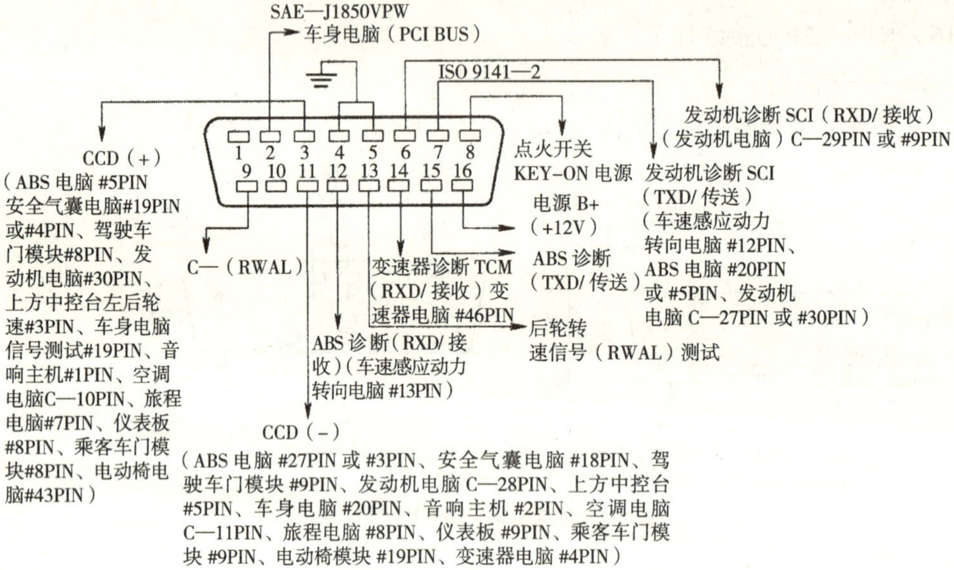

图16-7 菲亚特车系的OBD-Ⅱ诊断适配器

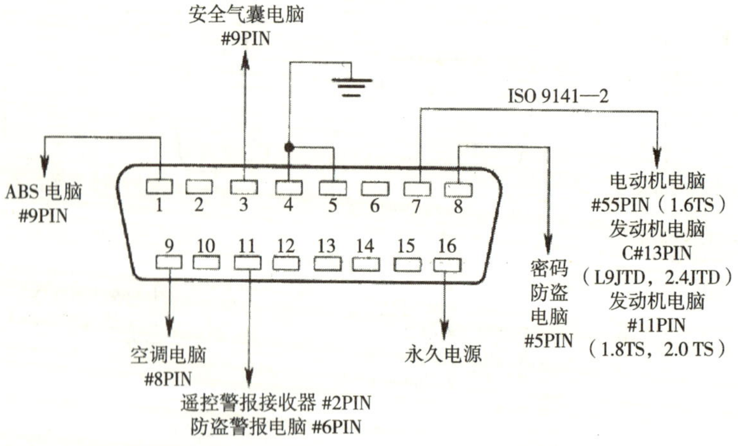

图16-8 雪弗兰车系的OBD-Ⅱ诊断适配器

@信 息

车载网络系统常见故障和诊断方法

通常诊断仪采用的通信协议叫做 KWP 2000，即 KeyWord Protocol 2000。协议是对诊断仪发出的请求和接收请求的装置发出的回复进行转换。

使用诊断仪进行电脑的故障读取、故障删除、参数设置，输出、远程加载等模式都遵循 KWP 2000 协议中的服务要求。电脑远程加载通过诊断仪利用下载服务请求实现。远程加载同样回复数据字节，字节可能有些特殊，因为制造商要求尽可能快地发送所有与单个锁定的远程加载（信息锁定值为 0）数据，这个数据一般为电脑远程加载程序。KWP 2000 协议中的诊断服务已经在 KWP 2000 全球标准中确定，这个协议指出进行车辆诊断要进行的操作和交换数据等，见表 16-1。

表16-1

服务名称	缩 写	安 装	请求编码	肯定回复编码	允许的否定回复编码						
					11	12	21	22	33	35	87
开始通信	STCOM	有条件的	81	C1							
停止通信	SPCOM	必须的	82	C2		×	×				
开始会诊	SDS	必须的	10	50	×	×	×	×	×		
安全入口	SA	自选的	27	67	×	×	×	×		×	
测试	TP	必须的	3E	7E		×					
ECU重启	ER	自选的	11	51	×	×	×	×	×		
本地标识符读取信息	RDBLID	必须的	21	61		×	×	×	×		
本地标识符重复读取信息	RDBLID	自选的	21	61		×	×	×	×		
接收者读取记忆	RMBA	自选的	23	63	×	×	×	×	×		
动力定义本地标识符	DDLID	自选的	2C	6C	×	×	×	×	×		
本地标识符写信息	WDBLID	自选的	3B	7B	×	×	×	×	×		×
接收者写信息	WMBA	自选的	3D	7D	×	×	×	×	×		×
读取DTC状态	RSDTC	自选的	17	57	×	×	×	×	×		
读取冻结数据帧	RFFD	自选的	12	52	×	×	×	×	×		
清除诊断信息	CDI	必须的	14	54		×	×	×	×		×
本地标志符控制	IOCBLID	自选的	30	70	×	×	×	×	×		
本地标志符常规启动	SRBLID	自选的	31	71	×	×	×	×	×		
本地标志符常规停止	SRBLID	自选的	32	72		×	×	×	×		
下载请求	RD	UCE Reprong	34	74							
上传请求	RU	UCE Reprong	35	75							

在诊断中通常会应用到这个协议来了解一些故障的逻辑模式，一般来说，对车辆进行故障检测需要首先要对每个电控单元的信息进行认真阅读并分析，辨别信息来源，明确故障为何种网络的信息，对于解决车辆故障有很大的帮助。

一般来讲，使用诊断仪可以有效地解决很多的问题。在故障诊断中，首先要明确故障的来源。通常对于车载网络系统而言，故障可能是本地性故障，也可能是远程性故障。

可能是暂时性的，也可能是永久性的故障。

首先解释一下本地性故障和远程性故障。所谓本地性故障就是指故障发生的部位的从属是在本电控系统中直接从属的故障。而远程性故障指的是通过网络实现间接从属的故障。比如发动机水温传感器。对于发动机而言这是一个非常重要的传感器，为保证可靠的信号传递，通常发动机水温传感器也会直接连接到发动机控制单元上。如该传感器出现问题。对于发动机控制单元而言这个故障就属于本地性故障，产生的故障代码也将直接存储到发动机控制单元中。如图 16-9 所示。

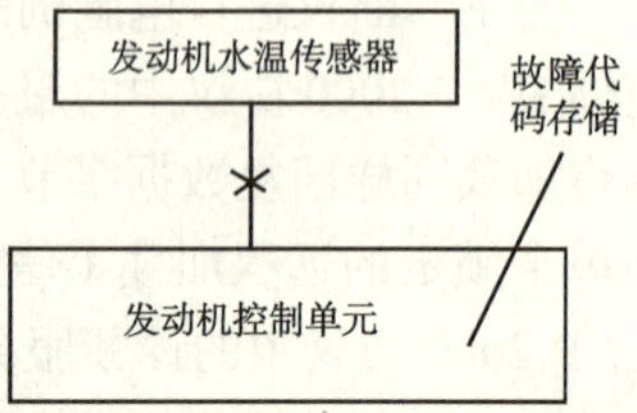

图16-9　故障代码存储

但是同样是发动机水温传感器，自动变速器等系统也同样需要这个传感器的信号，在信号的来源上，要通过网络系统向发动机控制单元索取。若出现问题，自动变速器控制单元没有收到这个信号，则其不能正常工作，生成的故障代码存储在自动变速器控制单元中，这个故障就属于远程故障。如图 16-10 所示。

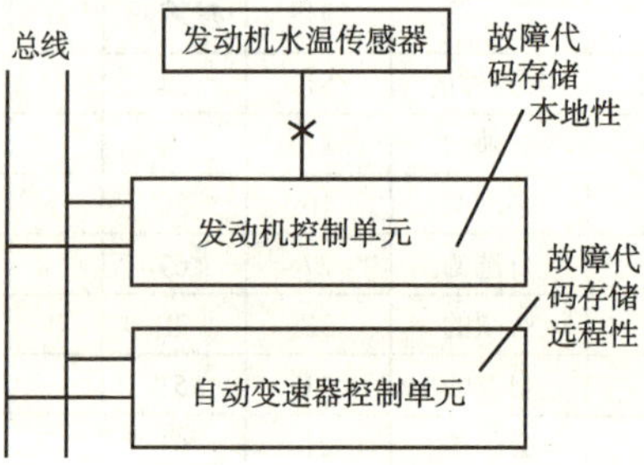

图16-10　远程故障

了解这一点对于解决车载网络系统故障将有很大指导意义。

一般来讲，车载网络系统的故障主要集中在以下三个方面：

首先是电源方面的故障。电控单元的正常工作电压一般在 10.5 ~ 15.0V 之间。如果车载电源系统出现问题，导致提供的电压或由于线路等问题造成电控单元接收到的电压低于该值，可能会造成对于电压要求高的电控单元不能正常工作或出现暂时性的停止工作，造成系统出现无法通信。

其次是网络系统链路故障。通信线路的短路、断路等问题造成通信信号衰减或失真，也可能会导致电控系统误动作或无动作，一般来讲，可以通过示波仪或光缆诊断仪来检查通信信号和标准通信信号是否相符来判断。

最后是节点故障。节点故障是指网络系统中的电控单元出现故障。可能是软件或硬件故障。节点故障的出现并不一定仅影响到本地网络，可能会导致网络系统中其他电控单元也受到影响，使其他电控单元远程受到影响。对于节点故障暂时自能使用换件法解决。

一般来讲，对于总线系统的诊断步骤如下（仅作为参考）：

① 了解该车型的传输特点。

② 该车型的多路传输功能，如能否休眠等。

③ 检查电源系统。

④ 检查链路。

⑤ 使用换件法测试节点故障。

对于本车的故障首先查阅维修资料，可知 Passat B5 室内灯由专用控制单元控制，其关闭情况分为下列几种：

（1）从点火开关拔出钥匙或一门开闭后，室内灯亮 30 s 后关闭。

（2）在点火开关关闭情况下，打开一门后室内灯亮 10 min 后关闭。

（3）在点火开关关闭情况下，通过开关打开的室内灯亮 1 h 后关闭。

（4）安全气囊因碰撞触发后，室内灯亮 10 s 后关闭。

通过识读电路图（图 16-11）可知系统由 4 门门灯，左、右化妆镜照明灯，左、右后阅读灯及行李厢照明灯，左、右前门控制单元，左、右后门控制单元，左、右前门闭锁控制单元，左、右后门闭锁控制单元，舒适系统控制单元组成。

门灯、室内顶灯、右化妆镜照明灯、后阅读灯及行李厢照明灯由 J393 舒适系统控制单元 18 # 端子提供 12V 电源。并由相对应的接触控制开关控制接地，在控制开关闭合接地时点亮。4 个车门将接触开关组合在闭锁单元中，由车门的开关情况控制接地。

通过电路分析室内全部照明灯及其控制其搭铁的接触开关同时损坏的可能性不大，问题出在照明灯公共电源上的可能性比较大。

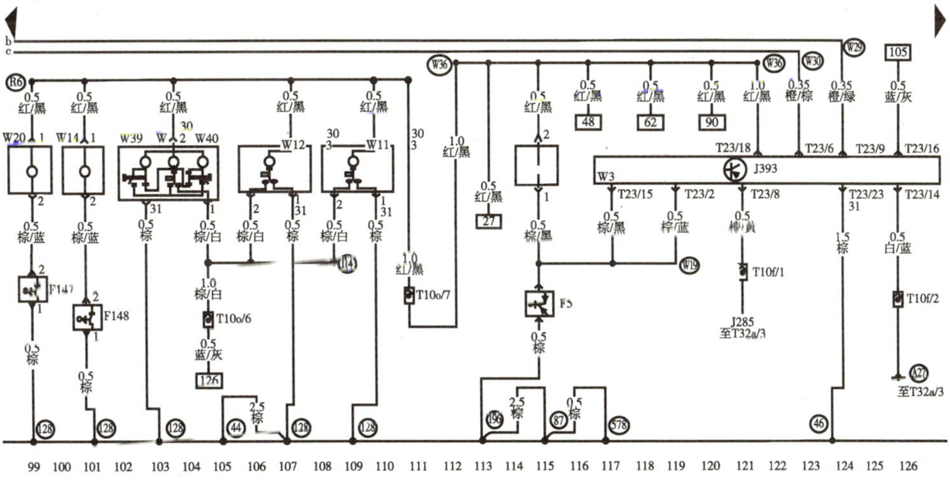

F147—驾驶员侧化妆镜照明灯接触开关；F148—右前化妆镜照明灯接触开关；F5—行李厢照明灯开关；J285—组合仪表控制单元；J393—舒适系统控制单元；T10f—10针插头，蓝色，在左A柱处（6#位）；T10o—10针插头，淡绿色，在左A柱处（3#位）；T23—23针插头，在舒适系统控制单元上；W—车内顶灯；W11—左后阅读灯；W12—右后阅读灯；W14—右前化妆镜照明灯；W20—驾驶员侧化妆镜照明灯；W3—行李厢照明灯；Ⓐ27—至转速信号线，在仪表板线束内；Ⓖ57B—左B柱处接地点；Ⓡ4—连接线，在室内灯/车门接触开关线束内；Ⓡ6—连接线，在室内灯线束内；Ⓦ19—连接点（行李厢照明），在后线束内；Ⓦ29（CAN1）—CAN总线的A线，在底盘线束内；Ⓦ30（CAN2）—CAN总线的B线，在底盘线束内；Ⓦ36—连接线（30a），在底盘线束内；㊹—在A柱接地点；㊻—舒适系统接地点，左侧搁脚空间接地点；㊇87—接地连接点，在左后线束内（Ⓖ57B分出）；⑫128—接地连接线，在室内灯线束内；⑲196—接地接点，在左后线束内（Ⓖ57B分出）

图16-11　室内灯相关电路

可能导致 J393 舒适系统控制单元 18 # 端子提供错误电压的可能性原因如下：

（1）J393舒适系统控制单元18＃端子至门灯、室内顶灯、右化妆镜照明灯、后阅读灯及行李厢照明灯的线路出现短路或断路。

（2）J393舒适系统控制单元损坏。

（3）J393舒适系统控制单元供电异常。

计 划

维修工A的诊断思路

一、使用VAG 1551访问J393舒适系统控制单元，应能正常响应，否则应检查其电源为12V及搭铁情况，若电源不正常则应检查其供电电路，反之应更换J393舒适系统控制单元。也可根据其存储的故障代码先行进行排除。

二、检查J393舒适系统控制单元18＃端子输出电压情况，若为12V，说明J393舒适系统控制单元对负载的供电正常，问题出在J393舒适系统控制单元18＃端子至门灯、室内顶灯、右化妆镜照明灯、后阅读灯及行李厢照明灯的线路上，应对其进行检查，反之更换J393舒适系统控制单元。

根据上述导向知识与技术信息，在下表中完成工作计划。

序　号	工作步骤	仪表/辅具	注意事项
学生对维修工A诊断思路的意见（学生必作）：			

实 施

1. 实践准备

Passat B5轿车； 举升器； 或带有CAN总线的车型	数字式万用表； VAG 1551检测仪； 常用及专用拆装工具； 维修损耗品	资料准备： Passat B5轿车电路图资料或替代车型维修资料

2. 检查和修理联网装置记录表

序　号	检查项目	标 准 值	检 测 值	结果分析
1				
2				
3				
4				
5				
6				
7				
8				
诊断分析				

检 验

教师对学生的计划和对维修工的诊断思路进行点评。

展 示

1．复习本次任务中学到的知识和技能。

2．在维修中我们如能按功能将电路细化成各个“模块”，则能快速处埋各类故障。

3．充分利用这些电路交汇“脉搏”，可使维修人员快速找到复杂电路的故障区域，避免无用的检测。

4．学生写出分析总结并讲解。

工作任务 17

检查和维修光学总线系统（MOST总线）

导向

1．任务描述

一辆奥迪 2005 款 A6 轿车，车辆在使用过程中总是出现运行时自动关机的故障，你的任务是检查 MOST 系统，对 MOST 总线系统进行自诊断。

要求学生通过车间任务的分析，能够对诊断的流程和方式手段进行理解。

首先查询维修资料，了解 MOST 总线的拓扑结构，MOST 总线的重要特征就是环形结构，控制单元通过光纤将数据沿环形方向发送到下一个控制单元，这个过程持续进行，直至首先发送数据的控制单元又收到这些数据为止，形成一个闭环。05 款 A6 MOST 总线包括电话发送和接收器 R36，电话 TELEMAIKJ526，带 CD 的导航系统 J401，TV 调谐器 R78 和语音输入器 J523，数字式音响包 J523，CD 转换机 R41，数据总线诊断接口 J533 和前部信息显示和操纵单元 J523 等，每个控制单元内部都包含了信号发送接收装置和其他装置。收发单元 FOT 由一个光电二极管和发光二极管组成，利用光电二极管将发光二极管发出的光信号转换为电信号。在各个控制单元中进行数据传输，光导介质为光导纤维，决定光信号传导的质量。为此应对其加强保护，并应保证其不受污染。在布置上保证其曲率半径不可小于 25mm，否则会加大信号损失。MOST 系统内的管理由系统管理器和系统诊断器负责。05 款 A6 上诊断器由网关兼任。可由诊断接口来对 MOST 进行诊断。

2. 基础知识

Audi 车的网关图如图 17-1 所示。

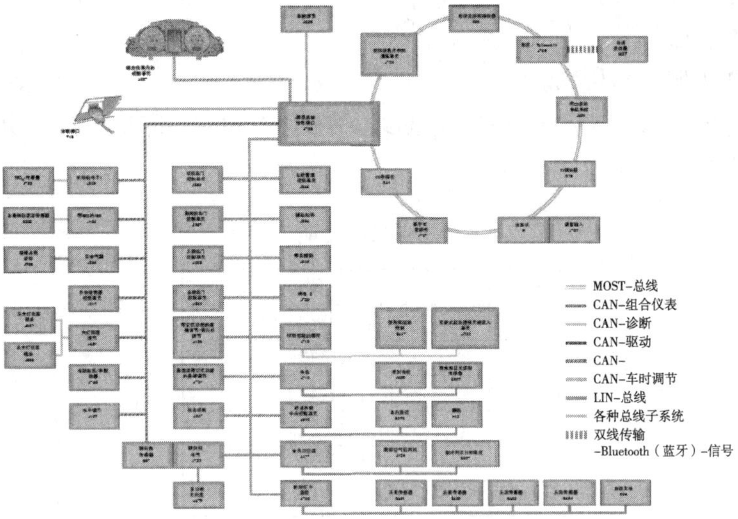

图17-1　Audi车的网关图

Audi 收音机系统有很强的自诊断能力。收音机内有故障存储器，如有被监控的部件或导线发生故障，那么故障连同故障种类说明一同存入故障存储器。

进行收音机系统自诊断时要求保险丝均（按电路图检查）正常。

@ 信 息

维修资料

一、自诊断功能

（1）连接 VAS 5051 或 V.A.G 1551。打开点火开关。如果显示屏无显示，按电路图检查 V.A.G 1551 的供电。

（2）按 1 键选择“快速数据传递”。屏幕显示：

快速数据传输帮助 输入地址码××

（3）收音机地址码为 56，按 5 和 6 键。屏幕显示：

快速数据传输Q 56-收音机

（4）按 Q 键确认输入。在自诊断过程中，收音机的显示屏上出现“DIAG”。5s 后显示屏显示：

4C0035186Radio D01 → 编码00207 WSC06812

其中：4D0035186 为收音机备件号；

Radio 为部件名称（收音机）；

D01 为收音机软件版本号；

00207 为收音机编码；

WSC 06812 为服务站代码。

（5）按→键。按故障查寻程序检查自诊断线。按 HELP 键后打印出可执行功能一览表。自诊断可执行的功能见表 17-1。

表17-1收音机自诊断功能一览表

码	功　能
01	查询控制单元版本号
02	查询故障代码
03	执行元件诊断
04	清除故障代码
05	结束输出
06	控制单元编码
07	读取测量数据块

二、查询控制单元版本号

（1）屏幕显示：

快速数据传输帮助 输入地址码××

（2）按 0 和 1 键选择“查询控制单元版本号”。屏幕显示：

快速数据传输Q 01-查询控制单元版本号

（3）按 Q 键确认输入。5s 后显示屏显示：

4C0035186Radio D01 → 编码00207WSC06812

（4）按→键回到解码器基本功能。

三、查询故障代码

显示的故障信息只有在进行自诊断和用功能 05“清除故障代码”时才不断更新。

（1）连接故障阅读仪 V.A.G 1551，打开点火开关。继续操作直到屏幕显示：

快速数据传输帮助 输入地址码××

（2）按 0 和 2 键选择“查询故障代码”。屏幕显示：

快速数据传输Q 02-查询故障代码

（3）按 Q 键确认输入。屏幕显示存储的故障的数量或显示“没有发现故障”：

发现×个故障

（4）存储的故障依次显示并打印出来。可以按故障代码表（表 17-2）排除故障。如果显示“无故障”，按→键后回到起始状态。

表中所列故障可由收音机系统识别并由 V.A.G 1551 打印，按五位数故障代码排列。更换有故障的部件前，应先按电路图检查部件的插头及导线和接地状况。修理及检测后，要重新用 V.A.G 1551 查询清除故障代码。如果一个故障在 2s 以上，那么该故障就是稳定故障，之后如此故障不再出现，那么就认为它是偶然故障，显示屏上用“/SP”来提示。

打开点火开关后，所有现存故障都被记为偶然故障。如检测后，该故障仍存在，才被记为稳定故障。如果一个偶然故障在 50 次行驶循环（点火开关打开至少五 min，车速度 >30km/h）中不再出现，它将被自动清除。

表17-2　收音机故障代码表

V.A.G 1551打印信息	可能的故障原因	故障排除
00668接线柱30电压 • 信号太弱 如果起动运行超过10s，也会存储故障	• 蓄电池无电或损坏 • 蓄电池电压低于9.5V • 汽车电器短路 • 交流发电机损坏	-给蓄电池充电或更换蓄电池 -排除电路系统短路 -检查交流发电机
00849点火开关D上的S触点 • 断路	• 导线损坏 • 导线断路 • 点火开关D损坏	-按电路图查寻故障 -排除导线断路 -更换点火开关D
00850收音机有源放大器输出 • 对地短路	• 导线损坏 • 导线断路 • 有源放大器损坏	-按电路图查寻故障 -排除导线断路 -更换有源放大器
00852前部扬声器 • 短路 • 断路	• 导线损坏 • 前部扬声器损坏 • 导线断路	-按电路图查寻故障 -排除导线断路 -更换损坏的扬声器
00853后部扬声器 • 短路 • 断路	• 导线损坏 • 后部扬声器损坏 • 导线断路	-按电路图查寻故障 -排除导线断路 -更换损坏的扬声器
00854组合仪表板上收音机频率显示输出 • 无法通信*	• 导线损坏 • 组合仪表板损坏 • 收音机损坏	-按电路图查寻故障，排除导线断路 -更换组合仪表板 -更换收音机
00855 CD机连接 • 无法通迅	• 导线断路 • CD机供电中断 • CD机—R41损坏 • 收音机损坏	-按电路图查寻故障，排除导线断路 -按电路图检查CD机供电 -更换CD机 -更换收音机
00856收音机天线 • 短路 • 断路	• 导线断路 • 天线导线短路 • 天线导线未插上	-按电路图查寻故障，排除导线断路 -检查天线导线 -检查天线
01044控制单元 • 编码错误	• 收音机未与车进行匹配编码	-给收音机编码
65535控制单元 • 损坏	• 收音机损坏	-更换收音机

注*：在自诊断过程中无法识别故障，故障排除后是否还有故障存在。因此在排除故障及清除故障代码后，应检查二次显示屏，然后再次查询故障代码。

四、执行元件诊断

只有在汽车停止且发动机不工作才能进行执行元件诊断。必须查寻并排除执行元件诊断中发现的故障后才能进行执行元件的诊断。执行元件诊断用来检查扬声器导线和二次显示屏。进行执行元件诊断的步骤如下：

（1）连接故障阅读仪 V.A.G 1551，打开点火开关。继续操作直到屏幕显示：

快速数据传输帮助 输入地址码××

（2）按 0 和 3 键选择“执行元件诊断”。屏幕显示：

快速数据传输Q 03-执行元件诊断

（3）按 Q 键确认输入。屏幕显示：

执行元件诊断→ 扬声器

（4）此时所有扬声器都收到一个短时脉冲（几乎听不见）。如果出现故障（如短路），那么故障就存入故障存储器。按→键。屏幕显示：

执行元件诊断→ 组合仪表板上收音机频率显示

（5）组合仪表板的二次显示屏上显示：“DISPLAY”“TEST”。如果安装的是其他组合仪表板，显示屏显示内容也会出现。按→键回到起始状态。屏幕显示：

执行元件诊断→ 结束

（6）按→键回到起始状态。

五、清除故障代码及结束输出

清除故障代码之前应先查询故障代码并排除所有故障。

（1）查询故障代码后屏幕显示：

快速数据传输帮助 输入地址码××

（2）按 0 和 5 键选择“清除故障代码”。屏幕显示：

快速数据传输Q 05-清除故障代码

（3）按 Q 键确认输入。屏幕显示：

快速数据传输→ 故障代码已清除

（4）故障存储器中的故障代码已清除。按→键则回到起始状态。如果屏幕显示“未查询故障代码”，则说明检测顺序有问题，此时应严格遵守检测顺序，即先查询故障代码并排除故障，然后再清除故障代码。屏幕显示：

快速数据传输帮助 输入地址码××

（5）按 0 和 6 键选择“结束输出”。屏幕显示：

快速数据传输Q
06-结束输出

（6）按 Q 键确认输入。关闭点火开关。拔下 V.A.G 1551 插头。

六、控制单元编码

控制单元编码功能用于给收音机型号、音响系统、无源扬声器的数量及国别进行编码。该功能使多种收音机组合成为可能，本手册中只列出了Audi A6的组合。“遥控供电天线指有源天线，即天线放大器（是通过HF线的电线供电的）”。控制单元编码的过程如下：

（1）连接故障阅读仪 V.A.G 1551，打开点火开关。继续操作直到屏幕显示：

快速数据传输帮助
输入地址码××

（2）按 0 和 7 键选择“控制单元编码”。屏幕显示：

快速数据传输 Q
07-控制单元编码

（3）按 Q 键确认输入。屏幕显示：

控制单元编码 Q
输入编码号××

（4）按编码表（表 17-3）进行编码。例如输入编码 00207，此时，显示屏显示控制单元识别码及输入的编码（00207）。屏幕显示：

4C0035186Radio D01 →
编码00207WSC06812

（5）按→键结束编码过程。按 0 和 6 键结束输出，按 Q 键确认输入。

表17-3　收音机编码表

					←故障阅读器显示屏上编码的十进制数位置			
					收音机型式			
						遥控供电天线	CD机	二次显示屏
					1	×	—	—
					3	×	×	—
					5	×	—	×
					7	×	×	×
					音响系统调节			
						调节型式		
					0	标准的（Bose音响系统）		
					1	Bose音响系统		
					无源扬声器的数量			

续表

	←故障阅读器显示屏上编码的十进制数位置	
	收音机型式	
		数量和位置
	0	没有无源扬声器（Bose音响系统）
	1	1个左前无源扬声器（Bose带电话）
	2	2个前部无源扬声器和2个后部有源扬声器
	5	2个前部无源扬声器，后部没有有源扬声器
	音响匹配	
	0	标准的
	国别	
		国家
	0	标准的

注：×为有该部件，—为无该部件。

七、读取测量数据块

（1）连接故障阅读仪 V.A.G 1551，打开点火开关。继续操作直到屏幕显示：

快速数据传输帮助 输入地址码××

（2）按 0 和 8 键选择“读取测量数据块”。屏幕显示：

快速数据传输 Q 08-读取测量数据块

（3）按 Q 键确认输入。屏幕显示：

读取测量数据块Q 输入显示组号××

（4）输入显示组号（表 17-4）并按 Q 键确认输入。所选测量数据块以标准型式显示。测量数据块 001~006 的显示内容分别见表 17-5 至表 17-10 所示。

表17-4　显示组一览表

显示组号	显示区	显示屏显示
001	1 2 3 4	来自车速表的车速信号 接线柱30的电压 收音机照明变光百分比 S触点输入状态
002	1 2 3 4	前部扬声器 前部扬声器状态 后部扬声器 后部扬声器状态
003	1 2 3 4	天线型号 天线 天线状态 未用
004	1 2 3 4	有源放大器控制输出 未用 电话 电话静噪输入状态

续表

显示组号	显 示 区	显示屏显示
005	1 2 3、4	CD连接 CD连接状态 未用
006	1 2 3、4	外部显示（组合仪表） 外部显示状态 未用

表17-5　测量数据块001显示内容

读取测量数据块1→012.3V 60% ein	◢显示屏显示
	S触点输入状态 • 可在正在显示测量时检查 • 拔出点火钥匙显示“aus” • 再将点火钥匙插入点火锁显示“ein”
	收音机照明变光百分比（仅指打开灯时）
	接线柱30的电压
	来自车速表的车速信号 ·0或1（轮胎每转8个脉冲）

表17-6　测量数据块002显示内容

读取测量数据块2 →Lsp.vorn i.o. Lsp.hinteni.o	◢显示屏显示
	后部扬声器状态（仅指后部无源扬声器的显示） • i.o（正常） • Kurzschlu β（短路） • unterbrechung（断路）
	后部扬声器（仅指后部无源扬声器的显示）
	前部气扬声器状态 • i.o（正常） • Kurzschlu β（短路） • unterbrechung（断路）
	前部扬声器

表17-7　测量数据块003显示内容

读取测量数据块3 →aktiveAntenne i.o	◢显示屏显示
	天线状态 • i.o（正常） • Kurzschlu β（短路） • unterbrechung（断路）
	天线
	天线型号 • Passive(无源) • aktive（有源）（如后风窗天线）

表17-8　测量数据块004显示内容

读取测量数据块4 →0TelefonEIN			◢显示屏显示
		电话静噪输入状态 • 电话静噪输入状态："EIN" • 电话不工作："AUS"	
	电话		
有源放大器的控制输出状态 • 0=状态正常 • 1=对地短路			

表17-9　测量数据块005显示内容

读取测量数据5→CD-Verb.I.o			◢显示屏显示
		CD连接状态 • i.o（正常） • n.i.o（不正常）（无CD机时也显示该内容）	
CD连接			

表17-10　测量数据块006显示内容

读取测量数据6 →Ext.displ i.o			◢显示屏显示
		外部显示状态 • i.o（正常） • n.i.o（不正常）（组合仪表上无显示器时也显示该内容）	
外部显示屏（组合仪表）			

计 划

根据上述导向知识与技术信息，在下表完成工作计划。

序　号	工作步骤	仪表/辅具	注意事项

实 施

1．实践准备。

场地准备： AUDI A6轿车； 若不能满足车型，准备其他车型配置了MOST系统也可	工量具准备： 数字式万用表； VAG 1551检测仪； 常用及专用拆装工具； 维修损耗品	资料准备： 维修记录表（工单）； AUDI A6轿车电路图，CD电视，电话部分资料

要求：由学生根据维修资料制定出工作计划。

2．检查和修理 MOST 总线网络系统记录表。

序 号	检查项目	标 准 值	检 测 值	结果分析
1				
2				
3				
4				
5				
6				
7				
8				
诊断分析				

检 验

1．通过 VAS 5051 连接到车上可以很快地显示出车辆元件的故障状态。

2．检查和维修 MOST 总线网络系统后性能检验记录表。

请根据实施记录表、结果分析和获取的有关知识。简要列出对MOST网络系统检验的工作计划

展 示

1．复习与回顾本次任务中学到的知识与技能。

2．对比 MOST 网络系统与 CAN 网络系统在检测中的区别，并由学生进行讲解。

工作任务 18

检查和维修网络系统（LIN总线）

导 向

1. 任务描述

一辆上海别克 GL 轿车，组合仪表上转速表、燃油表、温度表同时不工作，指示在最低位置，燃油报警灯亮。无挡位显示，SERVICE VEHICLE SOON（车辆立即维修）灯亮，同时感觉加速不良，发动机无力。

维修工 A 对车辆进行检查并进行维修。

要求学生通过车间任务的分析，能够对诊断的流程和方式手段进行理解并整合。

信 息

维修工 A 的诊断过程。

首先查阅维修资料，动力系统控制模块 PCM 通过二级数据总线向仪表组件传送数据，再由组合仪表组件驱动发动机转速表指针偏转。当发动机转速数据丢失或 PCM 处于不良状态时，仪表组件将转速表驱动到 0r/min。燃油液面传感器将燃油位置信号传递给动力系统控制模块 PCM，PCM 通过二级串行数据总线仪表组件传送燃油液面数据，再由组合仪表驱动燃油表指针偏转。当燃油数据丢失或 PCM 处于不良状态时，仪表组件将燃油表驱动到 E（空）。冷却液温度数据在动力系统控制模块（PCM）内计算，PCM 通过二级串行数据总线向仪表组件传递冷却液温度数据，再由组合仪表驱动温度表指针偏转。当温度数据丢失或 PCM 处于不良状态时，仪表组件将温度表驱动到 C（冷）。位于变速器外壳上的挡位开关将变速杆位置信号送往动力系统控制模块 PCM，PCM 再将此信号处理翻译后，通过二级数据总线送往仪表板，在仪表板上将有正确的变速杆位置显示。如果 PCM 检测到无效的挡位组合或二级串行总线有故障，仪表中将无相应的挡位显示。SERVICE VEHICLE SOON（立即维修车辆）。

当发动机起动后，立即维修车辆指示灯接通约 3 秒钟，以便进行灯泡检测。如果在发动机运转时此灯点亮，说明如下系统存在功能失效：

（1）电子制动模块（EBCM）检测到该系统有功能失效；

（2）车身控制模块（BCM）检测到该系统有功能失效；

（3）动力系统控制模块（PCM）检测到该系统有功能失效（通常指非排放性故障）。动力系统控制模块 PCM 插头 C1 的 58 脚是数据输出端，它通过接头组 SP205 的 B 脚接至二级数据线上；同时，诊断插头 DLC 的 2 脚也接至接头组 SP205 的 A 脚（数据线）。检查时，应测量 PCM 的 58 脚与 DLC 的 2 脚是否断路。断开 PCM 接线插头，测量插座 C1 的 58 脚与诊断插头 DLC 的 2 脚间电阻值为 0Ω，说明与 PCM 相连的数据线正常。

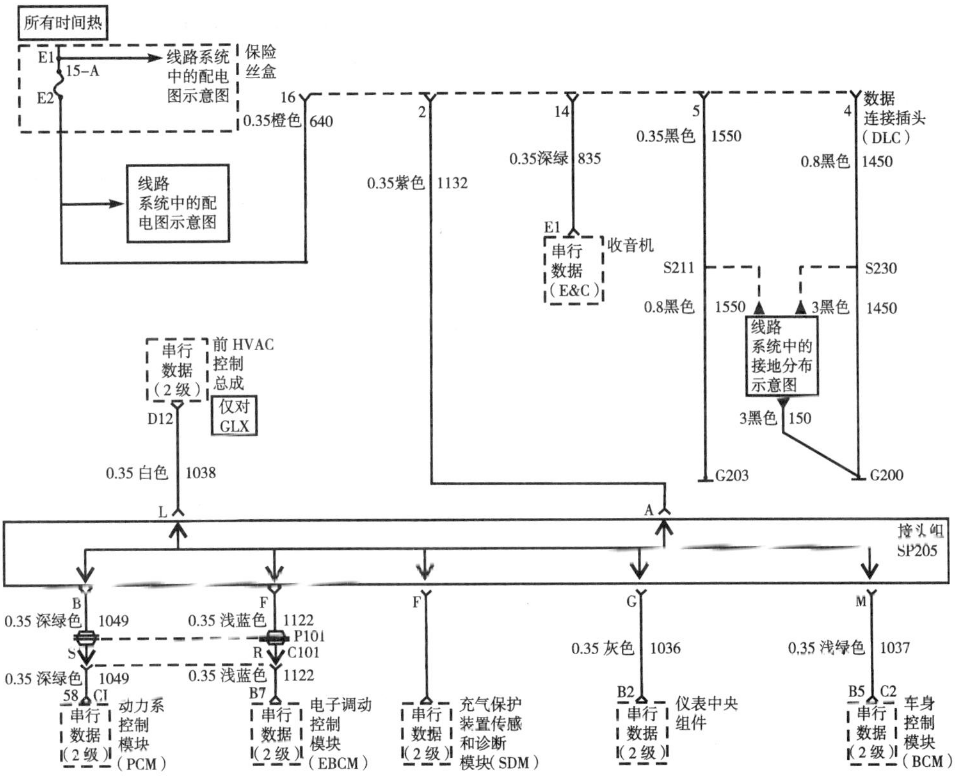

图18-1　检测原理

A 对仪表故障进行了检修，连接 TECH2，进入车身系统，选择仪表模块，检查 DTC（故障代码），结果没有故障记忆。上海别克轿车组合仪表中的各仪表均可使用 TECH2 进行驱动，以验证其工作是否正常。用 TECH2 的特殊功能，分别驱动发动机转速表、车速表、里程表和温度表，发现都能正常动作，这说明组合仪表总线控制电路不良的可能性较大，而仪表自身故障的可能性要小些。动力系统控制模块 PCM 和车身控制模块 BCM 都控制仪表的工作，其他电控模块也与仪表有数据交换，所以对组合仪表的正常工作都有影响。

上海别克轿车有多个保险丝控制仪表，故应对保险进行检查，若正常，更换一块组合仪表，若不能排除，检查动力系统控制模块 PCM 和车身控制模块 BCM，并采用换件法检测。

计 划

根据上述导向知识与技术信息，在下表制定一份工作计划，并对维修工 A 的诊断过程进行分析。

序　号	工作步骤	仪表/辅具	注意事项
学生对维修工A的诊断过程分析意见（必作）			

实 施

1．实践准备。

场地准备：	工量具准备：	资料准备：
上海别克GL轿车或其他车型	数字式万用表； TECH1检测仪； 常用及专用拆装工具； 维修损耗品	维修记录表（工单）； 上海别克GL轿车电路图资料或替代车型的维修资料及教师拟定的诊断过程

2. 检查和修理总线网络系统记录表。

序　号	检查项目	标准值	检测值	结果分析
1				
2				
3				
4				
5				
6				
7				
8				
诊断分析				

检验

教师对学生的计划和对维修工A的诊断思路进行点评

展示

1. 复习与回顾本次任务中学到的知识与技能。

2. 在维修中我们如能按功能将电路细化成各个“模块”，则能快速处理各类故障。

3. 新型高档轿车的电子控制系统越来越复杂，它向两个方向发展：一是功能综合化，如动力系统控制模块PCM同时控制着发动机和自动变速器；二是各电控系统间通信网络化，如上海别克轿车的二级串行数据总线和大众公司的CAN-BUS总线。在检修这些车辆时，我们不能仅仅局限于故障部件所在的系统，还要综合考虑相关系统的影响，需深入理解电控原理，才能迅速排除故障。

反侵权盗版声明

举报电话：（010）88254396；（010）88258888

传　　真：（010）88254397

E-mail：　dbqq@phei.com.cn

通信地址：北京市海淀区万寿路 173 信箱

电子工业出版社总编办公室

邮　　编：100036